JN297740

共和主義の法理論

公私分離から審議的デモクラシーへ

大森秀臣

keiso shobo

共和主義の法理論

公私分離から審議的デモクラシーへ

目次

目次

序章　忘れられた法の公共的正統性

法は公共的な枠組みである

法というものは、われわれの社会生活の営みを支える公共的な枠組みとしての役割をもつ。われわれは、法があるからこそ、他人が自由に行為できる範囲を知り、他人の自由を侵害することなく、自分の自由の境界を知ることができる。たとえばある個人が特定の宗教を信仰しながら、教義的には相対立する別の宗教を信仰している他人と同じ社会において共存しなければならないとしよう。そのとき法は、ある特定の宗教が国政を左右することを排し、「信教の自由」を個人の権利として認めることにより、それぞれの個人は、互いに衝突することなく、安心して自らの宗教を信じることができる。それは、社会を構成する人々に、各人が自由を追求するための指針と規準を示すことにより、それぞれの自由が互いに衝突する危険を避け、安定した円滑な社会生活を維持・促進しているのである。

この場合、法は、個人の自由の実現に寄与する制度的な条件であり、われわれの社会生活を規律する公共的な枠組みとして機能している。すなわちそれは、われわれが社会生活を営むにあたって、さまざまな行為を行うときに参照することのできる指針となるとともに、また相互に準拠できる共通の背景的な基盤として役立っている。このような法を、それが定めるところに違反することなく、その枠内で行為するならば、他人の自由と衝突することなく安心して自由を追求することができるという意味で、「法的枠組み」という言い方で呼ぶのがふさわしいだろう。(1)こうした法の見方は、われわれにとってすでになじみのあるものである。われわれは、法的枠組みのもとで、他人による権利侵害から守られ、安定した社会生活を送ることができる。この法的枠組みは、少なくとも平和で安定した時代であれば、ほとんど当然のごとく与えられたものであるかのように考えられ、われわれはその恩恵をとくに意識することなく享受している。

法の公共性が忘れられるようになる

ところが、このような自由な社会にも次第にある一つの危機が生じてくる。それは、こうした平和で安定した時代が長く続いていくと、法が、必ずしもいつまでも誰からも公共的な枠組みとしてみなされなくなる、という危機である。これにはいくつかの要因が重なっている。たとえば、法が創設された時代の記憶が失われ、あるいは法にかかわる諸々の実践が、幾世代を経て、硬直したルーチン作業となったことなども一因であろう。憲法を中心とする法体系は、不動の所与——しばしば「不磨の大典」と呼ばれる——とされるならば、たとえ仮にかつて民主的に創設されたとしても、何世代も経るようになると、遅かれ早かれ、公共的に正統な枠組みであったことが忘却されることになる。本質的な問題は、法が安定した社会生活のなかで「当然のもの」ないし「所与のもの」として受けいれられるようになる反面、それが民主的な政治へのかかわりを通して共有されることのできるもの、すなわち公共的な枠組みとしてみなされなくなることにある。(2)

こうしたことは、日本に限らず、多くの国々においてもよく見られる現象である。しかしそれは、法が自由平等な人々によって枠組みとして受けいれられ、平和で安定した社会生活がもたらされたことをもって歓迎されるべき事実では必ずしもない。もちろん、一方で、法的枠組みが所与とされるならば、われわれは、諸個人のあいだの自由な活動の境界や権利・義務関係を明確にし、個人の自由を最大限にまで維持・促進することができるかもしれない。しかし他方で、そうした法的枠組みが、われわれの意思に由来するのではなく、「われわれ」とは別の人々によって押しつけられたと考えられているならば、たとえそれが諸個人の自由の領域を確保しているのであっても、われわれはそれに無意識的に依拠することによって、知らぬ間に支配を受け、隷属状態に置かれているのではないか。すなわち、法によって自由を与えられながら、その実、法によって自由を奪われているのではないか。

われわれはいかにして自由であるのか

ここには「われわれは、いったいどのような意味で自由でありうるか」をめぐるさまざまな見解の対立が根底にある。自由は、今まで二つの仕方で捉えられてきた。一方でわれわれは、法的枠組みのもとで、他人の自由と衝突しないかぎり、私的な領域で放っておかれる自由を与えられている。他方でわれわれは、公共の場に積極的に参加して、自分たちの社会生活を規律する法的枠組みを自ら取りきめることによって、はじめて自由であることができる。これら二つの自由は、確かに同じ性質のものではない。それらのあいだには、原理的に解決できない矛盾がある。そのような矛盾は、典型的には、多数者が公益のために個人の自由を侵害する決定を下すような場面や、あるいは逆に個人の権利が公正な手続を経て合意された決定を覆すような場面でみられる。

これら二つの自由をどのようにして捉えるか。この問いは、ルソーやモンテスキュー以来、二百年以上にわたって多くの学者の頭を悩ませてきた問題であり、また議論の様相や角度を変えながら、絶えず論じられてきた問いである。それは、しばしば政治思想で論じられてきた「自由主義と民主主義の対立をいかに融和させるか」をめぐる問いと重複するであろう。あるいは、憲法学で論じられてきた「基本的人権と国民主権のいずれが優位すべきか」をめぐる議論とも重なるであろう。これらの領域では、上記の二つの自由が対置されたうえで、その矛盾をいかに克服するかに焦点が当てられてきたのである。

われわれは自由を与えられる者／与える者であること

しかしわれわれは、この二つの意味で同時に自由であることはできないだろうか。この二つの自由のあいだには衝突・矛盾する局面があるとしても、自由民主主義の社会に住まうわれわれは、この二つの意味で同時に自由であることができるとは考えられないだろうか。問題は、今まで語られてきたように、これら二つの自由が矛盾するとしたうえで、この矛盾をどのようにして克服すればよいのか、にあるのではない。むしろ問題は、われわれが、いかにして二つの意味で自由でありえるのか、にある。言い換えれば、われわれはどのような仕方で、私的領域において誰にも干渉されない自由を享受しながら、なおかつ公共の場に出向いて、われわれの法的枠組みを自らの手で創りだす自由を実現することができるのか、にある。(3)

これは、たんに一学者の衒学《げんがく》的な知的関心でも、あるいは世俗と切り離された純学術的な問題でもないように思われる。人は自らの人生を営むときに「自由」であることを望むが、「自由」に生きることとはどのように生きることか、その「自由」が意味することはいったい何か、という誰にでもかかわりうる問いでもある。われわれは、法的枠組みのもとに、各自の行為を相互に衝突させることなく、自らの人生計画にもとづき、安全に円滑に「自由」に生を営むことができる。もちろん、そのかぎりでわれわれは確かに「自由」である。しかし、その「自由」が、何も知らずに与えられたものだとしたら、自分の人生とは何らかかわりのない人の手によって与えられたにすぎないものだとしたら、どうだろう。この「自由」に対する権利を各人に割り与える法的枠組みが、それ自体、各人によって「自由」に生みだされたものではないとしたら、どうだろう。われわれは、自らの運命を握り、「自由」に生を営むことになるのであろうか。われわれは、時代を通して高度に複雑になり、大規模になっていく社会にいるうちに、自分自身が「自由」であることの違和感をますますぬぐいさることができなくなるかもしれない。たとえ現代の社会においても、われわれが自分たちの社会生活を規律する法的枠組みを自ら「自由」に取りきめること、これもまた「自由」な生の一部である。いわば「自由」を与えられる者でありながら、同時に「自由」を与える者であり続けること、これによってわれわれは真に「自由」に生きることができるのではないか。

法と政治もまた矛盾する

これらの二つの自由はどのように融和されるかという問題は、きわめて抽象的な水準にあり、そのままでは解決することは難しい。この問題にアプローチするために、いくつかの道をとることができるであろう。一つの考え方として、法や政治をはじめとする複数のシステムのあいだの関係として論じることができるかもしれない。すなわち、個人の放っておかれる自由が法的枠組みによって保障され、公共の場にかかわる自由が政治プロセスを通して実現されるという見方ができるならば、われわれが二つの意味で自由であるためには、これら法システムと政治システムが相互にどのような関係を結びうるかについて考察する、というように。法と政治とがそれぞれどのように支えあっているのかを理論的に解明することができるならば、そうした道筋から、二つの自由をどのように両立させるかを論じることが可能になるであろう。

一方で法的枠組みは、とりわけ法体系の中心にある憲法は、個人の基本的権利・自由を保障する。この保障によって、政治は一定の拘束を受けることになる。すなわち、個人の基本的権利・自由を侵害するような政治的決定は、法によって阻害されることになる。この意味では、法は、政治が決定することのできる範囲をはっきりと定める制度的制約である。他方で政治は、人々が民主的な意思決定を行うプロセスである。人々は、政治の営みにかかわるからこそ、そこで得られた決定を「公共的」なものとして受けいれることができる。しかしこの政治の営みが、公共的な正統性をもたらす決定のプロセスであるためには、法が立ちふさがっていてはならない。政治は、政治にとって外在的な法によってではなく、政治自身によって拘束されるときにはじめて、自由であることができる。このような法システムと政治システムとのあいだにある対立は、あたかも二つの自由の対立をそのまま移し換えたかのようである。

法の公共的正統性をもたらす政治とは

しかし法と政治もまた、二つの自由を融和させることと同じように、相互に支えあう関係にあると論じることもできるかもしれない。すなわち、政治の決定範囲を確定する法的枠組みそのものが、政治の決定対象となることによって、である。このような仕方で法とかかわる政治のあり方を明らかにすることを通して、二つの自由が融和される道筋を見出すことができるかもしれない。これを示すことによってはじめて、われわれは、法的枠組みによって自由を保障されると同時に、その法的枠組みを創設する政治プロセスに参加することによって自由を実現する、すなわち二重の意味において、われわれは自由であることができるかもしれない。二つの自由を融和させるためには、このように法にかかわる政治のあり方を見出すというアプローチがありうるのである。

このアプローチは、次のような問いに向けられている。すなわち、どのようにして法は、一般市民たちの生活を規律するとともに、一般市民たち自らによって制定されたものとしてみなされるのか、あるいは法が公共的な枠組みでありうるのは、どのような政治の営みによって可能なのか。すなわちこの問いは、法を支える政治のあり方にかかわる問いである。それは、次のような「法の公共的正統性」の問題として定式化することができるであろう。[4]

現存する法的枠組みが一般市民の側からつねに受容可能なものとしてみなされるには、いかなる政治的な営みを通して可能となるのか。どのような一般市民の政治的なかかわりが、法的枠組みの公共的正統性を永続的・恒常的に維持・保障することができるのか。

この問いは、言い換えれば、「私的なもの」と「公的なもの」との関係をめぐる問いでもある。私的領域にいる諸個人が、いかにして政治のプロセスにかかわり、法的枠組みを「公共的」なものとして受容することができるのか。今まで「私的」なものとして切り捨てられてきた切実な声や要求を、どのように政治の場にもちだして、公共的な枠組みに反映させることができるか。われわれとは疎遠な公職者や公務員たちが行っている法の制定・適用・執行の諸実践が、いかなる形でわれわれの私的関心や利益に結びついているのか。これらさまざまな仕方で「公的なもの」と「私的なもの」とのあいだに結びつきを示すことによって、この問いに一つの解答を与えることができる。すなわちこの問いは、「公的なもの」と「私的なもの」とのあいだに結びつきを与える政治のあり方をめぐる問いでもあるのだ。(5)

共和主義の政治を再評価すること

この問いにせまるために、われわれはどのような理論的資源をもっているであろうか。今まで自由の問題をめぐって、二つの系譜が法哲学や政治理論の歴史を通して争い続けてきた。すなわち、リベラリズムと、そして共和主義と呼ばれてきた二つの立場である。リベラリズムは、個人が自由に行為できる私的領域を公権力の介入からいかに保障するかに大きな関心をもってきた。それは、多くの自由民主主義の社会において、広く支持されてきた。それは、いわゆる市民的権利から政治的権利、さらには社会的権利にいたる、個人の自由や権利の発展と深化に大きな影響を与えてきたし、今でも与え続けている。

しかしながら現在、リベラリズムはさまざまな立場から批判されてきている。リベラリズムの批判者たちは、リベラリズムが前提としている自由観、自我観、さらにはリベラリズムが擁護する法制度や法実践などにも矛先を向けている。これらの批判は、もちろん唐突に生まれ出でたものではない。これらの批判は、明示的ないし暗黙に、共和主義の伝統を受け継いでいる。共和主義は、従来リベラリズムの自由観に異議を唱え、むしろデモクラシーの重要性を主張してきた。それは、いわばリベラリズムが擁護してきた法体系のあり方を根本的に修正し、法のなかに、あるいは法の根底に、デモクラシーが根ざしていることを想起させてくれる。共和主義は、このような仕方で、リベラリズム批判のなかで再び評価されてきているのである。

しかしながら、リベラリズムの批判者たちは、けっして適切な形で共和主義に依拠してきたわけではない。それらは、リベラリズムが自由民主主義の社会にもたらした功績を十分に評価しないままに、いわばねじれた形で共和主義の思想を受けついでいる。このねじれを解きほどき、リベラリズムの自由にもしかるべき地位を割り当てることができるならば、共和主義の発想を生かし、法の公共的正統性をもたらす政治のモデルをそこから得ることができるであろう。このように共和主義の理論は、適切な形で提起されるのであれば、「法の公共的正統性」の問題への一つの視座となりうるのである。

本書の目的と構成

そこで本書は、現代における共和主義の意義を浮きぼりにすることにより、法の公共的正統性をもたらす一つの政治モデルを見出すことを目的とする。それぞれの章に入る前に、本書の全体的な見通しを先に立てておこう。

まず最初に、近代の自由民主主義の社会が、自己統治を失ってきた歴史的・社会的な背景と、それを正面から扱ってこなかった政治哲学の議論状況――主に英米圏で展開されてきたリベラリズムと共同体論のあいだの論争――を見ておく。そして、この論争から、今日なぜ共和主義の思想的伝統――それは、しばしば共同体論と同一視されてきた――を再評価する必要があるのか、また再評価する必要があるとするならば、それをどのような形で受けいれなければならないのかを論じる。

次に、共和主義の視点から、リベラリズムにどのような問題があるのかを再度問いなおすことにする。共和主義の視点からは、リベラリズムの問題は、共同体論から批判されてきたように、リベラリズムがある自我観を前提としていることよりも、むしろリベラリズムが「公的なもの」と「私的なもの」を分離していることにある。ここでは、リベラリズムの論者としてジョン・ロールズを取りあげ、ロールズ理論における参加と審議の位置づけに焦点を当てる。それらが、個人の自由を保障するためのリベラリズムの基本原理――公／私分離――が、どのような形で、自己統治としての自由の阻害となりうるか、そしてそれが法の公共的正統性をいかにして崩壊させることになるかを論じる。

そして次に、共同体論によって受けつがれた共和主義の類型が、リベラリズムの公／私分離を克服することができるかどうかを批判的に検討する。この共和主義の類型は、公民的徳性を陶冶する共同体の政治が、公と私とを適切に結びつけると考えるが、しかしそれでは自己統治としての自由を実現し、法の公共的正統性をもたらすことはできない。ここでは、この共和主義の類型に属する論者としてマイケル・サンデルを取りあげ、サンデル独自の制度論を検討する。そしてこの類型の共和主義が、リベラリズムの公／私分離を克服しようとしながら、逆説的に、結局は公／私分離の隘路《あいろ》に陥ってしまうことを論じる。

最後に、共同体論と異なる共和主義の類型が、リベラリズムの問題を回避しつつ、共同体論の隘路に陥らずに、公と私とを適切に接合し、法の公共的正統性をもたらす政治モデルを示すことができることを論じる。ここでは、フランク・マイケルマンとユルゲン・ハーバーマスの理論をもとにしながら、法を生成・正統化する審議プロセスとして、政治を捉える見方を浮きぼりにする。こうした共和主義の類型こそが、二つの自由を融和させ、法の公共的正統性をもたらす政治モデルを提示できることを論じたい。

なお本書では、近年政治哲学でよく用いられる deliberative democracy に、特段の事情がないかぎり、「審議的デモクラシー」という訳語を当てることにする。deliberative や deliberation という言葉は、政治哲学者のジョセフ・M・ベセットに起源があるようだが、「審議」、「協議」、「討議」、「熟議」などとさまざまな仕方で訳され、共通の鍵概念であるわりには、いまだに定訳を与えられているわけではない[6]。本書は、基本的にはどの訳語でも別段構わないと考えるが、ただ「討議」という訳語は、ハーバーマスの討議倫理学のように「理想的状況下での理性的討論による普遍的合意の獲得」というニュアンスがあり、また「熟議」「協議」は、主に国会などの公式的な場での議論を想起させることから、これらを用いることには少々抵抗を感じなくもない。本書は「審議」を用いたところで、これらの含意を避けることができるとは考えないけれども、「理性」「合意」とは独立に deliberation 自体の意義を認め、またむしろ非公式的な場での議論を重視するという本書の趣旨から考えれば、比較的「審議」という訳語の方がしっくりくるように思われるので、「審議」という訳語を用いることにする。

本書は、共和主義のもつ自己統治的な政治の意義を現代の社会に再生させることを通して、現存の法的枠組みがどのようにして共和主義の政治に支えられ、公共的に正統化されることになるのかについて考察する、共和主義の法理論の一つの試みである[7]。

第一章　共和主義思想の再興

一　二つの自由と自由民主主義

個人の自由と自己統治としての自由

自由は、近代以降、二つの見方で捉えられてきた。一つの見方では、自由は、法的枠組みによって公権力の介入から保護され、私的領域において個人が自分の望むままに行為をすることである。この自由は、個人が公権力から解放され、私の領域を保護されていることを意味する。もう一つの見方では、自由は、われわれが社会生活を規制する法的枠組みを自らの手で作成することによって実現され、公共の場に参加することを通して享受される。この自由は、公権力から解放されることよりも、むしろ公権力にかかわっていくことを意味する。

これら二つの自由は、今までさまざまな呼称をもってきた。しばしば、それぞれの自由を享受する主体の観点から、「個人的自由」と「集団的自由」と呼ばれることがある。また対国家的関係の観点から、「国家からの自由」と

「国家への自由」と呼ばれることもある。バンジャマン・コンスタンであれば、「近代人の自由」と「古代人の自由」と呼ぶであろうし、[1] アイザイア・バーリンであれば、「消極的自由」と「積極的自由」と呼ぶであろう。[2] このように二つの自由は、さまざまな観点から区別され、多くの論者によって異なる仕方で呼ばれてきた。本書では、前者について、主に個人を担い手とし、個人が公権力から解放された私的領域において自らの利益や価値観を追求することができるという意味で、「個人の自由」（場合によっては「個人的諸自由」）と呼ぶことにする。また後者について、個人の集合体としての人民が担い手となるが、人民が自分たちの社会生活を規律する公共的な枠組みを自分たちの手で取りきめることができるという意味で、「自己統治としての自由」（場合によっては「共和主義の自由」や「政治的自由」など）と呼ぶことにしたい。[3]

リベラリズムと共和主義とは対立してきた

政治思想史の文脈で言えば、個人の自由を重視してきたのは、主に近代以降のリベラリズムの伝統であり、また自己統治としての自由を唱導してきたのは、古典古代期に起源をもつ共和主義の系譜である。リベラリズムは個人の自由を擁護し、共和主義は自己統治としての自由を支持してきた。しかしリベラリズムと共和主義とは、それぞれ別の立場が奉じている自由の見方に対しては、つねに懐疑的ないし批判的な態度を取りつづけてきた。すなわちこれら二つの自由の構想は、政治思想史を通じて、つねに対置され、相互に葛藤ないし矛盾するものとして捉えられてきたのである。

一方でリベラリズムは、自己統治としての自由を実現すれば、個人の自由が侵害されてしまうのではないかと危惧してきた。「人民」と呼ばれる一体の人格が、各個人にかかわる事柄を政治を通して取りきめることによって、各個人に対して何らかの共通の目的を押しつけてくるかもしれない。もしそうであれば、それぞれの個人は、自ら望む生き方を選択することができなくなり、多様な生を自由に送る余地を狭めてしまうかもしれない。そればかりか、人民があらゆる政治的決定を下すことができるならば、個人の身体や健康、富や財産を侵害するような決定を下すかもしれない。

そしてリベラリズムはこう続ける。共和主義は、自己統治を理念としているが、その理念が現実の政治において実現されていないことに気付いていないのではないか。現実の政治は、もろもろの特殊な党派的集団――たとえば利益団体、宗教組織、熱狂的愛国集団――によって牛耳《ぎゅうじ》られ、社会の大多数が支配されているではないか。自己統治は、ギリシャのポリスでならともかく、大規模で複雑化した現代社会においては、きわめて難しいであろう。この現代社会は、多様な価値をもつ個人によって多元的に分裂している以上、法的枠組みによって個人の自由を保障し、各人にそれぞれの利益や関心を追求させておくことが望ましい、と。

他方で共和主義は、個人の自由を保障することが、自己統治としての自由を根本から損なうことになるのではないかと危惧する。個人の自由が、政治に先立って、ア・プリオリに絶対不可侵なものとして法的枠組みによって保障されるとき、政治過程は、個人の自由に一部でも抵触するかもしれないというだけで、決定を下すことが妨げられてしまう。たとえ政治過程が、公正な手続きのもと、長い時間をかけ、多数の意見を集約して、苦労して決定に達したとしても、それは最後の最後で一人の個人の権利によって覆されてしまうかもしれない。

そして共和主義はこう続ける。リベラリズムは、個人の自由を無条件に認め、個人が自分の利益や価値観にしたがって好き勝手に生きることを薦めさえしているが、それによって個人を、社会に共通する利益や目的を顧みない自己中心的な人にしてしまう。リベラリズムは、個人に、私生活中心の生き方を奨励し、徳のない「堕落した」性格を与えている。しかし現代社会において自己統治の感覚を取りもどすためには、むしろ個人を、他人との共感、社会の共通目的への配慮、人徳、公共心などをもつように教育し、人民の一員として政治に参加させなければならない、と。

このようにリベラリズムと共和主義は、敵対的な関係に立ち、互いの自由の見方に対してきわめて懐疑的な目を向けていた。一方でリベラリズムは、自由を、公権力の介入のない私的領域において、各人が自分の選択した生き方――これを「善き生」という言い方をする――を追求するという仕方で理解する。自己統治は、むしろこのような個人の自由を妨げるものである、と。他方で共和主義は、自由を、人々が公共の場に集って共通の事柄を取りきめるという仕方で捉える。個人の自由は、むしろこの自己統治を阻害するにちがいない、と。このようにリベラリズムも共和主義も、「自由」という同じ言葉のもとに、それぞれ異なる仕方で「自由」を捉えてきたのである。

「自由」であることの意味とは

しかしそれぞれの立場は、「自由」であることの深く、十全な意味をすくいとっていたと言えるであろうか。リベラリズムは、「自由」を個人の自由であるとした。個人の自由が法的枠組みによってア・プリオリに保障されているならば、個人はいっさいの政治的決定から保護され、安心して自分の善き生を追求することができる、と。しかし、個人の自由を保障するその法的枠組みそのものが、個人が自由に生きる文脈から、まったく疎遠であったとするならば、それでもなお個人は自由でありえるだろうか。たとえば、ある個人の観点からみて、法的枠組みを創りだした人々が、その個人の知り合いでもなく、その個人と同じ祖先や記憶を共有しておらず、民族的にも文化的にもまったく異質であったり、さらにはその個人が信じている宗教や世界観に敵対的な立場にいるとするならば、その個人は、そのような疎遠な人々によって創りだされた法的枠組みによって自由を保障されるとしても、依然として自分が自由であると考えるであろうか。その自由は、捏造された自由であるかもしれず、自由という名の支配であるかもしれないのである。

逆に共和主義は、「自由」を人民の自己統治であると考えた。人々が徳性を備えて政治に参加すれば、他の人々とアイデンティティを共有して、自分たちの共通の事柄を自ら取りきめることができるであろう、と。しかし、自己統治的な政治そのものが、それぞれの参加者の生き方を強制するならば、それでもなお人々は自由であると言えるだろうか。たとえば、人民の観点からみて、個人に私的な利益や関心を放棄させ、政治嫌いの人を不承不承に引きずりだし、無理に公共心や徳性を押しつけるならば、たとえ人民が、全体として自己統治を享受することができるとしても、その人民を構成しているところのそれぞれの個人は、自由を奪われているかもしれない。その自由は、強制された自由、あるいは犠牲の上に築かれた自由であるかもしれないのである。

確かに、リベラリズムも共和主義も、それぞれ自由を求めている点では共通していた。ただ、「自由」であることの意味は、それぞれの立場が思い描いていた以上に、深く、豊かである――われわれは、自由民主主義の社会に住んでいるならば、このように考えることもできるのではないか。

自由民主主義：理念と体制が乖離している

自由民主主義[4]の社会は、われわれが生まれながらにしてすでに投げこまれているところの世界であり、われわれの生の前提でもある。確かに自由民主主義の社会を所与とみるか、それ自体を否定するかについて、争いがないわけではない。自由民主主義の社会は、もちろん無批判的に前提にできるものではないかもしれないが、しかし現実としてわれわれがすでに生きているところの文脈であり、それ自体を根本的に否定する見解にしてみても、いずれにせよ否定の対象として当面は措定《そてい》せざるをえない、一つの地平である。もし仮に、ある個人が自分の生まれついたこの社会から自ら脱出したり、あるいは人々がこの社会を全否定して、別の社会を一から構築しようとするならば、多大な犠牲を払うことになろう[5]。そうした意味で、自由民主主義の社会は、われわれの生を規定する文脈である。

われわれは、この自由民主主義の社会において、二つの意味で自由に生きることができるように思われる。われわれは、自由民主主義の社会に住んでいるかぎり、個人の自由を享受するとともに、自己統治としての自由を実現することができよう。もちろんわれわれは、この社会において、いついかなる場合でも自由でいられるわけではないかもしれない。個人の自由のア・プリオリな法的保障が、自己統治的な政治を阻害することもあるであろう。あるいは自己統治的な政治が、個人の自由を侵害する決定を下すこともあるであろう。しかし自由民主主義は、大局的には、「個人の自由に優先権を与える自由主義的な価値が、人々の参加を強調する民主主義的な行き方と融合しながら発展してきた、とも言われる[6]。自由民主主義は、一方で個人の自由を保障すべしとする要請と、他方で自己統治としての自由を実現すべしとする要請とを、あいともなう形で進展してきたのである。

ところが問題は、われわれの自由民主主義の社会が、これらの二つの理想を融和的な仕方で実現してきたのではなく、実際にはかなり偏った仕方で具現してきたことにある。自由民主主義には、「理想」と「現実」との側面があり、そこにはズレがあった。すなわち「理想」や「理念」としての自由民主主義は、その理念を実現すべく歴史的に発展してきた、「現実」や「体制」としての自由民主主義と必ずしも同一ではなかったのである[7]。

理念としての自由民主主義は、自由主義としての側面と民主主義としての側面とを併せもっていた。一方で、それは自由主義として、各人が自分の望む生き方を選択して、自律的な生活を営むことが望ましいとしていた。そしてまた他方で、それは民主主義として、人々が自分たちにかかわる共通の事柄を自分たち自身で取りきめることが望ましいとしていた。すなわち自由民主主義は、個人の自由を保障するとともに、自己統治としての自由をも実現することを理想としていたのである。

ところが、である。体制としての自由民主主義は、確かに自由主義として、市民的権利から政治的権利、さらに社会的権利を保障することを通して、個人の自由を拡大・深化させ、自由を行使するための実質的条件を整備することに努めてきた。多くの国々では、このように個人の自由を保障し、政治権力や行政権力の恣意的行使を憲法の制約のもとにおさめようとする、立憲主義的ないし法治国家的体制[8]がとられている。しかしながら、このような国々では、一般市民は、デモクラシーの精神を忘却し、自分自身の運命をコントロールしているという感覚――統御力――を喪失してしまっていると言われる。たとえば国政に関心を失い、選挙や投票にも行かず、誰がどの政策をもつかにも反応を示さない、いわゆる「政治的無関心（political apathy）」の現象は、多くの国々で見られるところである[9]。このような現象は、たんに選挙の投票率の低迷や政治家の収賄の増加などといった、日常的な政治運営が危機にあることを意味するだけではない。事態はより深刻である。それはまた、自分たち自身が自分たち自身の運命をコントロールするという自由の理念――自己統治――そのものが、根本から崩壊しかかっていることを意味しているのである。

このようにして考えてみれば、自由民主主義の社会は、その理念を偏ったかたちで実現してきたと考えることができよう。すなわちそれは、一方で自由主義として、個人の自由の拡大と深化に寄与しながら、他方で民主主義として、自己統治としての自由を必ずしも十分に実現してきたわけではない、ということである。ではなぜ自己統治が、自由民主主義の社会において、次第に失われることになったのであろうか。ここで自己統治が失われてきたことの背景を、歴史的、社会的、理論的という三つの観点から考えてみたい。

二　自己統治が失われたことの背景

国民国家が衰退したこと

まず第一に、国民国家という枠組みが、自己統治の場として自明視することができなくなったことがあげられる。近代以降、国家は、主権を独占することによって、「誰が国家の庇護を受ける資格をもつか」「誰が国政に参加する権利をもつか」などについてを決定し、「誰が国民であるのか」を定義する、すなわち「誰が国家を構成する主体であるのか」を定義する役割を担ってきた。これにより、国家は、自らの領土に属する市民を「自国の市民」、つまり「国民」として扱うことで、国民国家として成立することになる。国民として定義された市民たちは、その国民国家を政治的単位として、すなわち、国境を自己統治の境界線として措定することにより、国家内部の社会生活を規律する法的枠組みを取りきめることになった。国民にとって、自己統治とは、必然的に、国民国家における自己統治とされていたのである。

しかしながら今日、国民国家という枠組みは、必ずしも自明な存在ではなくなってきた。それには、主に二つの背景があると指摘されている。(10)

一つには、「多文化主義」的状況があげられる。とりわけ冷戦の終焉以後、民族的マイノリティやエスニック集団らが、国家に所属する一枚岩の国民としてではなく、独自の少数文化をもつ存在として、公的な形で承認されることを求める動きが活発化してきた。かつて国家に所属する市民はすべて、どの民族に属しているかにかかわりなく、血縁的・文化的属性を剥奪された国民として、形式的には平等——国民の平等——に処遇されてきたかもしれない。しかし、このように国家が文化的差異を隠蔽《いんぺい》することが、結局はマイノリティの抑圧につながることが暴露されてくるようになる。それにつれて、一枚岩であったはずの国民の一体のなかに、民族的、宗教的その他の差異が存在することが承認されるようになってきた。それは、国民国家の内部に潜在していた他者のあらわれであり、差異のない国民によって構成されていた国家のなかに生じた亀裂であると言えるかもしれない。ルソーの言葉を借りれば、そのような亀裂の生じた国家は、もはや「一般意志」をもつことはできない。内部に裂目を抱えた国家は、もはや一枚岩の国民によって構成されるという大前提を維持できなくなった。

もう一つは、「グローバル化」の流れがあげられる。多くの外国人が、移民や難民や入植という形で、国境を越え、合法的ないし非合法的に国家に流入し、あるいは逆に自国の国民が、政治的、経済的その他の事情により他国へと亡命したり、職業や生活の場を求めて移住するというヒトの流れがみられる。多くの場合、新天地での居住期間が長くなるにつれ、彼らは事実上そこに住む住民として周囲から認められ、税金その他のさまざまな義務を負わされるにもかかわらず、政治的権利はもたないという境遇に置かれる。国家は国民にのみ市民的権利を認めるために、彼らは必然的に「二級市民」として扱われ、自ら政治的決定にかかわる機会を完全に失うことになる。国民国家は、国民と市民とのズレ、すなわち二級市民たる在住外国人の上に、一級市民としての国民が位置するという階層構造をその内部に抱えこむことになった。

グローバル化は、このように国家内部に分裂をもちこむと同時に、国家の枠組みそのものを越える動向によってもまた、国家単位の自己統治を蝕んでいく。一般市民の活動は、参政権の行使を通して議員を選びだすことにのみかかわるわけではない。むしろ市民社会におけるさまざまな（広義の）政治的活動が、自己統治の実現のための大きな回路として重視されてきている。市民社会におけるさまざまな団体、とりわけボランティア団体や各種ＮＧＯ・ＮＰＯなどは、国家から補助や協力を受けながらも、国家そのものから独立して、国家間では対処しえないさまざまな事業に貢献するために、国境を越えて関係を結んでいる。こうした団体や組織は、大規模な国家では担えないさまざまな機能を担い、互いに国家を横断して提携しあうことで、国家の枠組みを越える公共の場をかたちづくっている。国家は、これらの活動を行う一般市民に対して、十分で広範な自己統治の場をもはや提供できなくなった、と。

もちろん、かつて国民国家が自己統治の一単位として十分に機能してきたという認識そのものが、おそらく幻想にすぎないのであろう。また今日、国民国家が相対的に力を失ってきた理由も、きわめて複雑で錯綜しており、ここであげた要因に限られるわけではないであろう。しかし国民国家が、以上であげたように、対内的にも対外的にも、もはや十分にその機能や境界を維持しきれなくなってきていることは否定しがたい。こうした現象は、西欧諸国に限らず、北米諸国や日本でもみられるところであろう。もはや（国民）国家単位の自己統治が、自己統治の唯一のあり方であるとはいえず、国家を自己統治の唯一の政治的単位として所与とすることができなくなりつつある。(11)

公的制度が疲労してきたこと

第二に、「制度疲労」と呼ばれうる社会的な事情がある。権威的な旧体制を民主的な革命によって打破し、新たに共和制を樹立し、建国を宣言し、国家の基本を定める憲法を確立したとき、民衆は、自らの手で自らの自由を獲得したと実感していたのではないだろうか。それは、一七・八世紀の西洋諸国における近代革命の経緯を思い起こし、あるいは二〇世紀後半における東欧諸国の民主革命の経験を目の当たりにしてみれば、想像ができるかもしれない。民衆が、これらの時代に自由を実感していたとすれば、それは民衆がまさしく建国者の地位に現実に立っていたということ、そして、被治者＝被支配者であると同時に治者＝支配者でもあったということを意味する。すなわち民衆が、文字通り「民衆（demos）の支配（cratia）」を意味する民主主義（democracy）を実践していたということである。もしそうだとするならば、民衆は、このような革命期においては、国家とその根幹にある憲法を自ら創設したと実感し、それらが確かに公共的な枠組みであると受けいれていたことになろう。

ところが、一般市民にとって、民主主義的な革命の経験は、長期的に続くわけではなく、一時的な出来事でしかない。建国以来、世代が何度も交代し、体制の運営が恒常化・ルーチン化することによって、建国者たちが体制のなかに実現しようとした理念は、いずれ忘却されてしまうことになる。

これにはいくつもの要因が多層的に重なりあっているように思われる。たとえば一般市民のすべてが担うことのできた公職者や公務員の地位が、世襲化されることにより、ある特定の家族集団や社会階層によって独占され、治者と被治者とのあいだに乖離を生みだしたこと。あるいはまた、国家を統治する技術や知識が専門化されて、ある種のエリート官僚集団だけが体制を運営することになり、一般市民に公的決定へのアクセスが閉ざされてしまったこと。一般市民が、仕事や家庭生活を営むなかで、必要に追われ、競争や生計のために経済的活動に忙殺され、政治的活動に時間や精力を割けなくなってしまったこと。政治家が、選挙で勝つために、ある特定の利益集団の利害を代弁せざるをえず、公益を実現することに目を向けなくなってしまったこと。自分たちの祖先が目指していた大事な理念が、繰りかえし唱導されることによって、退屈な題目としてしか受けとめられなくなってしまったこと、等々。

これらさまざまな要因は、長い間積み重なって、建国期の精神を消滅させることになったのであろう。その起源においては自由や平等や民主主義などの理念を掲げていた体制が、幾世代を経て当初の理念を忘却し、ある種の惰性で維持されるにすぎないこのような状況は、広くみられるところである。こうした状況は、しばしば「制度疲労」あるいは「制度の空洞化」という語で形容されている。

この「制度疲労」は、体制の管理者ないし運営者と、その体制のもとで生を営む個々の一般市民とのあいだの乖離に起因していると論じられている。(12) この議論によれば、制度・ルールを評価と設計の対象とする評価者の視点と、すでに制度化された実践に参加する行為者の視点とのあいだには、「権威の非対称性（asymmetry of authority）」が存在する。この「権威の非対称性」は、制度のなかで生きる行為者をして、社会制度を、「自由の条件」としてではなく「抑圧装置」として了解させる。しかもそれは、多様な社会制度を必要とする今日の社会においては不可避的な与件である以上、評価者の視点と行為者の視点のあいだのズレを必然的に生じてしまう。もちろん、民主的な体制を採用している国家であれば、少なくとも形式的には、評価者と行為者は同一でなければならない——治者＝被治者の等式が仮説にすぎないとしても——はずである。[13]しかし現代社会が大規模化し、複雑に分業化していることを所与とするならば、体制の運営に携わる者とそうでない者の分裂は、少なくとも同時期的にみれば必ず生じざるをえない。[14]したがって、たとえ民主的体制でさえ、治者と被治者とのあいだの視点の相違は、いついかなる場合であっても、体制内部に生じうるのである。

本書の関心に引きつけてみれば、こうした視点の相違は、制度疲労をもたらすとともに、自己統治を失わせることにもなるという仕方で言い換えられよう。一般市民は、制度圏[15]が自分たちの手を越えたところにあると考えるならば、たとえ形式的には制度の運営者になることが可能であっても、自分の体制を自分とは別の人々によって規律されているものとして理解するからである。そうした体制のもとで生きることは、一般市民たちが自らの手で自らの運命をコントロールしているという自己統治の感覚を得られないであろう。この場合、制度の運営者は、たとえば定期的に行われる選挙や世論の動向を見るなどして、ある程度、民意を反映することはできるかもしれない。しかし問題は、一般市民の側からは、自分たちの声が届いているとは意識されていないというところにある。一般市民は、自分たちの社会生活を規律する法的枠組みが、自分たちが生みだしたものであるとみなしていないならば、たとえ公職者が民意を反映したつもりであっても、自己統治を実現しているとは考えないであろう。すなわち一般市民と公職者とのあいだの視点の相違が、自己統治を失わせることになるのである。

リベラリズムが公共哲学として隆盛であったこと

第三に、こうした時代的あるいは社会的な傾向と符合する形で、リベラリズムの理論が、立法や判決をはじめとする、さまざまな公共的言説のなかで支配的な影響を与えるにいたったこともあげられる。

英米圏の政治哲学の一つの潮流である「共同体論者（communitarian）」の議論によれば、現代において民主主義が機能不全に陥っているのは、リベラリズムが、公共哲学として、政治文化のなかで最も強い影響力をもつことに由来している、という。[16][17]重要なことに、この共同体論の主張によれば、リベラリズムの理論は、これら歴史的ないし社会的要因と歩調をともにしてきたのであり、[18]自己統治としての自由を失わせた張本人である、とされる。リベラリズムは、たんなる政治哲学上の立場であるに止まらず、現実の制度や実践に多くの「悪」影響をもたらしてきたと批判されるのである。

共同体論は、リベラリズムを次のように批判する。[19]リベラリズムは、現代社会において民主主義を機能不全にさせた。この機能不全は、リベラリズムがそもそも個人を担い手とする自由観を前提としたことに端を発している。リベラリズムの自由の構想は、共和主義の自己統治としての自由の構想とは異なり、各個人が望むように各々の善き生の構想を選択し、そして追求することを認めるものである。そこでは、共同体から独立して選択することのできる人間像――「負荷なき自我」――が前提とされている。すなわち人間は、善き生を送るに際して、共同体の介入から解放されることではじめて、個人の自由を享受することができるのだ、と。

しかし、このリベラリズムの人間観では、自己統治にとって必要不可欠な「政治的義務」を説明することはできない。[20]このような義務は、家族への愛情や教会への忠誠など、生まれながらにして自らが属する共同体や、[21]他の構成員に対して生じる無償の責務にもとづくものである。そしてそれらは、根本的には、共同体によって培われた自己理解やアイデンティティに由来するのである。[22]それらは、リベラリズムでは説明できない責務である。というのも、そのような義務は、個人が「選択」できるものではなく、個人が生まれながらにして負わされているものだからである。

このような無償の責務をもつからこそ、共同体の構成員は、自分にとってのみ善いものに関心をもつのではなく、他人への気遣いや思いやりをもつのである。そして、そこから共同体のすべての構成員たちが共有する善――共通の善（common good）――を大切にする気質がもたらされる。構成員たちは、この気質をもつからこそ、自己の利益を犠牲にして、共同体の仲間や同胞のためにあえて負担を引き受ける義務感をもつことができる。構成員たちが、自分たちにかかわる共通の事柄を自分たち自身で取りきめることができるのは、すべての構成員たちがこの政治的義務をもつことができるかぎりにおいてである。ところがリベラリズムは、各自の善き生にのみ関心をもつ人間を前提にしているために、このように人々が政治的義務をもち、自己統治を行うことをできなくしてしまうのである、と。

もちろん、リベラリズムが、その理論的前提から政治的義務を説明できないとしても、それ自体は問題とならない。というのも、リベラリズムはあくまでも政治哲学上の一つの潮流にすぎず、それが人々に影響を与えるとしても、せいぜいアカデミックな関心をもつ一部の人たちに限られるからである。重大な問題は、リベラリズムが、理論的に欠陥をもっていることそのものよりも、公共哲学という形を取って、現実の人々の態度に影響を及ぼし、さまざまな制度のなかに具現されていることにある。こうして共同体論は、リベラリズムの理論的前提を批判することと以上に、リベラリズムがいかに現実における判決や立法などの公的言説に表されているかを実証的に検討することを通して、それが現行の制度の総体に「悪」影響を及ぼしてきたことを批判するのである。(23)

共同体論によれば、リベラリズムは、手続的共和制（procedural republic）と呼ばれる体制に実現されてきた。手続的共和制の政治は、政教分離の原則にもとづいて、公の場からいっさい宗教的なこと、道徳的なことを排除しようとする。そのためにそれは、宗教的原理主義が台頭したり、あるいは政治家がスキャンダルを起こしたりするなど、われわれの公的生活にとってけっして望ましくない帰結をもたらした。またそれは、あまりにも貧弱すぎる自我を前提にしているために、個人を無気力にして、自立心を奪うことになった。これら諸々の結果として、リベラリズムが具現した「手続的共和制は、自己統治に必要な道徳的・公民的参与を鼓舞することができないために、それが約束する自由を、結局は保障することができない」[24]、というのである。

この共同体論の主張は、本書の関心から、次のように理解されるだろう。すなわち、現代社会が自己統治を失ってしまったのは、リベラリズムという政治哲学が、公共哲学として社会のなかで支配的地位を占めてしまったことに起因している。現代社会において、人々はあたかもリベラリズムの自我のように、各自の善き生を選択し、共通の善を顧みることなく、政治的義務を果たさず、自ら自己統治を放棄してしまったのだ。その原因は、リベラリズムがわれわれをそのように変えてきたことにあるかもしれないし、逆にわれわれが次第にリベラリズムを受けいれていったことにあるかもしれない。いずれにせよ、その原因は、現代社会がリベラリズムの考えと符合してきたことにある。すなわち、自己統治が失われたのは、リベラリズムが公共哲学として支配的見解になったからである、というわけである。

自己統治の喪失と共同体論の出現

以上、歴史的、社会的、理論的観点から、自由民主主義が偏った形で、すなわち自己統治を失う形で進展してきた事情をみてきた。もちろん、これらの事情は、自己統治を失わせた直接の理由であるわけではないだろうが、相互に重なりあいながら、一つの背景を形づくってきたと言えよう。すなわち、国民国家が唯一の政治的単位ではなくなり、またさまざまな民主的制度が疲労することによって、自己統治が失われてきた、ということである。そしてリベラリズムは、こうした歴史的・社会的な事情と歩調をともにしてきた。その意味では、リベラリズムの隆盛は、現代社会において自己統治が失われてきたさまざまな事情を象徴的に表しているのだ、と。

このようにして考えてみれば、リベラリズムを標的にすえる、さまざまな批判的な立場が出現したわけもうなずけるかもしれない。それらの立場は、リベラリズムを「仮想敵」とすることによって[25]、リベラリズムの理論を批判することを通して、現実社会がかかえるさまざまな実践的問題を対象としている。そのなかでも共同体論と呼ばれる立場は、リベラリズムが個人の善き生の選択を野放しにしている問題にして、それが結局、共同体の構成員たちのあいだの結びつきを失わせたのだ、と批判した。共同体論は、リベラリズムを根源的に批判したことで、それ以降に出現したさまざまな法理論・政治理論にも強く影響を与え、反リベラリズムの流れをもたらした。この共同体論は、少なくとも潜在的には、現実社会のかかえる諸問題のうち、自己統治が失われてきたことに危機感をもち、その現状をいかに克服していくかに関心をもっていた。それは、自己統治としての自由を再興することに関心をもつ共和主義の再来を予知するものではあった。

しかし実際には、共同体論は、少なくともリベラリズムとの初期のやりとりのなかでは、必ずしも自己統治が失われていることを主な問題関心としたわけではなかった。それは、自己統治をめぐる問題とは、別のところにこだわっていたのである。また他方で、共同体論は、新しく共和主義が勃興してきたことに触発される形で、後に自己統治をめぐる問いに立ち戻ることになる[26]。それは、反リベラリズムの軸を堅持しながらも、自己統治への微妙な関心をもちつつ、ねじれた形で共和主義の思想と結びついていたのである。

こうしたことから、従来の政治哲学の議論のなかで、自己統治をめぐる問題が、リベラリズムと共同体論の論争のなかでやや傍流におかれ、それらの主たる関心から逸れていたように思われる。しかしまた同時に、それは、共同体論以降、展開されてきたリベラリズム批判の潮流のなかから、再び立ちあらわれてくることになる。今や、このあやふやにされてきた問いを、はっきりと対象にすえなければならない。

そこで以下では、論争史的な観点から、このねじれを解きほぐしておきたい。まず、リベラリズムと共同体論のあいだの論争を、とりわけ初期のそれに焦点をあて、論点を整理しながら振りかえってみよう。この論争は、どのようなテーマを主な対象にして、自己統治をめぐる問いにつながる論点を抜け落としてしまったのであろうか。

三　共和主義思想の批判的再評価　二つの現代共和主義

「リベラル・コミュニタリアン論争」再考

主に英米における政治哲学界では、八〇年代以降、サンデルのロールズ批判を皮切りに、リベラリズムの系譜につらなる論者たちと共同体論者たちとのあいだで活発な議論が展開されてきた。この論争は、一般的には「リベラル・コミュニタリアン論争」という名で呼ばれている。(27) この論争は、それまで支配的な立場であったリベラリズムに対して、新たに共同体論と呼ばれる立場にたつ人たちが根本的な批判を提起したことからはじまった。共同体論者は、次のように主張する。リベラリズムは、ロールズ、ドゥオーキン、ノージックらの議論にみられるように、共通して「個人主義」に根ざしている。すなわちリベラリズムにおいて、あくまでも自由平等な個人が重要な道徳的地位をもつのであって、各個人は善き生の構想を追及する自由が認められ、国家により排他的にこの自由への権利を保障される。各個人は、社会や共同体や他人とのかかわりのなかで自分の役割や責務を課されるのではなく、むしろどの組織や団体に属するのか、どのように他人とかかわりをもつのか、どのような人生を送るのかを「選択」することができる。このように共同体に先立って選択する能力をもち、自分の生を自律的に送る個人たちによって、社会は成り立っているのだ、と。

しかし共同体論はこのリベラリズムの考えを否定する。実際のところ、個人は、共同体に先立って選択する能力などもっていない。むしろ共同体のなかで自らのアイデンティティ――「自分はいったい誰であるのか」――を獲得し、他人とのかかわりのなかで自分に割り当てられた役割や責務を自覚し、そうしたアイデンティティや役割を指針にして自らの善き生を送ることのできる、より道徳的に厚みのある自我である。共同体の方が個人の選択能力に先立って存在するのであり、共同の目的や共通の善によって結束した社会のなかではじめて自我は存在しえるのだ、と。

このような共同体論の批判は、リベラリズムの論者の反論を喚起し、さらにその他の立場も加わる形で、八〇年代後半から九〇年代にかけて活発な議論の応酬がなされたのである。

この論争では、それぞれの立場が対象とする論題は一様ではなく、またその対象の範囲も多岐にわたる。この論争の整理はけっして容易ではないが、各論者が議論の土台として用いてきた大枠は確かにあると言えるし、問題とされてきた論点もまたある程度収斂していると考えられる。そこで、この論争を、各々の立場が意見を異にしている点を中心に、次の三つの論点をめぐるものとして以下のように理解しておこう(28)。

①存在論的人間観：自我とはどのような存在か

両方の立場は、それぞれの理論が前提としている人間や自我をどのようにみるかについて、とりわけ共同体と個人とのいずれが先にくるかについて、考え方を異にする。

リベラリズムは、共同体ができる以前から、個人が存在していると主張する。個人＝自我(29)は、共同体や他人とのかかわりのなかで得られる目的、愛着、アイデンティティ、善の構想に先立って存在しており、これらを選択する能力が備わっている。つまり個人は、共同体の存在から独立した、ア・プリオリな選択能力をもつ。すなわちリベラリズムにおいて、個人は、歴史的文脈や社会的背景などから切り離され、どのような目的をもつか、何に対して愛着をもつか、どの集団に属するのか、などを自ら選ぶことのできる、独立した選択主体である。この自我は、しばしば物質を構成する最小単位としての原子になぞらえて、「原子論的自我（atomistic self）」などと呼ばれ、また歴史的文脈や社会的背景から独立しているという意味で、「負荷なき自我（unencumbered self）」などと呼ばれる。

それに対して共同体論者は、むしろ共同体の方が個人に先んじて存在していると主張する。個人＝自我は、道徳的真空のなかで選択することはできず、有意な選択をするためには、選択に先立って、他人への責務、自分に割り当てられた役割、共通の理解などを指針にして自己省察や解釈をおこなう必要がある。こうした選択の指針を与えるのが共同体に他ならず、自我は、他人とのかかわりのなかではじめて自己を見出すことができる。自我は、自己のアイデンティティを、自己の選択能力から導くのではなく、共同体のなかで伝統的に受け継がれてきた共通の価値基盤におく。すなわち共同体論において、自我は、リベラリズムが理解するような貧困な存在ではなく、ある特殊な共同体のなかの歴史的意味や共通了解によって構成された、より濃密で厚みのある人間存在である。こうした共同体論の自我観は、共同体にしっかりした足場をもっていることから、「位置ある自我（situated self）」などと呼ばれ、また共同体の歴史や伝統のなかで自己を解釈し、自らのアイデンティティを語り紡ぎだすことから、「物語的（narrative）存在」などとも呼ばれる。(30)

②理想的社会像：どのような社会が最も望ましいか

以上の論点とかかわるが、両方の立場は、それぞれが前提とする自我観にもとづいて、これらの自我からなる社会がどのような形であれば最も望ましいのかについて意見を異にする。

リベラリズムは、独立した選択主体を前提とすることから、各個人が、公権力や他人から介入されることなく、自由に目的や善の構想を選択ないし追求できるような社会が最も望ましいと考える。社会は、ある特定の善の構想を特権化して、その善の構想を共有できない他の個人にそれを押しつけてはならない。たとえばある特定の宗教を国教にして、その宗教を信じない個人に押しつけてはならない。社会は、むしろそれぞれの個人が抱いている善の構想に対して、いずれにも肩入れしない中立的な立場にある国家を必要とする。この中立的国家によって、それぞれの個人が自由に人生の選択をできるようにする権利やルールが保障されなければならない。すなわちリベラリズムにおいては、各個人が、互いを自由平等な人格として認めあい、公正な条件にしたがって協働できるような、共通のルールにもとづく自由な社会を理想とする。(31)

それに対して共同体論は、共同体の存在あるいは共同体によって位置づけられた自我を前提とすることから、むしろ構成員同士がより強く結束する社会の方が望ましいとする。社会は、他人に対して自分の権利や利益を主張するばかりの、相互に反目しあうバラバラな個人によって成り立つ空間であってはならない。社会は、むしろ歴史や伝統のなかで伝承されてきた共同の目的や共通の善を中心にして結集されなければならない。(32) リベラリズムの自我にもとづけば、共同体は、各個人の私的利益を実現するための手段としてのみ結成される「道具的共同体」としてしか考えられない。しかし共同体論においては、共同体とは、すべての構成員がそこにおいて自己のアイデンティティや役割を了解することができる「構成的共同体」である。(33) 社会は、こうした共同体から成り立つのである。共同体論においては、社会は、個人の善き生の構想に無関心であるよりも、むしろ個人を公共心のある有徳な市民に育てるように、もっと積極的に徳性を陶冶するべきである、とされているのである。

③倫理学的問題：「正しい」ことと「善い」こと

さらに以上の論点ともかかわるが、両方の立場は、それぞれが理想とする社会がどのような規範的原理にもとづいて編成されるべきか、「正しい」ことや「善い」ことをどのように理解すればよいのかについても、意見を異にしている。

リベラリズムは、「何をもって善いとするか」「どのような生き方が善いのか」という問いを個人の選択に委ねる。すなわち個人がどのような善き生の構想を抱き、追求し、変更し、あるいは放棄するかは、あくまで個人が自分の責任において決める事柄であり、他人がとやかく口出しできるものではない。このように個人が各自の善の構想をもつことができるのであれば、人によって価値観も考え方も違うのだから、当然個々人によって選択される善の構想も相互に異なる。すると社会を全体としてみれば、社会は各個人がもつ善の構想によって分裂した、多元的な状況となるだろう。この多元的社会をまとめるためには、ある特定の善の構想をその編成原理としてはならない。というのも、その善の構想を共有しえない個人を強制ないし排除することになるからである。社会をまとめるには、特定の善の構想ではなく、むしろ多様な善の構想から独立して見出された正義を、社会編成の原理としなければならない。(34) この正義の原理は、善の構想から独立しているが、しかし個人が多様な善の構想を追及できるようにし、それらが相互に対立する場合は、それらを調整する役割を果たす。リベラリズムのこうした考え方は、正義こそが善よりも規範的に優位し、正義が善とは独立して正当化されるという意味で、「善に対する正の優先」や、「正義の基底性」などと呼ばれる。(35)

それに対して共同体論は、リベラリズムの言う正義なるものは、いつでもどこでも普遍的に妥当するのではなく、むしろそれが通用する歴史や慣習や社会的文脈に依存しているのだ、と批判する。「何をもって善いとするか」という問いは、個人の選択によって決められるわけではない。むしろ個人に先立って共同体が存在しているのであり、共同体や他人とのかかわりのなかで得られる愛着やアイデンティティを導き手としてはじめて選択は可能になる。善の次元は、歴史や伝統のなかで受けつがれてきた共通の目的にこそあるのであり、こうした「共通善」を中心にして社会は強く結束していなければならない。共同体の政治とは、リベラリズムが主張しているような、個人の権利を拡充することをめざす「諸権利の政治（politics of rights）」ではけっしてない。それは、リベラリズムがもたらした福祉政策による官僚国家の肥大化や、市場の放縦による大企業の集権化、さらには家族、学校、近隣関係、職場などの中間共同体の崩壊などといったさまざまな現象に歯止めをかける「共通善の政治（politics of common good）」でなければならない[36]。

論点はズレていた?

このように三つに論点を分けてみると、両方の立場とも、これらすべての論点にかんしてどちらかの考えをとっていると言えるが、しかしながらそれぞれの立場の強調点や、あるいはそもそもの関心が、実ははじめから一様ではなかったと考えられる。

共同体論の側は、リベラリズムを批判する際に最初に措定する理論的根拠として、存在論的人間観（①）について、「位置ある自我」観に依拠する。すなわち、自我とは共同体を前提としてはじめて意味をもちえる存在なのだから、リベラリズムの言うように、共同体に先立って選択能力をもつ独立した選択主体として人間を捉えることは、そもそも本質的に間違っているのだ、とする。そして共同体論は、人間を「位置ある自我」として捉えることから、理想的社会像（②）について、「構成的共同体」ないし共通善により結束した社会を望ましい状況であるとする。自我は、共同体によって厚く構成される存在であり、アイデンティティや他人への責務をもつことによってはじめて成り立つからこそ、他人との連帯を強く保つことのできる社会が求められる。そして重要なことに、共同体論は、倫理学的問題（③）を、存在論的人間観（①）にまでさかのぼって考える傾向にある[37]。すなわち、リベラリズムの「善に対する正の優先性」は、善そのものの価値を尊重するのではなく、善を選択した個人の能力を尊重することに他ならないのであって、その誤りはリベラリズムの間違った「負荷なき自我」観に由来すると考える。[38] つまり共同体論にとって、存在論的人間観①における「位置ある自我」の立場は、リベラリズムを批判する根拠としても、また自説を主張する根拠としても、最も中心的な論拠となるのである。[39]

他方でリベラリズムの側は、個人の自由を実現するという最終的な目的のために、理想的社会像②について、すなわち自由平等な諸個人が多様な善の構想を追及しながらも共存できるような社会をどのように実現するかに強い関心をもっているように思われる。[40] 確かにリベラリズムは、共同体論が指摘したように、存在論的人間観①について「負荷なき自我」観を、しばしば暗黙に前提としていたことは否めない。しかしこのような自我にかんする特徴づけは、リベラリズムが当初からこうした確固たる自我観にもとづいて理論を構築してきたからではなく、むしろ共同体論がその自我観を批判したことから、さかのぼって浮きぼりになってきたというのが実情であろう。また倫理学的問題③にしても、確かにリベラリズムは「正に対する善の優先」という議論の余地ある主張をしている。しかしそれは、「正しい」ことと「善い」ことにかんする問いを、純粋に哲学的に直接答えようとしたというよりも、むしろ「自由平等な諸個人が共存できる社会をいかに構築するか」、「そうした社会を編成するための原理は何か」という文脈のなかで扱ってきたのであり、いわば理想的社会像②の問題に付随して論じてきたことは否めないであろう。つまりリベラリズムは、共同体論によってその理論的前提のもろさを暴露され、軌道修正を強いられながらも、当初から理想的社会像②を実現することに主たる関心をもっていたのではないか。

以上をまとめてみれば、共同体論の側は、存在論的人間観①を基軸にしながら議論を展開してきたのに対して、リベラリズムの側は、理想的社会像②を主な理論的関心としてきた、と言うことができるだろう。[41]「リベラル・コミュニタリアン論争」という言い方がなされるが、それは「論争」でありながら、両方の立場はそもそも互いに問題関心を異にしていたのではないか。この論争を評して、各々の立場の主張や見解は、互いに交わること

もなく、ある種の「目的の行き違い」を示してきたと考える論者もいる。(42)

伏在した論点は正と善との関係にある

もし論争がこうしたものであるとすれば、問題は、論点にズレがあったために、有意義な議論の応酬がなかったことであるとか、勝敗が決せられなかったことであるとか、等々にあるのではない。別にそれはそれで、この論争が、他の多くの「論争」がそうであったように、たんに結論の出ないままうやむやのままに収束した一つの例となるにすぎないからである。問題は、倫理学的問題③それ自体がはらむ問いが、両方の立場によってあまり正面から争われることがなく、その含意が不明確なまま解消されてしまったかのような観があることにある。(43)

実際、初期の論争において未消化だったせいか、共同体論のリベラリズム批判も、存在論的人間観①から、次第に倫理学的問題③に重点を移してきたように思われる。(44) またこの倫理学的問題③は、共同体論の批判に誘発された、これ以降の政治哲学のさまざまな議論——たとえば、フェミニズム、多文化主義、デモクラシー論——のなかでも、多少位相を変えながら、大きく取りあげられることとなった。この倫理学的問題③は、たしかにそれ自体としては「『正しい』と『善い』との関係をいかに捉えるか」という古来から論じられてきた伝統的な問いではある。しかしそれは、純粋に倫理学的な次元に止まるのではない。それは、近年の「公共性」をめぐる政治哲学上の議論——多元的に分裂した現代社会において何が公共的な基盤として考えられるのかをめぐる議論——を先取りしていたように思われる。

というのも、もともと共同体論の「正の善に対する優先」への批判は、「公的なもの」と「私的なもの」とを分離するリベラリズムの考えに対する批判をもすでに射程に入れていたと言えるからである。すなわち、リベラリズムは、「正の善からの独立」という倫理学上の見解を、「私的なもの」から「公的なもの」の中立性を担保するという理論構成によって実現する。リベラリズムは、対立が起こりえる契機をすべて私的なものに駆逐することによって、公共性の領域——国家であれ、法であれ——における中立性を保とうとする。[45] 共同体論は、リベラリズムがこのように善の構想をあくまでも個人の私的関心事とし（善の私化）、正義の構想を社会の公共的な構成原理とする（正義の公共化）考えを批判していたわけである。

論争は公私を中心に展開されてきた

こうした共同体論の批判に影響を受け、それぞれの視角からリベラリズムを批判しているいくつかの思想的潮流がある。このような大きな流れのなかにフェミニズムや多文化主義と呼ばれる立場がある。[46] これらは、いわばこの共同体論の批判を受けついで、この批判のポテンシャルをより先鋭化・根源化したものと考えられるかもしれない。[47] 確かにこれらの批判は、以下でみられるように、存在論的人間観（①）や理想的社会像（②）にかんする問題を対象とするよりも、むしろ正と善との関係をめぐる倫理学的問題（③）、さらには公と私の関係をめぐる問題を主たる関心としてきたと言ってよいであろう。

一方で、フェミニズムによって、リベラリズムは次のように批判される。リベラリズムは、ジェンダーや性的役割にかかわる問題を「私的なもの」として捉え、公的な議論の対象として扱うことを拒否する。しかしそれは、歴史的・社会的には偶然の産物にすぎない公私の分離の仕方を、合理的な理由もなく自然化・固着化したものに他ならない。そのような非合理な区別にもとづく公的領域の中立性は、たとえば家事や育児の負担を過度に負わされるなど、私的領域に閉じ込められ不遇な状況のもとにいる女性にとっては、抑圧的にしか作用しえない、と。公的領域における性的役割分業は、私的領域における男性支配を直接的に反映しているにもかかわらず、リベラリズムは、公／私の区別を所与とすることによって、性や家族にかかわる事柄を私的領域の問題として、公的領域における論題とはなりえないとして、結局、私的領域のみならず公的領域においても、不平等あるいは不正義が占めるままに放置している。「個人的なことは政治的である」。このスローガンは、私的領域が男性支配によって構造化されていることを暴露するとともに、私的な事柄が政治的な問題となりえることを、非常にラディカルな形で告発・糾弾しているのである(48)。

また他方で、多文化主義によって、リベラリズムは次のように批判される。リベラリズムは、「自分が何ものであるのか」というアイデンティティを獲得するためには、自分がどの人種や民族や宗教に属しているのかが決定的に重要であるにもかかわらず、こうした文化的帰属性を各個人の私的な生き方にかかわる問題とみなし、特別に公的配慮や尊重を与えるものではないと考えている。しかし、そのようなエスニシティ・ブラインドや「好意的無視」――文化的帰属性に対して中立・公平な立場にたつこと――の態度は、結局は、民族的マイノリティが文化的に将来にわたり生存していく道を閉ざすようにしか働きかけない。この公／私分離が望ましくないのは、それが、文化的帰属性が個人の私的な関心事であり、公的領域は文化的帰属性の問題に中立的であるべきだと主張しても、実際には、文化的マジョリティの慣習や習俗にもとづく暗黙の前提が、マイノリティに押しつけられていることを隠蔽してしまうからである。たとえば国家が、イスラム教徒やユダヤ教徒にも、キリスト教の安息日である日曜日を国民の休日にするように強いることが、それに当たるであろう(49)。多文化主義のリベラリズム批判の眼目は、公／私分離が、実は、マジョリティ集団の生活様式を暗黙裡に温存・助長しており、それによってマイノリティ集団が文化的に生き残る道を閉ざしているのではないか、というところにある(50)。

要するに、フェミニズムも多文化主義も、「リベラリズムの正義と善との区別（正義の善に対する優先性）もしくは公共性と非公共性との区別（前者の後者に対する優先性）、あるいはリベラルな正義原理の中立性もしくは公共性の主張に対する、基本的に通底するところをもつ挑戦とみることができる(51)」ということである。すなわち、以上のフェミニズムや多文化主義のリベラリズム批判は、共同体論の正と善とにかかわる批判のポテンシャルを、公的なものと私的なものとの関係にかかわる問題に拡張ないし増幅したものと解することができる。

もちろんフェミニズムにせよ、多文化主義にせよ、性的あるいは文化的に不平等な現状を克服することをめざしていたのであれば、もともと公共哲学としてのリベラリズムをも、不平等な現状を正当化しむしろそれに加担してきた理論として槍玉にあげていたのであろう。そこからフェミニズムや多文化主義は、共同体論が台頭して、リベラリズム批判の流れが次第に強まってくるなかから、以前よりもいっそう明瞭かつ強力な論理をそこから見出したのかもしれない。共同体論は、個人を孤立化させ、社会を断片化させ、現代に固有のさまざまな病理を生みだしたのはリベラリズムであるとして、その原因を、リベラリズムが正と善を区別し、善から独立して正を導出すること、善よりも正を優先することにあると、はじめて示した。フェミニズムや多文化主義は、こうした共同体論のラディカルな問いかけに触発され、リベラリズムが正と善を区別すること、そして公と私を区別していること、このことが、社会に性的・文化的不平等を構造化している遠因であることに気付かされたのかもしれない(52)。

公／私分離をめぐって

このようにフェミニズムと多文化主義は、リベラリズムに特有の区別、すなわち正と善とを分離し、公と私とを分離する考えを問題にするものであった。確かに近年では、こうしたリベラリズムの公／私分離の考えが次第に大きくクローズ・アップされつつある。しかし「リベラル・コミュニタリアン論争」においては、とくにその初期の頃には、こうした明確な意識のもとに、正と善との関係をめぐる問題が十分に論じつくされていなかったのではないだろうか。共同体論の側では、リベラリズムの公／私分離が、「負荷なき自我」を前提とすることではじめて可能になることを明らかにし、その自我観を批判することに重点をおいていた。共同体論の「善に対する正の優先」

批判は、その区別そのものがはらむ問題を対象とするよりも、リベラリズムの前提にある自我観を焦点にして成り立っていたわけである。リベラリズムの側では、共同体論の「負荷なき自我」批判を受けいれ、自らが前提にしている自我観を修正ないし変更するか、(53)あるいは正義構想の内容や正当化の手法を変えることによって批判をたくみに回避するか、(54)さまざまな方向で展開してきた。しかしリベラリズムは、いずれにせよ、正／善の分離や公／私分離を自明ないし暗黙の前提としたままにして、分離することそれ自体の是非を問うてこなかったように思われる。

もしそうであるならば、いずれの立場も、後に展開されることになる倫理学的問題（3）がはらむ問いを十分に汲みとってはいなかったと考えられるであろう。「リベラル・コミュニタリアン論争」では、こうした問いをめぐる論点が、表面に表れながらも、十分に意識されなかったように思われる。共同体論がリベラリズムを批判対象として選んだのは、顕在的にはリベラリズムの「負荷なき自我」に問題をみたからあるが、しかしその背後には、リベラリズムが、現実の支配的な公共哲学であり、公／私を分離する政治的・社会的趨勢の象徴に他ならなかったからではなかったか。リベラリズムの側も、共同体論が提起した、正と善の区別に対する批判を真摯に受けとめ、それが意味するところを十分に理解したうえで対応してこなかったのではないか。(55)共同体論の批判の多くは取るにたりぬものとして無視されたのかもしれないが、リベラリズム自身も、正と善との関係、さらには公と私の関係を根本的に捉えなおす態度をとらなかった点では、同様に問題があったように思われる。

このように「リベラル・コミュニタリアン論争」において、正と善との関係をめぐる論点が必ずしも両方の立場を変容させるまで論じつくされなかったこと、そしてその後、公と私との関係をめぐる論点が大きく扱われるようになったことに着目すべきであるように思われる。それは、ただたんにこの論点が政治哲学の領域で今まさに注目され、話題になっているからではない。本書のテーマ――法の公共的正統性をいかにしてもたらすかという問い――に重要なかかわりがあるからである。このような文脈において、共和主義の思想に登場してもらうわけがあるのだ。

共和主義とは何か

共和主義の思想が重要となるのは、それが「リベラル・コミュニタリアン論争」に新たな光を投げかけ、この論争に伏在していた論点をよりはっきりさせることによって、共同体論とは異なる形で、リベラリズムのはらむ問題性を明らかにすることができるからである。リベラリズムの問題は、共同体論の視点からみれば、その自我観、すなわち共同体に先行する「負荷なき自我」にあり、そこから他のすべての問題が派生すると考えられる。しかしそれは、共和主義の視点からみれば、リベラリズムの「負荷なき自我」観は、もちろん間接的には問題となりえるが、それ自体が問題とされているわけではない。むしろ問題は、リベラリズムの正と善との分離、あるいはそれ以降の議論のなかで先鋭化してきた公／私分離が、自己統治としての自由や法の公共的正統性を失わせることにあると考えられているのである。

共和主義の思想は、リベラリズムの公／私分離が、「負荷なき自我」に由来することではなく、その前提にある自我観がどうであれ、分離そのものが問題となりえることを照らしだす。リベラリズムは、各自が個人の自由を追求するために、国家その他の公権力に介入されない私的領域を法的に保障する。このような公／私分離は、一方で個人の自由を保障するために不可欠であるかもしれないが、他方で自己統治としての自由を根本から損なうかもしれない。またそれは、一般市民が公共の場に集って自分たちにかかわる決定を行うという自己統治的な政治を蔑《ないがし》ろにして、そうした政治から生みだされる、法の公共的正統性をも失わせるかもしれない。

このように共和主義の思想は、共同体論によって批判された「正の善に対する優先」、そしてフェミニズムや多文化主義によって批判された公／私分離がはらむ問題性を、自己統治、政治、デモクラシーなどの視角から照らしだすことができる。そしてそれは、リベラリズムの公／私分離を克服して、自己統治としての自由をどのようにして実現するか、そして法の公共的正統性をどのようにしてもたらすのかについて一つの視座を提示することができる。したがって本書のように、法の公共的正統性をいかにしてもたらすことができるかという問いに取りくむためには、共和主義の思想が不可欠の資源となるのである。

とはいえ、共和主義の伝統は、いわば「諸刃の刃」であって、それが積み重ねてきたすべての思想的含意を引きつぐわけにはいかない。というのも共和主義の伝統は、民主的政治の優れた見方を示している反面、エリート主義的、画一主義的、同化主義的、強制的な側面を併せもつからである。(56) したがって共和主義の伝統を引きつぐには、それをいくつかの要素に分解して、それらを批判的に選別し、適切な形で再構成しておかなければならない。そこで以下では、公民的共和主義（civic republicanism）と呼ばれる立場を取りあげ、古典的な共和主義が併せもつ危険な側面をそぎおとし、それを現代の共和主義として再定義しておきたい。

共和主義の思想史的含意は解きがたい

公民的共和主義とは、思想史的に言えば、古くは古典古代のギリシャに起源をもつ、極めて古典的な思想である。ギリシャのポリスを理想的なモデルとした理論家をあげれば、ニコロ・マキャヴェッリやハンナ・アレントをはじめとして枚挙に暇がないだろう。また近年においても、とりわけマキャベッリに示唆を受けた思想家に、ジョン・ポコックやクェンティン・スキナーらがいる。その他にも、ベンジャミン・バーバー、ロナルド・ベイナー、エイドリアン・オールドフィールド、ジャン＝ファビアン・スピッツ、フィリップ・ペティット、マウリツィオ・ヴィロリなども現代の共和主義者に数えられる。

†現代の共和主義者たち

John G. A. Pocock　一九四二年生まれ。現在、Professor Emeritus of History at Johns Hopkins University.「シヴィック・ヒューマニズム」という共和主義の系譜が、ルネサンスから一八世紀にかけて、欧米諸国の政治に大きく影響を与えてきたことを検証したことで知られる。主著に ***Machiavellian Moment: Florentine Political Theory and the Atlantic Republican Tradition***（Princeton University Press, 1975）、日本語で読めるものとして、田中秀夫訳『徳・商業・歴史』（みすず書房、一九九三年）など。

Benjamin R. Barber　一九三九年生まれ。現在、Kekst Professor of Civil Society at University of Maryland. 民主主義を「多数者専制」として怖れる従来の自由主義的な理解に代えて、いかなる先行する制約条件にも依拠しない「反基礎付け主義的」な立場から、新たな参加民主主義の構想を提示したことで知られる。主著は ***Strong Democracy: Participatory Politics for a New Age***（University of California Press, 1984）. 日本語で読めるものとして、鈴木主悦訳『ジハード対マックワールド　市民社会の夢は終わったのか』（三田出版会、二〇〇一年）、鈴木圭税・浅岡政子訳『予防戦争という論理――アメリカはなぜテロとの戦いで苦戦するのか』（阪急コミュニケーションズ、二〇〇四年）など。

Quentin Skinner　一九四〇年生まれ。現在、Regius Professor of History at Cambridge University. 自由主義の自由によって葬り去られた「ネオ・ローマ的」自由の思想史的系譜を発掘したことで知られる。著作は多数あるが、日本語で読めるものとして、加藤尚武他訳『グランドセオリーの復権――現代の人間科学』（産業図書、一九八八年）、塚田富治訳『マキアヴェッリ――自由の哲学者』（岩波書店、一九九一年）、半沢孝麿・加藤節監訳『思想史とはなにか――意味とコンテクスト』（岩波書店、一九九九年）、梅津順一訳『自由主義に先立つ自由』（聖学院大学出版会、二〇〇一年）など。

Ronald S. Beiner　一九五三年生まれ。現在、Professor of Political Science at University of Toronto. 主著に ***Liberalism, Nationalism, Citizenship: Essays on the Problem of Political Community***（University of British Columbia Press, 2002）など。翻訳に、浜田義文訳『政治的判断力』（法政大学出版局、一九八八年）がある。

Adrian Oldfield　現在、Senior Lecturer in Politics at the University of Salford. 主著に ***Citizenship and Community : Civic Republicanism and the Modern World*** (Routledge, 1990) がある。

Jean-Fabien Spitz　現在、professeur agrégé de philosophie politique à l'Université Paris I. 主著に、***La liberté politique. Essai de genealogie conceptuelle*** (Paris, PUF, 1995), ***de l'amour de l'égalité*** (Paris, Vrin/EHESS, 2000), ***de John Locke et les fondements de la liberté moderne*** (Paris, PUF, 2001) がある。

Philip Pettit　一九四五年アイルランド生まれ。現在、William Nelson Cromwell Professor of Politics at Princeton University. リベラリズムは、国家権力からの介入や干渉がないことをもって自由とする、すなわち消極的な「非介入」ないし『不干渉」としての自由を支持しているが、そのようなリベラリズムの自由観に対して、たとえ物理的その他の介入・干渉がなくても、潜在的な支配のもとにいれば自由は失われると主張し、共和主義的な「支配のない自由」を擁護する。主著に、***Republicanism : A Theory of Freedom and Government*** (Clarendon Press, 1997), ***A Theory of Freedom : From the Psychology to the Politics of Agency*** (Polity Press, 2001). チャンドラン・クカサスとの共著だが、山田八千子・嶋津格訳『ロールズ――『正義論』とその批判者たち』（勁草書房、一九九六年）が日本語で読める。

Maurizio Viroli　一九五二年生まれ。現在、Professor of Political Theory at Princeton University. 主著に ***Republicnism*** (Hill & Wang Pub, 2001) がある。

公民的共和主義は、とりわけ近代以降、しばしばルソー型とトクヴィル型に分けられてきた。ルソー型の共和主義は、「一般意志」を重視することから、政治共同体を一人の人格として一枚岩的に捉える発想が強く、個人や集団の差異や多元性に対して敵対的である。逆にトクヴィル型の共和主義は、小規模な共同体における自己統治を重視することから、むしろ個々の特殊な集団や組織の差異や多元性を歓迎する傾向があり、こうした集団からなる多元的な社会と親和的である。しかしながら、共和主義の伝統を引きつぐ論者たちを、この区別のいずれかに分類することは容易ではない。共和主義の伝統は、むしろ、ルソー的な側面とトクヴィル的な側面とをあわせもちながら発展してきたのである。

このように政治思想史上の共和主義は、非常に長い間、複雑に絡まりあった観念をはらみつつ発展してきた。そしてそれは、現代においても、たんに学問上の政治思想としてだけではなく、現実の政治活動や民主化運動を支える思想的支柱としても大きな影響力をもっている[57]。共和主義の継承者たちが考え連ねてきた思想内容には、鋭い人間洞察にもとづく深遠な議論が含まれており、そこで用いられた語彙には、歴史的に蓄積された深い含意が込められている。

さらに近年に限っても、共和主義の思想は錯綜している。近年の共和主義者は、大枠で同じような論点を扱いながらも、アリストテレスや、マキャヴェッリや、マディソン、ジェファーソンらフェデラリストなど、それぞれが依拠する思想家はさまざまである。またそれぞれの共和主義者が批判をする対象は、多数決ルールを覆す切り札としての権利であったり[58]、政治的自由を手段視する個人的自由であったり[59]、細部では多くの相違が認められる。共和主義者らが主張するところは、必ずしも一つの思想体系として確立できるほど、整合的で首尾一貫していないかもしれない。

このように共和主義の思想をすべて説明しつくすことはかなり難しい。しかし他方で、共和主義には、いくつかの共通の主張内容があることも否定できない。共和主義の思想的伝統を、その多義的な含意をふまえながら、現代の共和主義として再構成することは、ある程度は可能であるように思われる。

現代共和主義とは

そこで以下では、共和主義の思想を現代の共和主義として再定義することにしたい。共和主義の主張内容は、通常はさまざまな要素を絡めながら主張されるが、あえてまず複数の要素に分解し、その後で重要な要素をもう一度連結する手順で説明していくことにする。

＊

①「私的なもの」と「公的なもの」とを結びつける

一般市民たちは、自分や家族の生活の必要や趣味などの私的な関心事を脇において、他の一般市民と共通する利益や、政治共同体の全体の目標に目を向けなければならない。このように共和主義は、伝統的に、「私的なもの」をたんなる生存のために必要な事柄、つまり「人間的」というよりむしろ「動物的」な事柄として捉え、「公的なもの」を真に「人間的」な存在にとって不可欠の領域や目的として捉える。[60] この立場からすれば、「人間は政治的動物である」から、人間は、私生活に隠居して、堕落した生活に溺れることをやめて、政治共同体と運命をともにし、他の一般市民と共有する利益を追求しなければならない。そのために、共同体の政治もまた、一般市民が、公共心（public-spirit）を身につけ、公共性に目を向ける（public-oriented）態度を取るように仕向けなければならない。すなわち政治は、私的利益の妥協や取引だけを追求する「利益代表民主主義」や「多元主義的政治[61]」であってはならず、政治共同体における一般市民の全員が共有する善を追求するものでなければならない、とされるのである。

ところが現代の共和主義は、まさにこの点で、伝統的な共和主義の思想と決定的に袂を分かつ。それは、公／私の区別を厳密には捉えず、むしろ「私的なもの」と「公的なもの」を架橋しようとする。古典的な共和主義は、私的利益を放棄し、純粋に共通の目的を実現すべきことを主張する。しかしこの主張は、現代社会の文脈では、けっして現実的ではない。現代社会は、一般市民の全員がただ一つの利益や価値を共有することを期待できず、各人に各自の利益や価値の追求を委ねている以上、価値や利益の点で多元的になることは避けられないからである。[62] こうした多元的な社会では、社会に共通する利益や価値が何であるのか、共通の善とは何であるのかは、必ずしもはっきり示されることはできない。こうした現代社会では、各人に私的利益を放棄させ、共通の善なるものだけに目を向けさせることは、非現実的である。現代の共和主義は、各人が各自の私的利益を追求することを認め、各人にそれぞれ私的領域があることを前提にしている。それは、各人に「私的なもの」を放棄させるのではなく、そのままもたせながら、政治の営みを通して、「公的なもの」とのつながりを与えようとする。

この公私の結合は、現代の共和主義者たちによって、さまざまな形でなされている。たとえば、個人の生が政治的共同体の生と融合し、個人が共同体と同じ運命を共有することを例証するアプローチもある。(63) また、政治共同体の共通善を促進する仕方で、自己利益を橋渡ししようとするアプローチもある。(64) またプライヴァシーの権利を、保護の対象としてではなく、「政治的な権利」として位置づけなおそうとするアプローチもある。(65) これらは、いずれにせよ「私的なもの」を前提にしたうえで、「私的なもの」を「公的なもの」に結びつけようとしている。このような公私の結合こそが、現代共和主義を特徴づける最も中核的な要素なのである。

②審議への参加を重視する

一般市民たちは、自分たちにかかわる共通の事柄を、自分たち自身で問題提起し、話しあい、決定し、またこのような審議の場に参加することによって、はじめて自由を手にすることができる。このように共和主義が審議や参加を強調しているのは、共和主義が自己統治としての自由を重視することに由来している。というのも、自己統治としての自由を実現するためには、一般市民たちが、公共の場に集って、自分たちにかかわる共通の事柄について話しあうことを通して決定しなければならないからである。ただしこのような審議や参加は、大規模な現代社会においては難しく、たとえなされたとしてもたんに仮想上の行為でしかないかもしれない。(66) しかしこの審議と参加の主張は、それらを完全に実現することは難しいとしても、実現することをめざさなければならない、共和主義の要求である。審議と参加は、公民的共和主義者の多くが強調する、共和主義の核心的な要素であるということができよう。

もちろん概念的には、審議と参加は同一の観念ではない。自己統治としての自由は、直接には審議を通して実現されるが、審議の場への参加は、いわばそのための必要な条件であるにすぎない。したがって一般市民は、自己統治としての自由を、審議を通して実現することができるが、しかし参加するだけでは享受することはできない、ということになる。しかし共和主義の論者は、参加それ自体にも自由の価値を認める傾向があり、それは「公民的共和主義とは、公民的な政治参加についての理論である」(67)という言葉に端的に表されている。このように共和主義は、審議だけではなく参加もまた、自己統治としての自由にとって本質的な構成要素として考えるのである。

③公民的徳性（civic virtue）の陶冶を重視する

一般市民たちは、「政治的動物」である以上、市民として備えるべき態度や資質――公民的徳性――を備えなければならないのであり、そのために政治共同体は、さまざまな制度や措置を講じて公民教育に努め、公民的徳性の陶冶を積極的に行わなければならない。公民的共和主義においては、「公共の事柄を他者と共同して論議し、決定し、実行する過程に、能動的に参加しうる政治主体的資質としての公民的徳性こそ、自由な人格としての人間の高貴なる本質であり、実現さるべき卓越性である」(68)とされる。この点もまた、公民的共和主義の多くの立場に含まれている要素である。しかしまたそれは、しばしばリベラリズムをはじめ、数多くの政治哲学上の立場から広く批判されている。というのも、公民的徳性の陶冶は、ある特定の資質を人間にとって理想的なものとして、その資質を具備することが人間の完成であるとする卓越主義の考えを前提にしているからである。公民的共和主義において、一般市民が善く生きるということは、堕落した生き方をすることではなく、公民にふさわしい徳性を備えて生きることに他ならない。徳を欠く生き方は、たとえ各人によって選択されたとしても、けっして本人にとって善い生ではない、とされるのである。

しばしば公民的共和主義が批判されるのは、それが、人間を生まれながらに非常に「弱い」ものであると考え、政治共同体が人の生き方に積極的に働きかけるべきだとするところにある。すなわち公民的共和主義にとって、人間は、その生来の性格では、自分の意思と責任によって「善き生」を追求することはできず、目先の快楽や気晴らしに気をそらされる浅薄で脆弱な存在である。このように「人間存在が弱く短視眼的であるということは、公民的共和主義の思想に一貫したテーマである」(69)。だからこそ、公民的共和主義は、公民的徳性を陶冶する役割を政治共同体に委ねるのである。こうして政治的共同体は、本人の利益のために、「弱い」性格の人間を親身になって教育してあげる必要がある(70)。もちろん政治共同体の積極的な関与は、人間を政治的に隷属させることを目的としているわけではけっしてない。それは、人間が真に自律的な存在となること、つまり公民として善い生を送らせることを目的としているのである。

④シティズンシップ（citizenship）に関心をもつ

公民的共和主義が論じられる場合に、「シティズンシップ」という語は、必ずと言ってよいほど引合いに出される。しかし実際は、この語によって共和主義者たちが観念する内容は同一ではない。「シティズンシップ」という語は、通常は「市民権」と訳される場合が多い。しかしシティズンシップが、このように一つの権利として観念されるならば、公権力から市民として扱われるという市民の法的地位を意味するにすぎなくなる。しかし、「公民的共和主義において、シティズンシップとは、活動や実践であって、たんに地位ではない」(71)と言われる。それは、むしろ公権力に自発的にかかわっていく一般市民の営みであり、「われわれの社会の諸制度や諸実践を評価でき、われわれがそれによってわれわれ自身の政治的活動を導くことができるような基準である」[72]とも言える。すなわち公民的共和主義にとって、シティズンシップは、たんに「市民権」という法的地位の意味には尽くされない。それはむしろ、どのような人を「市民」と呼ぶことができるのか、誰が「市民」としてカウントされるのかなど、「市民とは何か」を定義する、「市民であることの理想」とでも訳すべきものである。それはまた、われわれの社会や政治を担う主体を定義し、それらを指導ないし評価する規制理念として捉えられなければならないのである。[73]

⑤「自我」をアイデンティティによって構成される存在として捉える

個人は、政治的共同体への参加を通して、「私とは誰であるのか」という自己理解を獲得し、公民として振舞うことができるようになる。公民的共和主義の「弱い人間」観からすれば、人間はその生来の性格をもったまま公民となることはできない。人間は、さまざまな共同体とのかかわりによって、アイデンティティ――「自分とは何者か」についての意識――をもつようになり、このアイデンティティが、公民的徳性の基礎となる。もちろんアイデンティティをもったからといって、直ちに公民的徳性をもつことにはならない。しかしアイデンティティは、それをもつことなくしては徳ある市民になることができない、そうした必要不可欠の条件である。

公民的共和主義は、このかぎりで共同体によって位置づけられた自我とかかわりをもつ。この自我は、共同体とのかかわりを通して、アイデンティティをもち、そして政治参加を通して、公民的徳性を備えるようになる。いわば公民とは、位置づけられた自我が成長した姿である。アイデンティティをもった自我は、自らがある共同体に属していると意識をもつことによって、その共同体の構成員にふさわしい態度や性格をもちあわせなければならないと考えるようになる。「公民的共和主義は、自我を取りもどすことについての理論[74]」であると言われるのは、それが、自我がアイデンティティをもち徳性を備えることによってその真実の姿になると考えるからである。

⑥自己統治を自由として理解する

先に「自由」には二つの捉え方があると論じたが、公民的共和主義は、「個人の自由」よりも、「自己統治としての自由」を支持する傾向がある。もちろん、すべての共和主義者が「個人の自由」を完全に否定するわけではない。むしろ――少なくとも現代の共和主義者は――それを明示的にか、あるいは暗黙に前提にすることが多い。共和主義は、「個人の自由」を全否定するのではなく、「自己統治としての自由」の方が「個人の自由」に優先すると捉える傾向がある。これはリベラリズムの優先関係とは対極的である。リベラリズムは、個人の自由の実現を目的とし、政治的自由をそのための手段と考える傾向にある。ところが、「対照的に共和主義者たちは、政治的自由が個人的自由の唯一のありえる根拠であると述べている」[75]。共和主義者は、二つの自由が対立する局面においては、自己統治としての自由が個人の自由に優先すべきであると主張するであろうし、また両方の自由の規範的関係としては、自己統治としての自由が個人の自由を発生させる源泉であると考えるのである。

ただ厄介なのは、公民的共和主義の一部の立場が、自己統治を「自由」の問題ではなく、「義務」の問題として論じていることである。ときに「政治的義務が個人的自由の前に置かれなければならない。というのも彼らにとって、徳性とは、公的事柄への現実の参与という意味では、個人的自由の前提条件であるから[76]」と論じられる場合がある。このように自己統治の実現が「義務」とされてしまえば、自己統治は、一般市民が自由であるために必要とされるのではなく、むしろ一般市民がいやでも実現しなければならないものになる。しかし現代の共和主義は、自己統治を義務ではなく、あくまでも一般市民が自由であるために実現されなければならないものとして考えるのである。

⑦古典古代期のギリシャに政治の本質を求める

ほとんどの公民的共和主義者は、都市国家＝ポリスのモデルを引きあいにだし、古典古代のギリシャに深く傾倒している。(77) それは古典古代のギリシャが政治の起源であり、そこで行われていた民主的政治こそが、政治の本来のあり方であると考えられているからである。自由で活発な一般市民たちによって構成されるポリスは、公民的共和主義の理想的なパラダイスであり、失われた神話である。したがって現代社会における政治もまた、このギリシャ時代の政治につねに立ち戻り、それをモデルにして営まれなければならない。真に「政治的なもの」が復興されなければならないのである。

公民的共和主義は、このようなポリス型の政治観に立ちつつ、政治をそれ自体固有の価値をもつものとして捉える。共和主義の政治は、私的利益を追求するための手段なのではなく、市場経済や宗教など、政治の外部にあるさまざまな領域から相対的に独立した区域をなす。(78) このように政治は、それ自体固有の論理で営まれるものであり、「目的としての内在的価値を帯びる」(79) ことになる。公民的共和主義は、このような「政治的なもの」の概念を理想として、政治固有のダイナミズムを特権視する傾向がある。

⑧法制化の要求をもつ

公民的共和主義は、一般市民が審議に参加したり、あるいは公民的徳性が陶冶されるべきだとたんに唱道するだけではない。共和主義は、「参加がどのようにして制度的に法に実現されうるのかに対する提案でもある」(80) と言われる。このように共和主義は、自らの主張を、たんに「こうあるべきだ」という道徳的提言としてではなく、法制度として実現することに関心をもつ。これはまた、共和主義の前提にある人間観に由来している。すなわち人間は、目先の快楽に気を逸らされがちな弱い存在である。このような人間にとって、審議への参加、あるいは徳性の陶冶は、興味を引くものではけっしてなく、たんに苦痛な負担にすぎない。そうであるならば、望みもしない人々に対して、政治参加のインセンティヴを与えたり、あるいはさまざまな強制的措置を用いることが必要となるであろう(81)。このように共和主義は、審議への参加を政治的義務としたり、あるいは徳性を備えるよう法的強制を用いることまで求める場合がある。その主張は、純粋に規範的提言に止まるのではなく、法制化の要求まで含意するのである。

＊

以上の諸要素は、いわゆる共和主義者たちの主張に概ね含まれるものではあるが、しかしそれぞれがさまざまな仕方で関連づけられている。論者によって論じ方には多少の相違があるかもしれないが、共和主義の主張には以上の内容が大体において含まれていると考えてさしつかえなかろう。

もちろんこれらの要素を列挙するだけでは、現代共和主義の理論を説明したことにはまだなっていない。こうした共和主義の思想が、なぜ公と私との関係をめぐる問いを新たな光のもとに照らすことができるのか、また本書がこうした共和主義の理論に着目する理由は何かを明らかにしなければならない。以下では、ここであげた諸要素を基礎にして、共和主義を、それとしばしば混同されがちな他の思想的立場と比較することを通して、現代共和主義の特徴を浮きぼりにすることにしよう。

共和主義、共同体論、デモクラシー論

公民的共和主義は、一方で、共同体論の一つのバージョンとして、あるいは共同体論そのものとして考えられている(82)。また他方で、公民的共和主義は、民主的政治のあり方を改めて評価しようとする近年のデモクラシー論の一つの立場としてみなされる場合がある。こうしたことから、共和主義は他の思想的潮流と混同され、擁護する側に

とっても、また批判する側にとっても、無用の混乱を招いてきたように思われる。しかしながら、共和主義の思想がこのように漠然と理解されてきたことには理由がないわけではない。これら共同体論や、デモクラシー論に属すると考えられている論者たちが、意識的にか無意識的にか、先にあげたさまざまな要素を部分的に取りいれながら議論を展開してきたからである。ここで本書は、共和主義の伝統から重要な側面を注意深く剔出《てきしゅつ》して、現代共和主義の理論を積極的に規定しておきたい。そこで以下では、先にあげた要素をもとにしながら、共同体論との異同、およびデモクラシー論との異同を検討し、それを通して現代共和主義の理論の特質を浮きぼりにしてみよう（表1）。

共和主義の最大の特徴は公私の結合をめざすところにある

まず最初に確認しておきたいのは、共和主義にとって、他の思想的潮流との関連がどうであれ、最も大きな特徴となるのは、公私の架橋（①）であるということである。現代共和主義が、公私の架橋に関心をもつのは、古典的共和主義とは異なり、各自の私的な利益や関心を放棄することなく、利益や価値が相互に対立する多元的な社会においてもなお、自己統治としての自由を復興させることができると考えているからである。すなわち、個人が私的な利益や価値を自由に追求しながら、「公的なもの」を他の一般市民とともに新たに見出していく、あるいはすでに「公的なもの」として所与とされた法的枠組みを一般市民が受けいれるようになる、そうしたつながりをもつこと――公と私を結合すること――こそが、現代社会において、自己統治を取りもどすために必要となるからである。

古典的共和主義は、「私的なもの」を「人間的」ではなく「動物的」なものとして嫌悪し、蔑視し、捨て去って、純粋に「公的なもの」について取りきめることが望ましい政治のあり方であるとする。しかし、各人が利益や価値を追求しており、そこから社会が多元的に分裂していることが所与であるならば、このように「私的なもの」を捨て去ることはけっして現実的ではない。「私的なもの」――各人の個人的な利益、関心、価値、善き生の構想――

三　共和主義思想の批判的再評価

表1　共和主義・共同体論・デモクラシー論

	①　公私の架橋	②　審議と参加	③　徳性と陶冶
共和主義	◎	○	○
共同体論	○	×	○
デモクラシー論	○	○	×

この表は，共和主義，共同体論，デモクラシー論のそれぞれの立場が，①公私の架橋，②審議と参加，③徳性と陶冶のそれぞれの要素について，強く支持するか（◎），支持するか（○），あるいは否認するか（×）を示している。

は捨て去るのではなく、「公的なもの」――われわれの社会生活を規律する法的枠組み――を新たに生みだしたり、あるいは所与の「公的なもの」を受けいれるために、前提とされなければならない。もし前提とされなければ、現代社会に住まうわれわれが、わざわざ自分の個人的な関心や価値を放棄してまで、法的枠組みを公共的なものとして受けいれる動機をもつことはないであろう。このように「私的なもの」を前提にしながら、それが「公的なもの」とつながっていることを示すこと、これを可能にするのが共和主義者たちが求める政治であるように思われる。この政治こそが、法的枠組みを一般市民の側から公共的なものとして受けいれられるようにすること、すなわち法の公共的正統性をもたらすことができるのである。現代共和主義に期待するのは、それがこうした政治を示すことができるからなのである。

　したがって本書は、公私の架橋（①）こそが、最も重要な共和主義の特徴であると考える。そして共同体論、さらにはデモクラシー論もまた、このような共和主義の発想を、意識的にか無意識的にか、引きついでいるようにみえる。共同体論も、デモクラシー論も、この公私を結合する政治の見方を共有しているようにみえる。ただそれらは、この政治を引きつぐときに、以下で示すように、どの側面を重視するかについてそれぞれ異なるのである。

共同体論との違いは

一般に「共同体論」といっても、それ自体、この立場に属する論者が主張している内容は一様ではなく、それが「共同体主義」と呼ばれるほど首尾一貫した思想体系をなしているわけでもない。ある思想や論客が「共同体論」のなかに含まれるかどうかを決定する境界線はかなりあいまいである。その上、共同体論者と呼ばれている人たちが共和主義の伝統を受けついでいると明言している場合もあり[83]、このような理由から両者は漠然と同一視されてきた。しかしながら、共同体論と共和主義との関係は、実はかなり微妙である[84]。

共同体論は、一般的に、共同体による自我の形成に関心をもつが、その点では公民的共和主義とアイデンティティの形成（⑤）の要素を共有する。ただし、そのアイデンティティを構成する基盤として歴史や伝統などに依拠する共同体論を、狭義の共同体論として捉えるならば、この狭義の共同体論は、共和主義の主張と一致しない。というのも、公民的共和主義は、必ずしも狭義の共同体論のように、自我を、同一の歴史や伝統に根差した共同体のなかに位置づけられる存在としてではなく、あくまでも政治的共同体において政治的活動を行う存在として捉えるからである。すなわち、現代共和主義は、狭義の共同体論の自我観を前提にするにしても、ある特定の共同体に生まれついたにすぎない構成員を、そのまま政治共同体を構成する市民として認めるのではない。あくまで政治的活動を通して、積極的に政治参加する、政治共同体の構成員に対してシティズンシップを与える。共和主義の理論は、自我を、共同体によって受動的に位置づけられる存在としてよりも、むしろ政治共同体に自発的にかかわっていく存在として捉える[85]。

また、いわゆる卓越主義（perfectionalism）も、共同体論の一つの立場として考えられているが、卓越主義的な共同体論は、政治共同体が人間の資質や性格を形成することに大きな関心をもっている。公民的共和主義もまた、生まれながらに弱くて堕落しがちな人間を徳を備えた立派な市民に育てるために、政治共同体が積極的に公民教育をすべきであることを主張している。確かにこの点では、共同体論は、とりわけ卓越主義的なそれは、公民的共和主義とともに、徳性と陶治（③）の要素を共有しているといえる。共同体論が共和主義としばしば混同されるのは、このように政治共同体が人格の完成を目指して構成員たちを教育するべきであり、このような教育のプロセスが共同体の政治であると両者がともに主張しているところにある。そのかぎりでは、共和主義は、確かに共同体論に通底しているところがあると言えるであろう。

ただし、公民的共和主義は、人間の完成のために涵養されるべき資質を、人間が生来もつ徳性としてではなく、あくまでも市民の備えるべき徳性として、すなわち公民的な徳性として捉えていることには注意すべきである。それは、「弱い人間」観を前提とするために、陶治されるべき徳性を、人間であれば誰もがもつ先天性の資質としてではなく、政治共同体によって後天的・人為的に植えつけられるべき、いわば獲得形質として捉える。そして、その徳性は、体育や芸術などの美学的な諸活動を通してではなく、あくまでも討論や言論の場における政治的活動を通して陶治されると考える。すなわち共和主義にとって、これらの要素は、あくまでも政治的文脈なしでは語れないのである。

決定的な相違は審議や参加を強調するところにある

しかしながら、公民的共和主義が、以上の共同体論のバージョンとは決定的に異なるのは、それがとりわけ審議と参加（②）の要素を強く主張する点にある。共同体論が、位置づけられた自我を前提とし、あるいは人間の完成を目的とするならば、審議や参加は、それらの前提や目的と必然的に関係するわけではない。たとえ自我が共同体に確固たる根をはっているとしても、そのすべてが政治的な意思決定のプロセスに参加することになるわけでもなく、また理想的な市民になるには、必ずしも利益の妥協と調整の場である政治にかかわることを求められるわけでもない。確かに自我の形成や人間の完成には共同体の政治を必要とするが、しかしそうした政治が必ずしも審議や参加の形をとる必然性はないのである。人格が形成され、人間が完成するためには、わざわざ審議や参加をするまでもなく、共同体によって直接的に公民教育や徳性の陶治がなされれば、その目的は達せられるであろう。自我の形成や人格の完成にとって、審議や参加は、あくまでもさまざまな形を取りうる政治のなかの一つのあり方にすぎず、他の形での政治がこの目的を達するにより効率的であるならば、共同体論はそちらの方を好むであろう。しかし公民的共和主義は、自己統治としての自由を実現するために、審議や参加それ自体に価値を見出すのであり、審議と参加②を中心に政治を理解するのである。

ただし、確かに共同体論も、審議や参加②の要素を取りこもうとしてはいる。そこには、それなりの理由がある。共同体論者は、現代の多元的社会が歴史や伝統などの共通の根を失うこと、あるいは歴史や伝統に根ざした社会的意味を失うことを危惧している。共同体論者は、この現代社会の危機を救う処方として、審議や参加のもつ力に期待をかけることがあるからである。この場合、審議や参加は、すでに失われた共通の記憶を想起させ、共同体を結集する力となるかもしれないし、あるいは多元的な社会で失われた共通の善を新たに見出し、社会的意味を与える助けとなるかもしれない。いずれにせよ共同体論が、この審議や参加という共和主義の政治に訴えかけることは少なくない。共同体論に属するとみなされる論者たちが、しばしば共和主義の伝統に与しようとするのは、おそらくこうした文脈ではないか(86)。

しかしながら、共同体論が共和主義の伝統に与する内在的な理由があるとはいえ、共同体論の前提や目的が、共和主義の審議や参加の主張と必ずしも直結するわけではない。共同体論が、すでに自我が共同体に根を張っており、現に人間が徳性を生来もっていると仮定するならば、わざわざ自我が、政治の場に出向いて、共通の事柄について他者と議論して、決定をする必要はないからである。このように審議と参加②は、共同体論にとって根本的には異質な要素であり、共和主義を共同体論から概念的に区別する一つのメルクマールとなりうる。

デモクラシー論との違いは

現在、とりわけ英米圏の政治哲学において、「デモクラシー論」という名で括られる大きな潮流があり、それは、さまざまな媒体を通して活発に議論されている。もちろん、「デモクラシー論」という括りは、さまざまな論点を扱う個々の論者をかなり大雑把にまとめたものにすぎず、この潮流のなかにも問題関心や論調に相当な違いがみられる。そのため「デモクラシー論」は、次のような形で、いくつかの下位区分に分けられる。[87]

その一つとしてあげられるのが、まず第一に、デイヴィッド・トレンドやシャンタル・ムフらをはじめとする「ラディカル・デモクラシー」である。[88]この潮流は、資本主義や市場経済を軸とする自由民主主義を、根本から全否定するよりも、むしろ批判的に継受することをめざしている。[89]それは、マルクス主義に代わる新たな理論的オルタナティヴとして、一九九〇年代から急速に注目されてきている。

第二に、ヤン・エルスターやジョシュア・コーヘンらの「審議的デモクラシー」論がある。この議論は、主にユルゲン・ハーバーマスの「コミュニケーション的行為理論」から示唆を受け、英米圏の政治哲学の領域で発展してきたものである。それは、リベラル陣営に属すると考えられている論者も含め、多くの論者によって支持されている。

第三に、アイリス・ヤング、マイケル・ウォルツァー、ナンシー・フレイザーらの「差異の政治」などがある。これらの議論は、主にフェミニズムや多文化主義に属する論者によって支えられてきたものであり、これらとあいともなって展開されてきたものである。

そして第四に、公民的共和主義も、これらのさまざまな立場と同じように、デモクラシー論の潮流にいるとされている。先述した通り、公民的共和主義は、古典古代のギリシャに起源をもち、アリストテレス、キケロ、マキャヴェッリ、フェデラリストなどさまざまな淵源をもち、きわめて古くから受けつがれてきた思想である。

以上のようにデモクラシー論と呼ばれる潮流を四つに分けることができるとすれば、それらの立場は、確かに系譜的には相当に異質的であるとみられよう。またそればかりではなく、それら各々の主張内容からしても、それらは実は相互に対立するものでさえありうる。(90) 他方で、それらは現実の制度圏での硬直化した政治のあり方を否定あるいは問題視し、新たな形でデモクラシーの利点を生かそうとするなど、大まかな共通点もないわけではない。これらのデモクラシー論に属する諸理論は、多層的に絡みあっており、明確に区別をするのは困難ではある。そこで便宜上、これらのデモクラシーの諸理論が「デモクラシー」についての理論である以上、何らかの民主政（democratic politics）の観念──「民主的政治とは何か」に対する答え──をもつものとして捉え、それぞれの政治観を鍵にし、各理論がそれをどのように理解しているかを比較して、公民的共和主義の特徴を浮きぼりにしてみることにする。

決定的な相違は徳性や陶冶を強調するところにある

この観点から、デモクラシー論の四つの立場は、それぞれ以下のような形で、民主的政治を捉えると考えることができるだろう。

第一に、「ラディカル・デモクラシー論」は、しばしばカール・シュミットの「友敵区別」による政治の概念を引きつぎ、政治を「われわれ」という集合的アイデンティティの定義をめぐる主導権の争いとして捉える。政治は、「歪みなきコミュニケーション」なのではなく、自由原理と平等原理の緊張・相克を糧とする、最終的実現のない不滅のプロセスである。(91)

第二に、「審議的デモクラシー」論は、法治主義や立憲主義と比較的に親和的な立場から、ある一定の法的枠組みのもとで公正な手続・条件に則った、審議的なプロセスとして考える。[92] 政治は、個人や集団が私的利益を求めて取引や交渉を行うプロセスではなく、より審議的な、つまり対話やコミュニケーションを通した個人と個人の相互的なかかわりである。

第三に、「差異の政治」は、現存する不当な差別・抑圧を撤廃し、「声なき声」を救済するという問題意識をもち、性的差異や文化的アイデンティティを、個人の私的な関心事としてではなく、公的な形で承認すべきことを主張し、そうした公的承認を求める営みを政治の役割とみなしている。[93]

これらと比較すると、確かに公民的共和主義は、デモクラシー論の一つの分流として、政治あるいは政治的なもの⑦をめぐる問題関心を共有している。しかし、公民的共和主義の「政治」の捉え方は、とりわけ「ラディカル・デモクラシー論」や「差異の政治」とは、かなりかけ離れていると言わざるをえない。共和主義は、とりわけルソーに影響を受けた思想は、集合的アイデンティティそれ自体が複数であることや、あるいは政治共同体の内部にさまざまな差異を認めることにあまり前向きではないからである。[94]

しかし公民的共和主義は、明らかに審議的デモクラシー論と審議と参加②の要素を共有している。両者とも、公民的徳性の陶治の場としてであれ、集合的意思形成の場としてであれ、民主的政治を「審議的（deliberative）」なものとして捉え、そうした政治的審議を、さまざまな目的――たとえば、徳性を陶冶すること、あるいは合理的コンセンサスを得ることなど――を実現するために、不可欠な手段として捉えているからである。[95]

しかし公民的共和主義は、これらのデモクラシー論の立場と区別されるとすれば、とりわけそれが徳性と陶治③の要素を支持し、公民的徳性を涵養する役割を民主的政治に求めている点にあると考えてよいだろう。近年のデモクラシー論――とりわけ「ラディカル・デモクラシー論」や「差異の政治」――の主眼は、「政治的なもの」

や民主的政治を、人々の意見やアイデンティティの複数性や多元性を前提として、一般市民のあいだで平等を実現する一つの営みとして捉えることにあると考えられる。このようなデモクラシー論の立場からすれば、公民的共和主義は、徳性の陶冶を強調することから、政治的共同体の構成員にある特定の資質を備えるように画一的に強制するうえに、そのような徳性を発揮できる市民を特権化し、発揮できない市民を二級市民化する悪しき思想として批判されるであろう。(96) しばしば公民的共和主義が、デモクラシー論の一つの立場として好意的に評価されないのは、こうした理由によるのかもしれない。(97) ともあれ公民的共和主義が、他のデモクラシー論の立場と異にしているのは、それが徳性や陶冶を強く求めている点であるのは確かであり、この徳性と陶冶（③）が、他のデモクラシー論と区別するメルクマールであると思われる。

共和主義には審議‐参加型と徳性‐陶冶型がある

このように公民的共和主義を、しばしば混同される他の思想的潮流、すなわち共同体論とデモクラシー論と比較すれば、その大きな特徴は、とりわけ審議と参加（②）と徳性と陶冶（③）にあると言えよう。しかし共和主義の思想は、必ずしも一枚岩的ではない。概念的には、この二つの特徴にしたがって、共和主義の理論を次の二つのバージョンに分けることができるように思われる。

そのうちの一つのバージョンは、審議と参加（②）をより強調する、デモクラシー論に比較的近い立場である。この共和主義の立場は、政治を理解するときに、徳性を陶冶すること以上に、審議へ参加することを中心的な要素とする。この立場を、共和主義のなかで、審議と参加（②）の役割を重視する、より穏健なバージョン、すなわち、「審議‐参加型」共和主義と呼んでおこう。

それに対して、もう一つのバージョンは、徳性と教育（③）に関心をもつ、共同体論に比較的類似した立場である。それはまた、どちらかと言えば、古典的な共和主義の直接の系譜上に位置していると考えられる。この類型は、政治を理解するときに、審議へ参加すること以上に、徳性を陶冶することを中心的な要素とする。それは、しばしば政治共同体が人間を完成させるために、その構成員たちに公民的徳性を画一的・強制的に涵養すべきことを主張する。この立場を、共和主義のなかで、徳性と陶冶③を強調する、より強いバージョン、すなわち「徳性-陶治型」共和主義と呼ぶことにしよう。

もしこのように共和主義を二つのバージョンに分けるとするならば、これらは、共和主義の最も大きな特徴である公私の結合①に対して、それぞれ異なる仕方でアプローチしようとする立場であると考えることができるであろう。すなわち審議-参加型共和主義は、「公的なもの」と「私的なもの」とを結びつける役割を、「審議」への「参加」という政治の営みに託す。すなわちそれは、私的領域にいる人々が、自分たちの生活にかかわる共通の事柄を議論しあう公共の場に参加することを通して、公と私とを結びつけようとする。他方、徳性-陶治型共和主義は、「公的なもの」と「私的なもの」とを結びつける役割を、「徳性」の「陶冶」という共同体の政治に委ねる。すなわちそれは、孤立した個人に公民的徳性を陶冶して、私人を公民に生まれ変わらせることをもって、公と私とを結びつけようとする。それぞれの共和主義の類型は、それぞれ異なる役割を政治に担わせることによって、「公的なもの」と「私的なもの」とを結びつけようとしているのである。

すなわち、これら二つの類型は、公私の結合①を共通の目的とするが、その目的を実現するために、審議と参加②か、あるいは徳性と教育③か、それぞれ異なる手段を通してアプローチしようとしていると考えられるのである。

徳性-陶冶型ではなく審議-参加型にこそ鍵がある

このように共和主義を二つに分けることができるならば、本書の立場は明快である。本書は、法の公共的正統性をどのようにしてもたらすかという問いを考察することを目的とするが、この問いにアプローチできるのは、徳性-陶冶型共和主義ではなく、審議-参加型共和主義であると考える。「法の公共的正統性」の問題にアプローチするためには、共和主義を徳性-陶冶型としてではなく、審議-参加型として理解しなければならない。すなわち本書は、共和主義の思想的伝統を、共同体論にではなく、デモクラシー論に引きつけて理解している。(98)

この意味で、本書が示そうとしている共和主義の類型——審議-参加型共和主義——は、先述した通り、近年のデモクラシー論のなかでも、とりわけ「審議的デモクラシー」との親和性ないし類似性をもつ。というのも審議的デモクラシーもまた、民主的政治を、議論や対話やコミュニケーションなどの審議プロセスとして理解し、この審議プロセスが何らかの正統性をもたらすことを期待しているからである。(99) 審議-参加型共和主義もまた、審議的デモクラシーとともに、民主的政治を審議プロセスとして捉え、この審議的プロセスが法の公共的正統性をもたらすことができると考えている。この意味で、審議-参加型共和主義は、審議的デモクラシーと基本的な関心を共有しており、排他的な関係にあるわけではない。むしろ審議的デモクラシーは、正統化作用をもつ審議プロセスの具体像と手続的条件などについていっそう詳しく掘り下げているのであって、それは審議-参加型共和主義の政治観をより精緻化するために、重要な基盤と資源を与えるであろう。(100)

しかしながら、本書が示そうとしている共和主義の立場は、徳性-陶冶型共和主義とは異なる。それは、必ずしもリベラリズムの自我観——「負荷なき自我」——を問題にして、そのような孤立した自我に徳性を陶冶する、すなわち教育のプロセスとして政治を捉えることはしない。それは、たとえ徳性を備えていない「堕落した」私人であっても、身近な人たちとのふれあいや話しあいを通して、公共の場にかかわり、集合的意思決定へアクセスできるような、広範な審議プロセスとして政治を捉える。本書は、共同体論が主張するように、公民的徳性を陶治することによって「私的なもの」と「公的なもの」とのあいだにつながりを与え、自己統治としての自由を実現し、そして法の公共的正統性をもたらそうとする考えを避けようとしている。つまり本書は、共和主義の伝統から、いわば共同体論的な色彩を払拭しようと意図しているのである。

共同体論ではリベラリズムを克服できない

確かに共同体論は、先述したように、共和主義と混同されてきたし、それにはそれなりの理由があった。また共同体論者自身も、しばしば自ら共和主義の伝統を受けつぐことを明言することがあった。共同体論は、共和主義とともに、現代社会において自己統治としての自由が失われていることを嘆き、その責任をリベラリズムという公共哲学に帰していた。そしてその批判の足場として、リベラリズムの自我観――「負荷なき自我」――を槍玉にあげ、その処方箋として、公民的徳性の陶治という共和主義の要素を重視したのである。

しかしながら、あえて言いたい。本書の立場からすれば、これが誤りの「もと」であった。共同体論――本書ではこれを徳性-陶治型共和主義として扱う――は、リベラリズムの理論的欠陥を見誤り、いわばねじれた形で共和主義の思想を受けついで、リベラリズムを誤った形で克服しようとしたのである。[101] すなわち共同体論は、共和主義の問題意識を受けついで、自己統治としての自由が失われたことを危惧しながら、その原因をリベラリズムの自我観に求め、しかも共和主義の口を借りて、リベラリズムの自我を教育し、徳性を陶治することによって、この危機を乗りこえようとしたのである。ここにはリベラリズムと共和主義との誤った対置があったのだ。

ここに「リベラル・コミュニタリアン論争」を別の視角から照射し、違った形で共和主義をリベラリズムに対置しなければならない理由がある。本書は、法の公共的正統性をどのようにしてもたらすかに関心をもつが、この立場からすれば、リベラリズムの問題はその自我観そのものにあるのではない。確かにリベラリズムは、公共哲学として、自己統治が失なわれている現実の社会的風土を少なくとも部分的には示しており、また後追い的に擁護している点では、責任の一端はあるのかもしれない。しかし他方でリベラリズムは、公権力の介入から個人の自由を擁護するという重要な主張をしている。それは、たとえ自己統治の自由を失わせた遠因であるとしても、私的領域における個人の自由な生き方を擁護する点で、重要な意味を有していたのである。共同体論のように、こうした意味を十分咀嚼せずして、自己統治が失われた原因をリベラリズムの自我観に求めるような、偏った診断を下すことは避けなければならない。このように共同体論では、リベラリズムの問題を適切に特定し、それを克服することはできないように思われる。

リベラリズムとともにリベラリズムを克服するために

本書が共和主義を徳性-陶冶型ではなく、審議-参加型として理解するのは、この後者の審議-参加型共和主義が、リベラリズムの基本的理念を損なうことなく、リベラリズムの問題性を適切な形で克服することができるであろうと考えるからである。審議-参加型共和主義は、次のように考える。すなわちリベラリズムは、個人の自由、国家と社会の分離、公権力からの保護、そしてこれらを法的枠組みによって実現することを擁護ないし正当化してきた。これらは、われわれが自由に社会生活を営むうえで、けっして忘れ去られてはならない根源的理念であるとともに、欠くべからざる基本的前提でもあろう。

とはいえ、それと同時にリベラリズムは、自由のもう一つの側面、つまり自己統治としての自由を失わせてきた。それは、一般市民たちに、自分の手で自分の生活の文脈を取りきめるというデモクラシーの重要な側面を見失わせ、一般市民たちから自己統治的な政治を奪ってしまった。そしてそれがもたらした最も重大な問題は、個人の自由を保障する法的枠組みそれ自体の正統性を失わせてしまったことにある。法的枠組みは、個人の自由を保障する機能を果たしながら、一般市民たちの自己統治的な政治から切り離されてしまった。それは、一般市民の側から、政治の営みを通して公共的に正統性があるとみなされなくなり、それが立脚している民主主義的な足場を失ってしまった。

このような正統性の危機は、徳性-陶冶型共和主義が考えているように、一般市民に公民的徳性を陶冶すること、すなわち教育的な政治によって解決できるような問題ではない。一般市民が自ら政治の営みを通して、法を生成し、法の公共的正統性を生みだしていく、そうした政治のプロセスが見出されなければならない。

しかしこれはまた困難な問題でもある。個人の自由を前提にしつつ、かつ同時に自己統治としての自由を実現しうる道が考えられなければならない。言い換えれば、法的枠組みが、個人の自由や権利を保障しつつ、かつ同時に公共的に正統化されるような、そうした政治モデルが見出されなければならない。

本書は、審議-参加型共和主義の考えを通して、この困難な道を見出すことができると考える。それは、リベラリズムの理論を、共同体論とは異なる形で、克服するとともに補完しうるような、一つの共和主義の法理論の試みであると言えよう[102]。

小括

以上で、本書の問題設定、背景、そして基本的視点を提示した。自由民主主義は、国民国家の衰退、制度疲労、リベラリズムの興隆を背景にして、一方で個人の自由の拡大と深化に寄与しながら、他方で自己統治としての自由を失なってきた。自由民主主義に住まうわれわれが自由であるためには、個人の自由を保障する法的枠組みが、自己統治としての自由を実現する政治の営みのなかで、公共的に正統化されるプロセスを考えなければならない。それは、共同体論のように、リベラリズムの自我観に原因を見定め、公民的徳性の陶冶によって克服する仕方では解決がつかない。むしろリベラリズムのどこに本当の問題があるのかを見定め、それを克服しうる政治のあり方を示さなければならない。ここにこそ、共和主義の重要な意義があると本書は考える。

ではリベラリズムがどのようにして、自己統治としての自由を失わせ、法の公共的正統性をなくしてきたのか。以下では、共和主義の視点から、リベラリズムの問題がどのように捉えられるのかについて詳しく検討することにしたい。

第二章　リベラリズムの公／私分離

一　リベラリズムの基本原理　公／私分離

リベラリズムの基本原理とは

　まずリベラリズムの考え方が、何を基本原理とし、どのような理論構成をとるのか、その一般的な特徴を浮きぼりにして、それが共和主義にとって、いかなる含意をもちうるのかについて述べることからはじめよう(1)。

　リベラリズムは、先述したように、共同体論から、その自我観を中心に批判されてきた。この批判によれば、リベラリズムは、共同体の存在に先立って、目的や愛情から独立して選択することができる主体を前提としているが、しかしこの自我観は現実の人間存在の正しい姿を反映していない。リベラリズムは、そうした独立選択主体に依拠しているために、共通の目的や了解によって結合している親密な関係や共同体に正しい位置づけを与えることができない。またそれは、そうした独立選択主体を前提にしているがゆえに、「善」にかかわる事柄を個人の私的な問題に委ね、「正」にかかわる事柄を公的制度・機関が満たすべき基準とすることで、共通の善を公共的に解釈・発掘しようとする一般市民の努力を無駄にし、共通の善によって結びつく社会を不可能にする、等々。こうしたリベラリズム批判は、主にその自我観に焦点に当て、その他のさまざまな問題を織り交ぜながら展開されてきた。これらの批判は、リベラリズムのはらむさまざまな問題が、その自我観に集約されているという認識のうえに展開されたのであり、確かにリベラリズムの根源的な難点を鋭くつくものではあった。しかしまた共和主義の視点からみれば、リベラリズムは、その自我観ばかりでなく、別個の困難をも抱えていると考えられるのである。

リベラリズムの公共性は正義と法にある

リベラリズムは、従来から、個人が市場において自ら望むように経済的利益を追求することを許容・奨励し、市民が他の市民に配慮せず、自らの政治的義務をも果たさないように仕向けた、没公共性の哲学であるとしばしば批判されてきた。すなわち、それは市民を腐敗・堕落させ、公共性の観念それ自体を失墜させた悪しき思想として槍玉にあげられてきた。確かにこの批判は、アダム・スミス以来の古典的自由主義の思想や、あるいは現実の国際市場を動かす新自由主義の思考には、今なお当てはまるかもしれない。しかしそれは、少なくとも現代リベラリズムには必ずしも当てはまらない。現代リベラリズムは、没公共性の哲学であるどころか、公共性の観念に独自の位置づけを与えているからである。

リベラリズムは、先述したように、身体の自由や思想・良心の自由をはじめとする「国家からの自由」、すなわち「消極的」な――国家の規制や介入から解放されているという意味で――自由を擁護する立場であるとしばしば言われてきた。しかし、もちろんそれは、国家が介入・干渉しない領域であれば、各人が何を追求しようが、無制限に認められるべきであると主張しているわけではない。各人が好き勝手に自由を追求するならば、各人がもつ自由のあいだで衝突・対立がいずれ不可避的に生じてしまうであろう。この自由間の衝突は、社会的・経済的に恵まれた人であれ、恵まれない人であれ、けっして歓迎されることではない。誰であれ、自由を追求する当事者の視点からみれば、何をすることが自由であると認められるのか、どこまでが自分の自由の範囲であるのか、実際に他の自由と衝突し、何らかの不利益をこうむるまではわからないからである。

そこで、自由間の衝突を前もって回避するために、ある個人の自由を他の個人の自由と両立可能な形にし、各人の自由の範囲を確定する共通の原理が求められる。この原理は、確かに各人の自由を一定の範囲に制限するものではあるが、しかしながら同時に、各人の自由の領域をはっきり区画化することによって、各人が自由を安心して追求できるようにする、ア・プリオリな条件としての意味をもつ。それは、自由平等な人々が、相互に自由平等な存在として承認しあい、自分たちの自由な生活を相互に衝突することなく平和裡に営むために受けいれている、あるいは受けいれるであろう原理である。リベラリズムは、さまざまな形で[2]、このような原理を、各人が個人の自由を追求することを目的としている以上、どの個人にとっても共有することができる共通の原理として提示する。そしてしばしばこの共通の原理は、「正義」という名で語られる[3]。

この共通の正義原理は、もちろん哲学者や理論家の頭のなかで解釈・発見されたところで、それ自体、現実の社会に規範的拘束力をもつわけではない。この正義原理が、全員に受けいれられることができるように――全員の遵守が保障されなければ、この原理が共通のものであることはできない――この原理を無視ないし逸脱する違反行為に対して何らかの否定的なサンクションを科し、逆にこの原理に則った遵法行為に肯定的なサンクションを与えるなど、この原理を共通のものとして制度的に保障する法的枠組みが求められる。まさにこの点において、リベラリズムは公共性の次元を見出す。リベラリズムは、正義の原理を、すべての自由平等な人たちが準拠できる共通の基盤や背景として、公共的な制度によって保障しようとする。すなわちリベラリズムは、正義の原理を保障する公共的な法的枠組みによって、「個人の自由」を維持・促進しようとするのである。

公／私分離は個人の自由の保障にとって必要である

このような法的枠組みのもとで、個人の自由は、相互に衝突することが避けられ、相互に調整可能な権利として保障されることになる。個人は、自由間の衝突のリスクを避けるために、権利保障という形で自分の自由を追及することに甘んじなければならない。そして各個人は、自由を安全かつ効果的に追求するために、権利間調整の共通の原理や枠組みについて最低必要限度の合意をする必要があり、それが合意された以上は、それ以外のすべての事項は私的な領域に属すると推定される。この意味では、リベラリズムの考えでは、国家や法など、「公的なもの」とは、各人が呑まなければならない「必要悪」であり、各人が私的領域において自由を追求・実現するために受けいれざるをえない妥協案である。[4]各人は、相互に自由を衝突させる危険とリスクを避けるために、極端に言えば不承不承に正義の原理を共有し、各人の権利を保障する法的枠組みを甘受したうえで、正義の原理や法的枠組みに違反することのないかぎり、国家やその他の社会的権力からの介入をおそれることなく、安心して自由を追求することができる。[5]各人は、法的枠組みによって権利を保障され、そして公権力から隔離された私的領域を与えられることで、各自の自由を誰にも介入されることなく最大限まで享受することができるようになる。[6]このように「公的なもの」を必要最小化し、「私的なもの」を最大化する形での公／私分離こそが、各人が自由を追求するために必要とされる。要するにリベラリズムにとって、公／私分離とは、個人の自由を実現するために欠かすことのできない、一つの基本原理なのである。

このリベラリズムの公／私分離の原理は、個人の自由を実現することにとって非常に大きな意義があったし、今なおそうあり続けている。リベラリズムは、公／私分離の原理により、個人が国家やその他の社会的権力から解放されるべきことを強く主張してきた。またそれは現実においても、近代以降の支配的な公共哲学として、個人の自由が法的枠組みによって保障されるべきであることを擁護してきた。これによって個人は、国家の強制的介入から解放され、また社会的権力の干渉から自由でいられることができた。このような公／私分離の原理は、リベラリズムによって擁護されてきたし、また実際に自由民主主義の社会において広く受けいれられている。それは、個人の自由を保障するために重要な意味をもち続けていたのである。

公／私分離への高まる不満

しかし、このリベラリズムの公／私分離は、さまざまな形で批判されるようになってきた。たとえばそれは、共同体論によって、「善に対する正の優先」という名で批判された。すなわちリベラリズムによれば、各人は何を「善」い生き方とするかについて自由に選択し、社会は各人の多様な「善」き生の構想には中立的に、「正」あるいは「正義」によって規制されていなければならない、とされる。ところが「正義」は、普遍的に妥当するのではなく、社会的意味や文脈に依存しているのであり、「善」もまた個人が純粋に選択できるものではなく、共同体における人と人とのかかわりを通して得られるものである、等々(7)。

こうした共同体論による「善に対する正の優先」批判は、それ以降、フェミニズムや多文化主義などの立場から、次第に先鋭にされていった。すなわちリベラリズムは、公／私分離に固執するあまり、家庭や女性やセクシュアリティにかんする問題、あるいは宗教や少数民族の伝統など文化的属性にかんする問題を「私的なもの」として、公的規制の対象から除外してきたのだ、と。

そして公／私の分離への疑問は、今やいっそう明確に意識されてきている。こうした潮流にのって、公／私の分離が自己統治としての自由や法の公共的正統性にどのような影響をもたらすかを問題にするようになったのが、まさしく現代共和主義なのである。

公／私分離は共和主義によっていかに問われるか

現代共和主義は、次のような仕方でリベラリズムの公／私分離を問題にする。すなわちリベラリズムは、個人の私的領域を公権力の介入から保護することに固執するあまり、私的領域にいる孤立した個人たちが、公的領域にアクセスする回路を閉ざしてしまったのではないか。孤立した個人たちが、私的生活に隠遁《いんとん》することによって、他の個人とともに共通の事柄について論じあい、主張しあい、意思決定をすることができなくなったのではないか。リベラリズムは、「個人の自由」の保障にあまりにも熱心なため、一般市民が自分たちの手で自分たちに共通する事柄を決定していくという、「自己統治としての自由」を蔑ろにしてしまったのではないか。そしてそれは、一般市民たちが、私的な要求や主張を公共の場に伝え、自ら「公共的」な枠組みを創設しようとする、自己統治的な政治を根底から台無しにしたのではないか。それは、公的領域と私的領域を分断することによって、われわれの手から、われわれの社会生活を規律する法的枠組みを取りあげたのではないか。つまるところリベラリズムは、公／私分離によって、法的枠組みを一般市民の側から受けいれられなくしてしまい、法の公共的正統性を失わせてしまったのではないか、と。

もちろん現代共和主義は、リベラリズムの公／私分離の原理そのものを否定するわけではない。公／私分離が個人の自由の保障のために欠かすことのできない前提であることを認めている。しかし現代共和主義にとって、リベラリズムが問題となりうるのは、それが「個人の自由」の領域を確保しながら、他方で「自己統治としての自由」と両立しない形で公／私分離の考えを示していることにある。すなわち公／私分離の考えは、個人の私的領域を公権力の介入から保護する反面、私的な要求や主張を公的決定に反映させていくという、公と私とを結びつける回路を閉ざしてしまっている。それは、法的枠組みを創設する民主的政治の営みを切り詰めており、法的枠組みが一般市民の側から受けいれられる機会を失わせている。要するに、現代共和主義にとって問題なのは、リベラリズムが、法の公共的正統性を失わせるような仕方で、公／私分離の原理を採用していることにあるのだ。

リベラリズムの公／私分離：検討

では、このリベラリズムの公／私分離は、どのような形で、自己統治としての自由や法の公共的正統性に打撃を与えるのであろうか。この考察に最も適した素材を与えてくれるのは、現代リベラリズムの論客ジョン・ロールズであろう。彼は、著書『政治的リベラリズム』において、他のリベラリズムの論客や、さらに彼自身の他の著作以上に、リベラリズムの公／私分離の原理をはっきりと表しており、この原理がはらむ問題を端的に示していると考えられるからである[8]。

†現代リベラリズムの論客ロールズ

John Rawls　一九二一－二〇〇二年。ハーバード大学哲学教授。経済学、ゲーム理論などを学んだ後、倫理学の方法論を組みあわせて『正義論』を構想。規範的倫理学の復権に大きな役割を果たし、日本の法哲学、政治哲学、倫理学に与えた影響もきわめて大きい。『正義論』以降、さまざまな論考を著し、議論を展開してきたが、それらの成果の集大成として『政治的リベラリズム』を公刊。翻訳書に、矢島鈞次監訳『正義論』（紀伊國屋書店、一九七九年）、田中成明訳『公正としての正義』（木鐸社、一九七九年）、エリン・ケリー編、田中成明・亀本洋・平井亮輔訳『公正としての正義　再説』（岩波書店、二〇〇四年）などがある。

そこで以下では、ロールズの政治的リベラリズムを取りあげ、それが採用している公／私分離の形態が、どのような形で、自己統治としての自由への障害となり、法の公共的正統性に影響を与えることになるかを検討する。まず第一に、ロールズの「政治的リベラリズム」が、どのような形で公／私分離を用いているのかを明らかにする(第二節)。次にそれは、公／私分離に依拠することから、どのような形で自己統治としての自由や自己統治的な政治を捉えることになるのか、とりわけ「参加」について(第三節)、そして「審議」について(第四節)、検討する。そして最後に、それが、どのような仕方で自己統治としての自由を阻害するのか、法の公共的正統性を失わせることになるのかを明らかにする(第五節)。

二　政治的リベラリズムの区別　政治的／包括的

政治的リベラリズムは社会統合の問題を扱う

まずロールズが、政治的リベラリズムを構想する起点となった問題をみることからはじめよう。彼は、政治的リベラリズムが、宗教戦争とその帰結、および十六・七世紀の宗教的寛容についての論争にその歴史的起源があるとしている。(9) そして、このような歴史的経緯をふまえ、政治的リベラリズムが現代の社会において取り組むべき問題を以下のように定義する。

リーズナブルではあるが、両立できない宗教的・哲学的・道徳的ドクトリンによって深く分裂した、自由平等な市民たちの安定した正義に適う社会が、時を超えて存在するのは、どのようにして可能であるか。(10)

この問題について若干説明しておこう。ロールズは、ここであげている「宗教的・哲学的・道徳的ドクトリン」を総称して、「包括的ドクトリン（comprehensive doctrine）」と呼ぶ。それらが「包括的」であるというのは、それらが、それらを信奉する者たちに対して、ある特定の「善き生」――いかに生きれば善いのか――や世界観――世界とはどのようなものか――など、数多くの広範な事柄を教示する点にある。このような包括的ドクトリンは、社会のなかに複数存在し、それぞれが一般市民の支持をえて、発展しながら並存している。社会は、これらの包括的ドクトリンによって価値多元的に分裂している。この包括的ドクトリンの多元性は、ただたんに一時的にのみ存在しいずれ過ぎ去ってしまう一過性の状況ではなく、今後も永続することになるであろう「民主的政治文化の特性」である。[11] もしそうであるならば、この包括的ドクトリンの多元性は、相互に矛盾する善き生や世界観を提示しあうことによって、社会のなかに深刻な分裂や対立を引き起こしてしまうかもしれない。まさにこうした事実から、政治的リベラリズムの問題が生じる。すなわちそれは、この包括的ドクトリンの多元性を事実として受けいれながら、それでもなお共存を可能とする社会の枠組みをいかに構築するか、ということである。[12] 本書では、この政治的リベラリズムの問題を「社会統合の問題」と呼ぶことにする。

社会統合は重合的合意によって解決される

このような「社会統合の問題」は、ロールズによれば、数あるなかの一つの包括的ドクトリンを排他的に特権化し、その包括的ドクトリンについての合意を一般市民に強制することによって、解決されることはできない。というのも、ある特定の包括的ドクトリンは、一般市民によって全員一致で承認されることはありえず、「もはや社会の公然たる基盤とはなりえない」からである。[13] むしろ社会統合の基盤は、「政治的なものの領域」にあるとされる。[14] すなわちそれは、正義の概念を政治的に解釈したもの、すなわち「正義の政治的構想（political conception of justice)」によって与えられる。善の構想を提示する包括的ドクトリンとは独立して、政治的に捉えられた正義の構想が必要とされるのである。

こうして「包括的ドクトリン」と「正義の政治的構想」とが区別される。しかし区別されるからといって、もちろん両者は無関係とされているわけではない。この正義の政治的構想は、それぞれの包括的ドクトリンを信じている一般市民たちによって合意されたものとして提示される。もちろん一般市民たちは、自分たちの信じる包括的ドクトリンが示す人生観や世界観に反して、あるいは包括的ドクトリンそのものを放棄して、正義の構想に同意する必要はない。正義の政治的構想は、それぞれの包括的ドクトリンと完全に一致する必要はないが、しかしそれぞれの包括的ドクトリンの理由にもとづいて支持される焦点にあるだけで満足する。(15)

ロールズは、このような合意を「重合的合意（overlapping consensus）」と呼ぶ。この「重合的合意」の戦略は、包括的ドクトリンから独立していると同時に、包括的ドクトリンによって支えられる正義の構想を基礎づけようとするものである。この重合される焦点が「政治的なもの」の領域を構成するのであり、これにより、一般市民が包括的ドクトリンを信じながら、それと同時に正義の構想に同意することが可能になる。この点で「重合的合意」とは、一時的な妥協の産物たる「暫定協定（modus vivendi）」なのではなく、それぞれの包括的ドクトリンを損なうことなく、かつそれぞれの包括的ドクトリンから導かれる理由に裏づけられた合意であるとされる。このように正義の政治的構想は、複数の包括的ドクトリンからなる「重合的合意」によって支持され、相互対立する包括的ドクトリンによって分裂した社会を統合する公共的基盤として提示されているのである。

政治的／包括的の区別が決定的な役割をもつ

政治的リベラリズムは、以上のように社会統合の問題を重合的合意によって解決しようとするものであるが、確かに内在的にはうまく整合しているようにみえる。ここで一度立ち止まって、ロールズがそもそも「包括的ドクトリン」と「正義の政治的構想」とを区別しなければならなかった文脈を考えてみよう。そもそもロールズは、なぜこのように区別する必要があったのか。この区別がもつ意味を、政治的リベラリズムがはじめに提起した「社会統合の問題」に戻って、考え直してみよう。そうすれば、政治的リベラリズムの前提が明らかになるはずである。

政治的リベラリズムは、包括的ドクトリンが多数並存している「リーズナブルな多元性」を事実上の所与とし、これら複数の包括的ドクトリンを一つの枠組みにまとめる「社会統合の問題」を解決することを目的としている。この多元的社会において、一般市民は自ら包括的ドクトリンにしたがうことを選択し、包括的ドクトリンが示す世界観や人生観にしたがって自らの生を善く生きることが認められる。個人が自分にふさわしいと考える包括的ドクトリンを採用することは、あくまでも個人の自由の問題であるからである。各人の観点からすれば、それぞれの包括的ドクトリンが示す真理や善は、信じている各人にとってはつねに内在的に妥当しているが、相互に異なる他の包括的ドクトリンとの関係では共約不可能である。というのも、それぞれの包括的ドクトリンは相互に矛盾する真理や善を示すかもしれないからである。このことから当然のごとく、社会において包括的ドクトリンが並存していること、すなわち包括的ドクトリンの多元性が帰結される。ロールズはこれを「リーズナブルな多元性の事実」と呼ぶが、それが事実の問題として最初に措定されているのは、次のことを意味する。すなわち、各人が宗教などの包括的ドクトリンを自由に信じ、それにしたがって自らの生を自由に善く生きること、つまり個人の自由を追求することが、ロールズ理論の大前提になっており、当然に認められるべきであると考えられているということである。

政治的リベラリズムが取り組む問題は、しかしそのままでは安定し統合した社会は望めそうもないという危機意識からはじまる。[16] というのも、複数の包括的ドクトリンが、相互に矛盾する善き生の構想や世界観を示す以上は、それぞれの包括的ドクトリンを信じる個人や集団が、自分の信じる包括的ドクトリンを他の個人や集団に押しつけようとして、相互に衝突し、結果として包括的ドクトリンを選択できる自由をすべて損なうことになりかねないからである。宗教戦争にも類する社会の危機的状況が、現代の社会に再現しないようにするためには、まずもって個人の自由を保障する共通の枠組みが、一般市民から合意されなければならないことになる。

かくして「政治的なもの」と「包括的なもの」が区別される必要が生じる。社会を平和に統合するためには、包括的ドクトリンから独立して、あらゆる包括的ドクトリンに対して中立的な正義の政治的構想を公共性の基盤として見出さなければならない。それは、「リーズナブルな多元性の事実」が所与とされている以上、採用せざるをえない戦略である(17)。すなわち、包括的ドクトリンの多元性を所与とすると、社会を統合させることのできる基盤は、それらのなかの、ある特定の「包括的ドクトリン」に求めることはできない。その基盤は、いずれの包括的ドクトリンにも支持あるいは反対しないという意味で、中立的（neutral）であるとともに(18)、いずれの包括的ドクトリンにも依拠しないという意味で、自立的な（outstanding）「正義の構想」でなければならないからである(19)。

しかし一般市民の観点からすれば、一般市民は自ら信じる包括的ドクトリンをたとえ部分的にではあっても否定ないしは放棄し、わざわざ正義の政治的構想に合意しなければならない理由はない。とりわけ一般市民が、自らの包括的ドクトリンを、自分にとって真剣に信じるに値するものであり、それゆえに他の人々も信じなければならないものと確信しているかぎりでは、合意への参加は、誠実さの点で自己否定であるばかりか、思想的には自殺行為である。しかしロールズによれば、包括的ドクトリンは、信じている個人の内面においては妥当しているとしても、他人との関係では公共的であるとは認められない。それは彼が、政治的リベラリズムの出発点に「リーズナブルな多元性」を所与の事実としており、ある特定の包括的ドクトリンを、それを信じない一般市民に押しつけることはできないと仮定しているからである(20)。

ロールズは、こうした仮定によって、公共性の要求は、包括的ドクトリンにはなく、正義の政治的構想にのみ属するということは明らかである。包括的ドクトリンには、公共性は認められず、ただそれを信じる当人の妥当性が属するだけである。すなわち政治的リベラリズムは、包括的ドクトリンから公共性の要求を取りあげているのである。したがって、この考えのもとでは、一般市民は自分の包括的ドクトリンを他の一般市民に押しつけることをあきらめて、それが示す善き生を送ることのできる自由な領域を確保するために、自ら進んで正義の政治的構想に合意しなければならない。もちろん正義の政治的構想そのものは、いずれの包括的ドクトリンにも中立的で独立しているために、どの一般市民に対しても信念に反する真理や人生観を与えるようなことはない。それは、ある一般市民が自らの包括的ドクトリンを信じながら、他の包括的ドクトリンを信じる一般市民とともに平和裡に共存するための条件を提示する。それは、他人からの介入をおそれることなく、個人の自由を確保するための、いわば戦略的な――別の意味で「政治的」な――知恵である。各人は、正義の政治的構想に合意することによって、自分の包括的ドクトリンが提示する世界観に安住し、いつまでもその善の構想にしたがって自らの生を――政治的領域以外の領域において――営むことができるのである。

政治的／包括的の区別は公／私分離に由来する

このように考えると、ロールズの「政治的／包括的」の区別が、リベラリズムの公／私分離に由来していることは明らかであろう。政治的リベラリズムにおいて、正義の政治的構想は、包括的ドクトリンが示す善の構想を追求する自由を確保するための最低限の条件――いわば必要悪や妥協案――であり、一般市民は「正義の構想」について合意することによってはじめて、その自由を保障されるからである。先述したリベラリズムの「共通の原理」は、ロールズにおいては、正義の政治的構想によって与えられている。そして合意の焦点にある正義の政治的構想のみが、公共性を主張することができるのであって、包括的ドクトリンそれ自体には、信じている当人にとって妥当性はあっても、他人との関係では公共性は認められない。包括的ドクトリンを選択、支持、放棄することはあくまで個人が私的領域で行う自由な活動である。個人が自分の領域で自由を追及することができるように、政治的／包括的との区別がなされているのである。

　もっとも、ロールズ自身が用いている用語は、「政治的なもの」と「包括的なもの」との区別であって、直接には「公的なもの」と「私的なもの」との区別ではない[21]。確かに、ロールズにとっては、『政治的』の外延は公的よりも広い」かもしれない[22]。しかし重要なのは、彼が「政治的なもの」の中身をどのように理解しようが、「包括的なもの」の一部である善の構想を自由に追求できるような領域を確保するために、必要最小限の内容の正義原理を示し、しかもそれをどの個人も受けいれられる形で提示していることである。逆に、リベラリズムの論客のあいだでも、「公的なもの」の中身をいかに捉えるかについて意見は異なるし[23]、それゆえ、公と私とを分ける境界線をどこに引くかはつねに争いのあるところである。リベラリズムの基本原理は、公と私とを分ける境界線をどこに設定しているかにではなく、個人の自由を確保するために、公権力の介入から私的領域を分離することそれ自体に特徴がある。この意味では、政治的リベラリズムの政治的／包括的の区別は、リベラリズムの公／私分離とこの特徴を共有しており、それを「社会統合の問題」に適用したものであると思われる。

　このように政治的リベラリズムは、リベラリズムが公／私分離を扱うのと同じように、政治的／包括的の区別を用いている。言葉は違いこそすれ、「正義の政治的構想」と「包括的ドクトリン」との区別は、多元的社会を統合する公共的基盤は、自由間衝突を避けるための共通の「正義」にあるという意味で、確かにリベラリズムの公／私分離を反映している。リベラリズムは、公／私分離によって、個人の自由の領域を最大限にまで保障することができる。それと同様に、政治的リベラリズムは、この政治的／包括的の区別によって、包括的ドクトリンが与える善の構想にしたがって個人が自由に生を営むことを可能にする――そしてそのことによって多元的な社会を平和に統合する――ことができるのである。

ところが共和主義の立場からは、まさにここに問題がある。公／私分離、および政治的／包括的の区別は、確かに個人の自由を最大限に保障するのであろう。しかし他方で、それは、自己統治としての自由を失わせ、法の公共的正統性を根本から損なうことになるのではないか。確かに、政治的／包括的の区別は、「社会統合の問題」に解決を与えるとともに、共和主義の自由や政治に対して、ある重大な影響を及ぼしている。

そこで以下では、ロールズの政治的／包括的の区別が、どのような形で自己統治としての自由や、法の公共的正統性に影響を与えるかを検討することにする。この検討は二つの側面から加えていきたい。ロールズが、共和主義の重要な要素のうち、「参加」をどのように見ているか（第三節）、そして「審議」をどのように理解しているか（第四節）について、便宜上、分けて見ていく。その後で、ロールズの政治的／包括的の区別が、共和主義にとってどのような意味をもつのかをまとめて指摘し、リベラリズムの抱える問題点が共和主義からはどのように見えるかを明らかにする（第五節）。

三　政治的リベラリズムにおける「参加」の位置

ロールズは共和主義を二つに分けて理解する

ロールズが「参加」をどのように理解しているかは、彼が共和主義をどのように扱っているかを見ればわかるであろう。彼によれば、共和主義と呼ばれる立場は、「古典的共和主義（classical republicanism）」と「公民的ヒューマニズム（civic humanism）」という二つの類型に分けることが可能であるという。[24] やや引用が長くなってしまうが、彼の記述を直接みておこう。

古典的共和主義は政治的リベラリズムと両立できる

「古典的共和主義」と呼ばれる立場は、ロールズ自身の説明によると、マキャヴェッリに起源をもち、政治的リベラリズムにとっては比較的「穏健」であるとされる共和主義の類型である。それは次のような主張内容をもつと理解されている。[25]

私が考える古典的共和主義とは次のような見解である。もし民主的社会における市民たちが、私的生活の諸自由を保障する市民的自由を含む、基本的な権利・自由を維持しなければならないならば、彼らは十分な程度まで「政治的徳性」（と私は呼んできた）をもたなければならず、進んで公的生活に参加しなければならない。この考えは次のようなものである。活発で学識の豊かな市民団体が民主的政治へ広範な参加をせず、一般に私的生活へと隠遁してしまうならば、最も良く設計された政治的制度でさえ、権力や軍事的栄光のために、あるいは階級的・経済的利益のため、また言うまでもなく宗教的熱狂や国粋主義的狂信のために、国家機構を通じて自分たちの意思を趨勢にし押しつけようとする人々の手に落ちるだろう。諸々の民主的自由の安全のためには、立憲制を維持するのに必要な政治的徳性を有する市民たちの活動的な参加が必要である。

以上の記述をまとめてみれば、ロールズは、第一章第三節であげた共和主義の諸要素のなかで、参加（②）および徳性（③）の二つを中核に含むものとして「古典的共和主義」を考えている、と言える。また参加が自由であるか、あるいは義務であるか⑥にかんしては、政治参加を基本的に「自由」にかかわることとして捉え、さらには法制化の要求⑧をももつものと位置づけている。特記すべきは、この分類のもとで、「古典的共和主義」が、「私的生活の諸自由」をも擁護し、それらの自由が損なわれないようにするためにのみ、徳性を備えた市民の参加を求める類型であるとされている点である。すなわち「古典的共和主義」は、「基本的な権利・自由を維持する」あるいは「立憲制を維持する」ために、つまりそれらの権利や自由を、政治を悪用する集団から守るために、そのかぎりでのみ、参加や徳性を求める立場とされるのである。こうした理解では、公共の場への参加を通して実現される自己統治としての自由と、私的生活を守られる個人の自由とは、相互に矛盾することはない、融和的ないし整合的であると理解されている。すなわち「古典的共和主義」は、ロールズ自身が正当化しようとする立憲制と、もともとかなり親和的な類型なのである。ロールズは、このように理解したうえで、「古典的共和主義」に対して次のように述べている。

> このように古典的共和主義を理解すれば、政治的リベラリズムの形を取った公正としての正義は何ら根本的な反論をもたない。せいぜい、制度設計の諸問題と民主制の政治社会学についてある一定の相違があるだけである。もしそのようなものがあるならば、この相違はけっして些細なものではない。それはきわめて重要であるかもしれない。しかし、古典的共和主義は包括的な宗教的・哲学的・道徳的ドクトリンを前提としないのだから、根本的な相違はない。上述のように特徴づけられた公民的共和主義には、私が記述してきた政治的リベラリズムと両立しないものは何もないのである。

確かに、マキャヴェッリの議論には、このようなロールズの理解が当てはまる部分も少なくはない。とりわけ国家秩序を維持するために、市民宗教や法の強制力を用いて、市民に「ヴィルトゥ（徳性）」を植えつける必要を説いている点では、ロールズの理解の通りであろう。[26] マキャヴェッリ型の共和主義は、むしろ徳性の陶冶（③）を強調するところに特徴があるように思われるが、徳性の陶冶そのものを「善」とみなしてはおらず、何らかの他の目的のための手段としてみているかぎりでは、確かに「包括的な宗教的・哲学的・道徳的ドクトリンを前提としない」と言えるかもしれない。政治的リベラリズムは、「正義の政治的構想」を「包括的ドクトリン」に依拠せずに見出し、そして正当化することに関心をもつからには、政治的リベラリズムの側からすれば、古典的共和主義とのあいだにある、「制度設計の諸問題と民主制の政治社会学」についての相違は、たんに副次的なものにすぎず、「根本的な相違はない」、ということになるのであろう。

公民的ヒューマニズムは政治的リベラリズムと両立できない

他方で、ロールズは、共和主義のもう一つの類型として、「公民的ヒューマニズム」をあげている。彼はこのタイプの共和主義の思想家としてアレントをあげている。彼によれば、「公民的ヒューマニズム」とは次のような思想である。

しかし、私の理解する公民的ヒューマニズムには、確かに根本的な対立がある。公民的ヒューマニズムは、アリストテレス主義の形を取って、次のような見解として述べられることがある。すなわち、人間は、社会的な、政治的でさえある動物であって、その本性は、広範で活発な政治生活への参加がある民主的社会において最も十全に実現される。参加が促進されるのは、民主的市民権の基本的自由を保護するために必要なものとしてではなく、またそれ自体、どれほど多くの人々にとって重要であっても、さまざまな善のなかの一つの形態としてではない。むしろ、民主的な政治への参加は、善き生の特権的な地位として考えられるのである。これはコンスタンが「古代人の自由」と呼ぶものに再び中心的な地位を与えるのであり、そのすべての欠点を有している。[27]

このようにロールズは、「公民的ヒューマニズム」を、より強い主張をもつ共和主義の類型として捉えている。すなわちそれは、「古典的共和主義」と同様に、参加②や徳性③を中核にしているが、しかし、「人間は社会的動物である」というアリストテレスの定式にもとづき、政治参加を人間が自己を実現するために不可欠であるとみなす――とはいえ、自由か義務か⑥にかんしては、やはり「自由」の問題としてみなしているようではあるが――類型と捉えている。特筆すべきは、「公民的ヒューマニズム」は、人間存在にとって社会性や政治性が本質であり、その本質が政治参加を通してのみ実現されると考える、とロールズによって特徴づけられている点である。すなわち「公民的ヒューマニズム」において、政治参加は、正義の構想のもとで追求されるべき一つの善の構想として捉えられないのであって、数ある善のなかの一つの善ではなく、人間存在の排他的・特権的な善であるとされている。言い換えれば、政治参加は、個人が選択・追及できる自由な生き方ではないのであって、人間が政治的あるいは社会的な存在である以上、その本質を実現するために必要とされる唯一の手段であるとされる。要するに、「公民的ヒューマニズム」と呼ばれる共和主義は、政治参加を特権的な善とする、包括的ドクトリンを前提にする類型として理解されているのである。

ロールズによれば、政治的リベラリズムの観点から、この「公民的ヒューマニズム」に対しては、その他の「包括的ドクトリン」に対する一般的な反論が適用される。[28] したがって、公民的ヒューマニズム批判は、包括的ドクトリンに対する一般的な対応と同様になものになる。すなわち、政治的リベラリズムは、それぞれが善き生の構想を与えている包括的ドクトリンのリーズナブルな多元性の事実を前提としている以上、ある特定の善の構想を特権視するような包括的ドクトリンは、もはや社会の公共的な基盤として受けいれられることはない。それゆえ、ある特定の包括的ドクトリンは、立憲制における政治的構想として適切ではないのである、と。[29] このような一般的な対応を適用すれば、「公民的ヒューマニズム」は、政治参加を特権的な善とする包括的ドクトリンを前提とする以上、社会の公共的な基盤、立憲制における政治的構想としてふさわしくない、ということになる。

確かに、ロールズの「公民的ヒューマニズム」の理解は、少なくともアレントについては、かなり当てはまるのではないかと思われる。[30] アレントは、「自由の唯一の媒体は政治的活動だけである」[31]、あるいは「政治的活動はそれ自体で善であ[32]」って、「政治的活動はそれ自体で価値がある」[33]のであり、「活動だけが人間の排他的特権であ[34]る」と述べている。このことからして、アレントは、共和主義者のなかでもかなり強い主張をもつ部類に属することは確かであろう。アレント型の共和主義は、政治的活動とは異なる「善き生」は許されないか、あるいは許されるとしてもその生き方では人間は真に自由であることはできない、とされる。「公民的ヒューマニズム」においては、人間はただ政治参加を通してのみ自由となることができるのである。

このように理解すれば、政治的リベラリズムの観点からは、まさに「公民的ヒューマニズム」の主張には包括的ドクトリンが前提とされていて、しかも最も強烈な形で表されていることがわかるだろう。したがってロールズにとって、「公民的ヒューマニズム」は、他の包括的ドクトリンと同様、誰もが承認できる（と期待される）公共的基盤とはなりえないのであって、多元的社会を統合する正義の政治的構想としてふさわしくないものとして否定されることになる。[35]

共和主義の区別に政治的／包括的の区別が潜んでいる

以上のロールズによる共和主義の分類は、どの点に眼目があるのか。それは「参加」の位置をめぐるものである。すなわち、ロールズの区別は、共和主義が「参加」をどのように捉えているかで区別されている。この区別にしたがえば、共和主義は、参加を個人の基本的自由の保障のための手段として捉えるかぎりで、包括的ドクトリンを前提としない類型であるとされ、参加を唯一の善として捉えるかぎりで包括的ドクトリンを前提とする類型であるとされる。要するに、「古典的共和主義」は包括的ドクトリンを前提としておらず、「公民的ヒューマニズム」は包括的ドクトリンを前提としている、という仕方で区別がなされているのである。

重要なことに、このロールズの共和主義の理解は、先述の政治的／包括的の区別によって決定的に影響されている。この共和主義の分類は、ロールズの政治的／包括的の区別から導かれる、必然的な帰結であるとさえ言えるかもしれない。確かに、「古典的共和主義」と「公民的ヒューマニズム」の区別は、ロールズの政治的／包括的の区別と、ほぼ平行な関係にあると言える。というのも、「古典的共和主義」は、少なくとも「包括的」ではないのであり、「公民的ヒューマニズム」は、疑いなく「包括的」なドクトリンを前提にしている、とされているからである。

ほぼ平行な関係にあるというのは、厳密に言えば「古典的共和主義」は、「政治的」であるとされているわけではないからである。それは、むしろ「政治的」と「包括的」のあいだに位置づけられていると言える。先に引用したように、ロールズは、「公正としての正義」と「古典的共和主義」とのあいだに「根本的な矛盾はない」、「両立しないものは何もない」と述べているが、ここに一つの鍵があるように思われる。ロールズがこのように述べたのは、どのような意味をもつのであろうか。

それは、「古典的共和主義」も、また一つのドクトリン――包括的ではないにしても――として、重合的合意を支持することができる、という意味であろうか。しかしながら、重合的合意を支持する理由そのものは、包括的ドクトリンを前提とする「公民的ヒューマニズム」からも導くことができるはずである。というのも、「公民的ヒューマニズム」でさえ、人間が政治参加という唯一の善を追求するために、いっさいの強制や介入を排して、参加を一つの政治的権利として保障する、正義の政治的構想を支持する理由をもつかもしれないからである。もしそうならば、「古典的共和主義」を「公民的ヒューマニズム」とは別物として、共和主義をわざわざ二つの類型に区別してみせる意味がない。それでは、「古典的共和主義」が、「公正としての正義」と同様に、多元的社会を統合する公共的基盤、つまり正義の政治的構想となりうるという意味か。もしそうであれば、「古典的共和主義」そのものが重合的合意の焦点たりうることになるだろう。しかしロールズは「公正としての正義」を放棄してまで、共和主義のドクトリンにそのような地位を自ら進んで認めるだろうか。

ロールズの分類における「古典的共和主義」の位置をもう一度想起してもらいたい。ロールズにとってそれは、「基本的な権利・自由を維持する」ために、「立憲制を維持する」ために、そのかぎりでのみ、政治参加を求める類型であった。したがって「古典的共和主義」において、政治参加は、「基本的な権利・自由」を侵害するものではないし、「立憲制」を根底から覆すことを目的とするのではない。むしろ政治参加は、これらの基本的権利・自由によって制限され、立憲的な枠組みの範囲内でのみ追求されるものとして位置づけられている。おそらく「公正としての正義」と「古典的共和主義」とが両立するというのは、「古典的共和主義」が、「公正としての正義」と同様に、基本的な権利・自由の実現を目的としており、政治参加を立憲制にとって脅威にはならない、あるいは個人の自由の実現にむしろ役立つ手段であるとしている、というほどの意味ではないかと思われる。そのかぎりでは「古典的共和主義」は、「政治的」であるとまでは言えなくとも、確かに「包括的」ではない——そのかぎりで双方のあいだにある——のである。

政治的リベラリズムの観点からは、むしろ「公民的ヒューマニズム」の方が問題となる。ロールズが、「公民的ヒューマニズム」に対して批判的な態度をとるのは、それが包括的ドクトリンを前提にしているからである。もし共和主義のドクトリンが、政治参加を唯一絶対の善き生として特権化し、他の善き生き方の余地をまったく認めないとすれば、それは確かに、他の善き生を否定する包括的ドクトリンを前提とするものであり、したがって多元的社会を統合する正義の政治的構想とはなりえない。というのも、もしそれが社会の公共的基盤となるならば、それは、他の（それと矛盾する）善き生を示す包括的ドクトリンを、場合によっては暴力的・強制的な手段を用いて、抹消することになりかねないからである。[36] それゆえ「公民的ヒューマニズム」は、多元的社会を統合する公共的基盤となることは、政治的リベラリズムの前提から、けっしてありえないのである。こうして、「公民的ヒューマニズム」は、多元的社会における「政治的」構想としては適切でなく、「包括的」なものの領域に分類される。

こうしてロールズの政治的／包括的の区別は、「古典的共和主義」と「公民的ヒューマニズム」との区別にもちこされる。それぞれの区別における二つの項目は、確かに厳密に対応しているわけではない。しかし政治的／包括的の区別は、このロールズの共和主義の理解にまで影響を及ぼしているのは、以上の通り明らかであろう。

参加は個人の自由である

問題は、このような政治的／包括的の区別にもとづく共和主義の理解が、政治的リベラリズムにおける「参加」の位置づけにまで影響を与えていることである。もちろん、ロールズは、たとえ包括的ドクトリンを前提とする類型であっても、共和主義が主張する政治参加が、個人の善き生にとって重要な関心事となることを何も否定しているわけではない。[37] むしろ、各個人が政治参加に生きがいを見出すことを、永続する自由な制度のもとで実践理性を行使した結果であるとして歓迎するだろう。ロールズは、政治参加を完全に否定しているわけではけっしてなく、一定の位置づけを与えているのである。

もう一度、先の引用を想起しよう。「古典的共和主義」が包括的ではない――政治的であるとまでは言わなくても――とされ、「公民的ヒューマニズム」が包括的であるとされた理由は、何だったろうか。それは「古典的共和主義」が、政治参加を個人の基本的な権利・自由のための手段とし、「公民的ヒューマニズム」が、政治参加を特権的な善き生であると規定したためであった。ここに含意されているのは、次のようなことであろう。すなわち、政治参加は、個人の基本的な権利・自由と矛盾しないかぎりで、そして他の善き生の可能性を否定しないかぎりで、自由に行うことができる。それはあくまでも、包括的ドクトリンが複数並存する多元的社会のなかで追及される、数ある善のなかの一つの善であるにすぎない(38)。したがって、政治参加は、他の個人の自由と、そして他の善の構想と両立可能なかぎりで、個人の自由として追求されることが可能である。言い換えれば、個人は、他の自由と調整可能な範囲内でのみ、政治参加という一つの善、一つの自由を行使できるのである。

つまり、ロールズにとって、共和主義が主張する政治参加は、正義の政治的構想の範囲内で追及され、正義に適った法的枠組みによって適切に規律されるような形で捉えられているのである。つまりここでの彼の関心は、政治参加を、すべての一般市民が共有できる唯一の善の構想としてではなく、あくまでも正義のもとで追及されるべき数ある善の構想のなかの一つとして位置づけることである。こうして政治参加は、自己統治としての自由ではなく、個人の基本的諸自由のリストのなかの一つの自由として組みいれられるのである。

結局、ロールズは、政治的／包括的の区別を、共和主義の理解に直接的に適用し、さらに共和主義の主張する政治参加にまでそのまま適用しようとしている。すなわち彼は、政治的／包括的の区別を基準に共和主義を二つに分けることを通じて、政治参加が、正義の政治的構想と両立できる範囲で、数ある善の構想のなかの一つの善の構想として追求されるべきであると捉えている。このような議論では、政治参加は、公的枠組みによって規律され、私的な領域において追求されるべき個人の自由であるとされる。こうして政治参加は、個人的な関心事として徹底的に私化（privatize）され、個人の自由の一つとされるのである。

四　政治的リベラリズムにおける「審議」の位置

審議は公共的理性によって導かれる

次に、政治的リベラリズムが、共和主義の「審議」をどのように位置づけているかを見ておきたい。政治的リベラリズムの「審議」の理解もまた、「参加」の理解と同じように、公／私分離によって強く規定されているのであろうか。

もともとロールズの議論は、間主観的な「対話」や「コミュニケーション」が入る余地があまりにも少ないという印象を与えてきたし、実際そのように批判されもした。[39] たとえばロールズは、その主著『正義論』において、自らが主張する正義の原理を「原初状態」と呼ばれる仮設的な概念装置を用いて正当化しようとしていたように、正義の構想は、一人の頭のなかで行うことのできる思考実験、すなわち哲学者の独白《モノローグ》によって発見されうる、としていたのである。しかしロールズは、自らの議論を展開していくなかで、かつては欠いていた対話やコミュニケーションの要素、つまり「審議」の観念を取りこむにいたっている。

彼は、後の著書『政治的リベラリズム』において、先述の「重合的合意」とは別に、「公共的理性」[40]論を展開している。ロールズは、正義の政治的構想には、基本的な権利・自由を規定する実体的な正義原理に加えて実現すべき政治的な価値があるとし、それを公共的理性の価値と呼んでいる。彼はこの公共的理性の観念の重要な点を、一般市民たちの「審議」を導くところにあるとしている。[41] すなわち一般市民たちは、政治的審議を行うとき、公共的理性が要求する理由にもとづいて、各々の主張をし、他の一般市民の主張を検証し、合意をして決定を下さなければならない。その意味で、公共的理性の観念とは、さまざまな政治的問題を扱う審議を導くための「探求のガイドライン」であり、自由で活発な政治的審議を導くとともに、それを制約する観念である。[42] この公共的理性の観念にこそ、ロールズがどのような仕方で「審議」を位置づけているかを明らかにする鍵があるであろう。

公共的理性、あるいは理性の公的使用という観念は、思想史的にはカントの『啓蒙とは何か』に淵源をもち、[43] 今までにもしばしば引きあいに出され、長く受けつがれてきた思想的伝統がある。ロールズは、この公共的理性の観念をカントから引きついでいると言うが、[44] しかしその仕方は独特である。[45] 彼自身の説明によると、「諸計画を定式化し、目的に優先順序をあて、それに応じて決定をする仕方」が理性であり、その理性のなかでも、とりわけ政治的審議を行う民主的な人民に特徴的な理性こそが、公共的理性であるという。[46] さらに重合的合意が立憲民主制を正統化するものであれば、この「公共的理性の観念は、立憲民主制を適切に補完するものである」としている。[47] この通り公共的理性論は、正義に適う憲法を同定し、立憲民主制を正統化する重合的合意の戦略とはやや微妙な位置関係にあり、社会統合の問題に取りくむ政治的リベラリズム構想全体のなかでも、やや特殊な位置を占めていると言ってよい。[48]

この「公共的理性」の観念が、微妙で特殊な位置にあることには、それなりのわけがある。政治的「審議」は、もともとその性格上、リベラリズムの主張にあまり親和的ではない側面がある。というのも政治的審議は、ルールや制約さえなければ、いっさいの事柄をも決定や合意の対象とすることができるが、しかしリベラリズムは、たとえば個人の基本的権利や自由などの諸価値が、政治的審議の対象とされ、侵害される危険にさらされることを進んで望まない傾向にあるからである。言ってみれば、リベラリズムが政治的審議を承認することは、リベラリズムの信条を自ら放棄することにつながりかねないのである。しかし、それにもかかわらず、ロールズは「公共的理性」

の観念を政治的リベラリズムに導入し、「審議」にある一定の位置づけを与えている。この点でロールズは、従来の彼自身の立場を踏みこえているとともに、リベラリズムのなかでも、やや特異な立場にいると言ってよいだろう。(49)

もしそうであるならば、ロールズの「審議」の理解は、リベラリズムの基本的価値や原理を根底から覆すことになるのか、あるいは「政治的／包括的」の区別をここにももちこむことになるのか。「政治的／包括的」の区別が、この「公共的理性」の観念、およびこの観念に導かれる政治的審議に対して、どのように影響するのか、明らかにしておく必要がある。以下では、公共的理性の観念を便宜上四つの側面から概観し、それぞれの側面から「審議」の位置づけを検討してみよう。

公共的理性の内容は正義に限られる

第一に、公共的理性の内容の範囲について。ロールズによると、公共的理性の「内容は、私が『正義の政治的構想』と呼ぶものによって規定される(50)」、という。ロールズにしたがえば、公共的理性の内容が正義の政治的構想に規定されるならば、そこには、いかなる包括的ドクトリンも導入されてはならない。多元的社会においては、ある一般市民が他の一般市民に対して訴えかけることができるのは、「現在受けいれられている一般的な信念や常識に見出される推論形態、議論の余地のない場合の科学的な方法や結論」であり、それぞれの一般市民が信じている包括的な宗教的・哲学的ドクトリンではない(51)。つまり一般市民は、政治的審議において推論する場合に、どのような包括的ドクトリンをもつのであれ、それぞれの一般市民に対して受けいれられることがリーズナブルに期待されるようなものにのみ訴えかけることが許されるのである。各々の一般市民が受けいれることを期待しうるものとは、まさに重合的合意によって支持される正義の政治的構想だけであって、各々の一般市民のもつそれぞれの包括的ドクトリンではないのである。

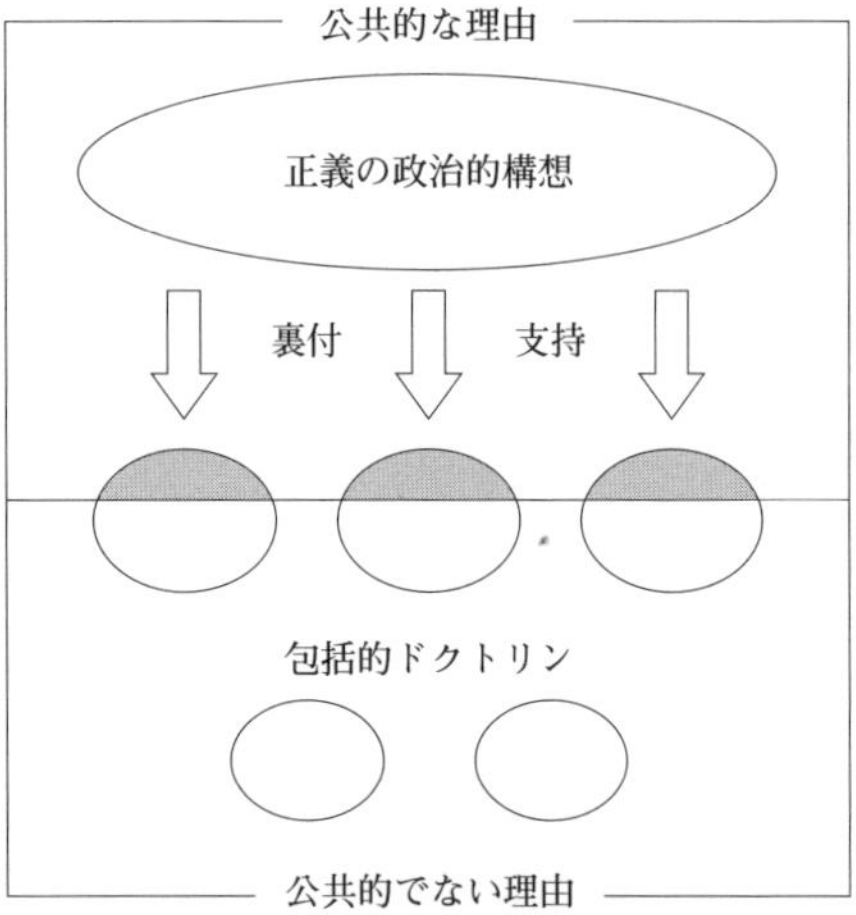

図1　公共的理性の内容

ただし、だからといって、あらゆる包括的ドクトリンが公共的理性の内容からまったく排除されるというわけではない(52)。ロールズによれば、政治的審議において訴えかけられる理由は、必ずしも正義の政治的構想に限定されるわけではなく、ある条件を満たすかぎりで包括的ドクトリンにまで拡張されることができる、という(53)。その条件とは、「公共的理性が、リーズナブルな政治的構想によって与えられ、適切な時期に、十分にそのドクトリンを支持するように表される」場合であるとしている(54)。すなわち、一般市民が信じる包括的ドクトリンは、正義の政治的構想によって支持されるかぎりで、公共的な理由としての地位をもつことができる、すなわち政治的審議にもちだすことが認められるのである。このように「適切な政治的推論がなされる」という条件が、どのように、あるいはいつ満たされるかは、現実に審議が行われるなかでの問題であって、前もって解決することはできない。それは、包括的ドクトリンを審議に導入する人々の責任である、という(55)。いずれにせよ、政治的審議における参加者は、自分の信じる包括的ドクトリンを、正義の政治的構想にしたがって、公共的理由の形式を取ることによって、政治的審議においてもちだすことが認められるのである（図1）。

公共的理性の数はただ一つ

第二に、公共的理性が規定する内容の数にかんして。ロールズは、「公共的でない理性は数多くあるが、公共的理性は一つしかない[56]」と明言している。論理的に考えてみれば、公共的理性の内容が正義の政治的構想に限られ、公共的理性が一つしかないならば、正義の政治的構想も同様に一つしかないことになる。一般市民が政治的審議において訴えかける理由も、その正義の政治的構想が提供するものに限られ、その理由にもとづいてのみ政治的決定がなされることになる。ロールズ自身も、正義の政治的構想が規定する「諸価値だけが、憲法の本質要素や基本的正義の問題にかんするすべての、あるいはほとんどすべての問題に一つのリーズナブルな公共的な解答を与える[57]」と主張している。このロールズの主張を文字通りに取れば、公共的理性に導かれた政治的審議は、公共的な理由を規定する唯一の正義構想によって、すべての根本的な政治的問題を解決することができる。逆に言えば、すべての政治的問題は、全員一致の合意による解決を目指すならば、ロールズが提示する正義の政治的構想によって決定されるより他がない。参加者は、正義の政治的構想の命じることを理由として受けいれ、その理由にしたがって主張することしかできない。参加者は、ロールズが提示する正義の政治的構想から導かれる理由にもとづかずに、正義が命じることはなにか、どのようにそれを解釈すればよいのかについて根本的に審議する道を失うことになる。

しかしロールズによれば、公共的理性はここまで厳格な制約を課するわけではなく、確かにそれが一つしかないにしても、政治的審議においてなされる主張は、必ずしも一つの政治的構想にのみもとづく必要はない、という。つまり公共的な理由は、ロールズ自身が提示する「公正としての正義だけによって規定されるわけではない、ということが重要である[58]」。ロールズの「公正としての正義」は、最も適切な形で提示されてはいるが、自由平等な道徳的な人格や公正な協同システムとしての社会といった諸観念に偶然にもとづいているにすぎず、あくまでも「政治的構想の一つの例にすぎない[59]」。というのも、公共的な政治文化はそれぞれ異なる根本的諸観念を含んでいるが、

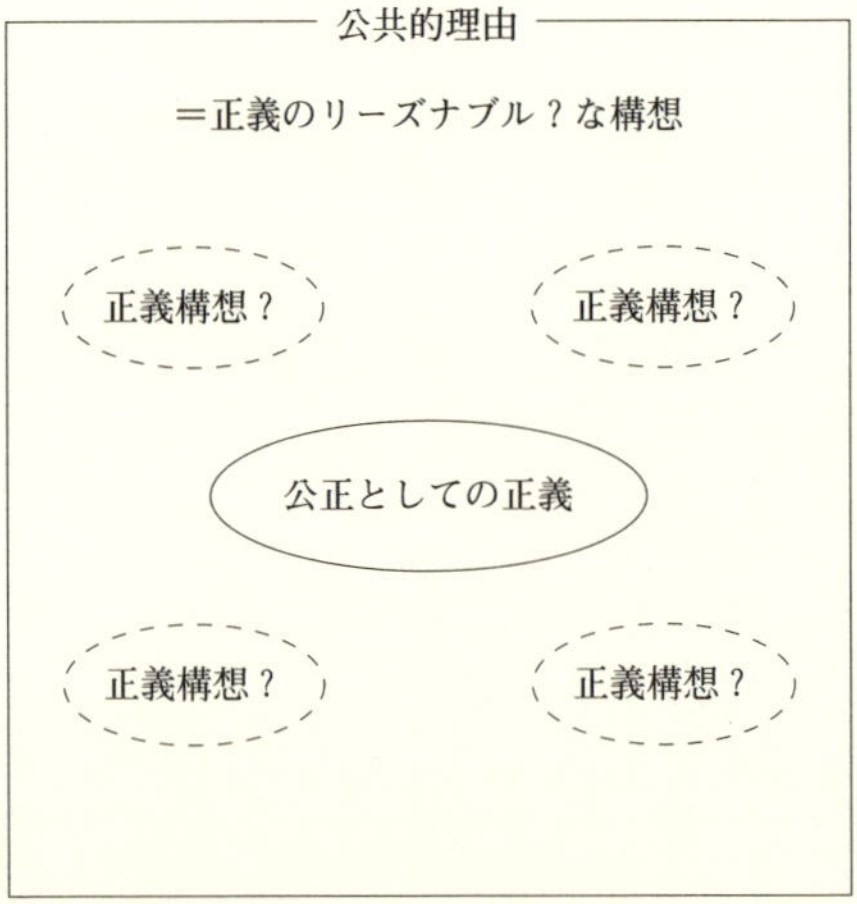

図2　公共的理性の数

それらの諸観念はさまざまな仕方で発展し、それらにもとづいて正義の解釈がなされるのであるから、当然のごとく公正としての正義の他にも、数多くの正義の構想が生じうるからである。さらにロールズは、「市民たちが、最も適切な政治的構想についてそれぞれ異なる見解をもつことは不可避的であり、しばしば望ましい」としている。正義の「政治的構想が、社会の政治的討論において、相互に対立しあう[60]」ことは当然の成り行きであり、そのこと自体は歓迎されるべきことであるとされる[61]。

しかし、このように正義の複数の構想がありうるとはいっても、それはまた、一定の条件付きである。正義の構想は、それについて数々の解釈に開かれているとはいえ、基本的な権利や自由に優先的な地位を与える正義原理と、公共的理性の観念とをもつかぎりでのみ、それぞれ異なる内容や形態をもつにすぎない[62]。ロールズは、この条件を、多元的社会を統合する政治的正義の観点からの最小限の要請であるとし、それを「リーズナブル」なものによる制限と考えている。すなわち、正義の解釈をめぐる対立は、リーズナブルな正義の構想のなかで、最もリーズナブルな構想を選びだすことに限られるのである[63]。正義の構想は、この「リーズナブル」さの条件を満たすかぎりでのみ、

政治的な問題

憲法の本質的要素
（個人の自由・権利
にかかわる問題）

正義構想による直接的解決

憲法の本質的要素に含まれない
（社会的・経済的不平等
にかかわる問題）

正義構想による間接的解決

政治的でない問題

図3　公共的理性の問題

複数あることが認められる。したがって政治的審議において訴えかけられる理由もまた、複数ありうるとはいえ、「リーズナブル」さによって制約されるのである（図2）。

公共的理性の問題は憲法と正義にかかわるものだけである

第三に、公共的理性が適用される問題について。ロールズによると、公共的理性が適用されるのは、「憲法の本質的要素と基本的正義の諸問題」に限られている。[64]「憲法の本質的要素」とは、社会の基本構造や基本的な権利・自由にかんする諸問題であり、たとえば誰にどこまで投票権を認めるかや、どの宗教が公的に認められるかや、誰に財や機会が平等に保障されるかなどといった問題を含んでいる。そして数々の政治的問題、たとえば、課税方式や財産制限措置、環境保護や動物保護、文化奨励などの問題は、「憲法の本質的要素」に含まれないとされ、公共的理性が導く政治的審議の対象外であるとされる。なかでも問題となるのは、財や機会の不均衡の配分をどのように是正すればよいかなど、社会的・経済的な不平等にかかわる問題が、基本的な権利・自由にかんする問題にとって副次的であるとされている点である。[65]ロールズによれば、基本的な権利・自由にかんする正義の原理と、社会的・経済的不平等にかんする配分的正義の原理とは、前者のほうが後者よりも合意をえることがはるかに容易であり、社会の基本構造に対するそれぞれの役割が異なるなどの理由で、この二つは区別されなければならない、という。したがって社会的・経済的な不平等にかかわる問題は、公共的理性が直接的に適用される問題からは除外されることになる(66)。

しかし興味深いのは、これらの除外された政治的諸問題が、公共的理性に導かれる政治的審議の直接の議論対象にはならなくても、公共的理性によっていわば間接的に解決されるとロールズが考えていることである。ロールズによれば、公共的理性が解決すべきなのは、あくまで「憲法の本質的要素」にかかわる問題だけであり、それらが公共的理性によって解決されないことは「ほとんどない」、という。「憲法の本質的要素」から区別された、その他の政治的諸問題については、現実の政治的審議から独立して抽象的に決定されることはできず、公共的理性の観念は、「そのような問題が政治的に決定される観点となる公共的な理由を規定する」だけであるという(67)。すなわち「憲法の本質的要素」ではない政治的諸問題は、公共的理性が直接にかかわる諸問題の解決を指針として、それを経由して、間接的に解決がなされるべきであるとしているのである(68)（図3）。

公共的理性の主体は裁判官である

第四に、公共的理性が適用される場とその担い手について。ロールズによれば、公共的理性が適用されるのは、政治的問題が争われる審議の場であり、その主体は、審議の場で政治的主張・推論を行う一般市民たちに他ならない。たとえば、選挙運動中の候補者やその支持者、そして選挙に投票する一般市民たちなどがそうである。しかし公共的理性は、包括的ドクトリンにかかわる問題や推論には適用されない。たとえば教会や大学では、公共的理性ではなく、それぞれ固有の（非公共的な）理性によって審議が導かれるであろう。おそらくこうした場では、牧師や

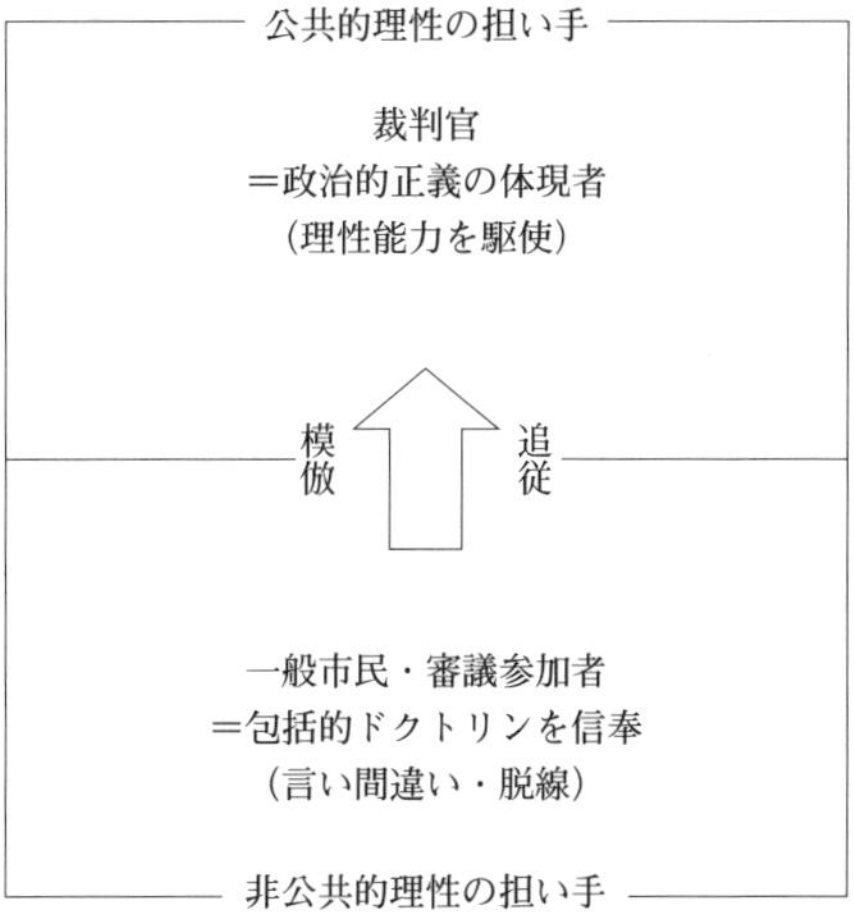

図4　公共的理性の主体

信徒たち、あるいは教員や学生らが担い手になるのであろう。

ところがロールズによると、むしろ公共的理性は、司法審査制度をともなう立憲制において、究極的には司法府、とりわけ最高裁判所に適用され、したがって裁判官や判事によって用いられるという[69]。公共的理性は、最高裁判所に最も「よく適して」おり、最高裁判所は、公共的理性の「典型」的な政府の制度である[70]。というのも、ロールズによれば、最高裁判所は、公共的理性に訴えることによって、高次法たる憲法とその基本原則を気まぐれな多数決による立法の侵食から司法審査を通して守ることができるからである。またそれに加え、最高裁判所は、正義の公共的構想に訴えることによって、憲法の最良の解釈を表現する役割を果たし、さらには政治的論争の中心にいて、憲法上の諸問題を公共的理性に合致させるように政治的論争を導く役割を担うからである[71]。

重要なのは、最高裁判所が公共的理性の主たる場である以上、一般市民たちは、政治的審議を行う場合、最高裁判所を「模範」として、裁判官を「モデル」として政治的主張を行わなければならない、とされていることである。ロールズは、「裁判官が先例となる承認された法解釈の基準という法的根拠によって事例を決定するのとまったく同じように、市民たちは公共的理性によって推論し、互酬性の規準によって導かれなければならない[72]」と論じている。この「互酬性の規準（criterion of reciprocity）」とは、ある一般市民の提示する理由が、他の一般市民にも正当なものとしてリーズナブルに受けいれられるかどうかを決定する規準である[73]。確かにこの規準は、裁判官という公正な立場にある者にとって、どちらの当事者にも偏らない判決を下すために満たすべき法解釈の規準であるかもしれない。一般市民は、裁判官や判事を真似て、このような規準にしたがい、誰にも受けいれられる理由にもとづいて政治的主張をしなければならない、とされるのである[74]。

もちろん一般市民は、政治的審議においては、包括的ドクトリンが示す非公共的な理由にもとづいて主張することは認められない。しかしそれ以上に、一般市民は、公共的理性にもとづいて（いるつもりで）政治的主張をする場合でさえ、自分固有の姿勢・論証方法・語彙などによって発言するのではなく、あくまでも裁判官のごとく発言することが求められる。確かに、公共的理性の観念は、非公共的理性が通用する私的な場には適用されないので、そうした場では、各自が固有の仕方で主張する余地が認められている[75]。ただし、公共的理性によって導かれる政治的審議に、いったん入ったならば、一般市民はあたかも裁判所という場で裁判官のように語る義務があるとされるのである（図4）。

審議は公共的理性によってどのように制約されるか

このように公共的理性の観念は、一般市民による政治的審議を促進するものでありながら、いずれの側面からみても、政治的審議をかなり制限するものでもある。では、政治的審議がこのように公共的理性によって制約されるとするならば、それは「政治的／包括的」の区別によってどのように影響されていることになるだろうか。それぞれ四つの側面から、次のように理解することができるであろう。

理由の内容は包括的ではなく政治的に

第一に、内容の制約にかんして。ロールズは、審議において訴えかけられるべき理由を「包括的」ドクトリンではなく、「政治的」な正義構想に限定している。ロールズは、正義の構想が政治的審議を導く探求のガイドラインであるとし、政治的審議において、それぞれの一般市民は他の一般市民が承認するとリーズナブルに期待される価値を理由にして自らの主張をしなければならず、そのようにすることが「市民としての義務（duty of civility）」であるとさえ述べている。

ところが、一般市民が道徳的・宗教的ドクトリンを信じていることが所与の事実であるにもかかわらず、参加者の主張の根拠を「政治的」構想にかぎり、参加者の「包括的」ドクトリンに対する深いコミットメントを抑制することまでも「市民としての義務」としている主張の根拠は、必ずしも定かではない[76]。一般市民は、もし自分の包括的ドクトリンを政治的審議においてもちだすことが許されるならば、しばしば他のドクトリンを信じる者とのあいだで対立や衝突を起こすことがあるかもしれないが、しかし自分のそれとは異なる他の包括的ドクトリンを尊重することができるかぎり、もちださないでいるよりも、いっそう深いレベルで相互に理解しあえるかもしれない。しかしそれにもかかわらず、包括的ドクトリンに訴えることは、「市民としての義務」に反しているとされるのである[77]。ロールズは、公共的理性の内容を「政治的」構想に限定することで、包括的ドクトリンへの訴えをあらかじめ排除し、一般市民が自分の道徳的・宗教的信念をもちだして「包括的」な諸問題を論じあう可能性をはじめからなくしている[78]。こうした排除が生じるのは、ロールズが、公共的理性の内容の範囲に、政治的／包括的の区別をあらかじめもちこんでいるからに他ならない。

確かにロールズは、これに条件を付けてはいる。彼は、政治的審議において訴えられる理由として、政治的構想以外にも、政治的構想に支持された包括的ドクトリンをも認めている。しかし、それでも依然として、政治的構想の裏付けのない包括的ドクトリンを公共的な理由として認めているわけではない。包括的ドクトリンは、審議において、あくまでも政治的構想によって、同時期にあるいは事後的に支持される形においてしか[79]、表現されることが許されていない。たとえば一般市民は、同性愛行為を立法によって禁じるべきかどうかについて議論するときに、同性愛行為が憲法上保障される基本的権利の範疇に入るかどうかという観点から論じることはできても、同性愛行為そのものの道徳的性格をめぐって、それぞれの一般市民が信じる生《ナマ》の道徳的・宗教的ドクトリンをもちだして論じることはできない。包括的ドクトリンは、つねに政治的構想によって認められる形式をとる必要があり、いずれにせよ政治的構想にもとづくことが「市民としての義務」であるとされる。このようにロールズは、公共的理性の内容を政治的構想に限定することで、審議を「不毛にしてしまっている」[80]。審議が不毛になるのは、参加者がいかなる主張をするにしても、その主張を政治的構想そのものか、あるいは政治的構想によって支持される包括的ドクトリンに根拠をおかなければ、ロールズの意味で「公共的」な理由として認められないからである。裏を返せば、参加者が、故意にであれ不注意にであれ、政治的構想の裏付けなくして包括的ドクトリンを理由として用いる場合、参加者の主張は公共的な理由にもとづいていないとして真剣に取りあげられることはなくなる。

ここでロールズは、理由の公共性を、究極的には政治的構想によって支持されているか、あるいはされていないかによって区別している。すなわち、理由が「公共的」なものとして認められるのは、直接的に「政治的」構想そのものによるか、あるいは間接的に「政治的」構想によって支持された包括的ドクトリンによるしかない。ここでは、あくまでも「政治的」な正義構想こそが、理由の公共性を判定する審判なのである。ありのままの——政治的構想の支持が必ずしも伴っているわけではない——「包括的」ドクトリンは、おそらく「私的」であるという理由で、審議の場から除外されることになる。

理由は政治的なものただ一つ

第二に、数の制約にかんして。公共的理性が唯一であり、したがって政治的構想もまた一つしかないという主張は、ロールズ自身が考える「政治的なもの」だけが審議で承認される理由であり、それ以外は審議で承認される理由ではないことを示している。このように公共的理性が唯一であると先立って考える根拠は、もちろん明らかではない。現実に行われる政治的審議に先行して、参加者が訴えかけられる理由が一つの政治的構想に限られるという主張は、ロールズ自身の予断でしかない。社会が複数の包括的ドクトリンによって分裂していることが所与の事実であるならば、参加者たちは、審議を行う場合、必ずしも唯一の政治的構想にもとづいて、ありとあらゆる問題を解決できるわけではないからである。多元的な社会においては、包括的ドクトリンが複数に分裂しているだけではなく、公共的な理由として認められるものもまた、複数ありうるのであって、一つの政治的構想によって規定されるわけではないのである。(81)

確かにロールズは、「公正としての正義」が唯一の公共的理由ではないことは明白に認めている。しかしながら彼は、それ以上に正義の構想が複数存在し、それらのうちいずれの構想が最も正しいのかについて現実に審議され、参加者のあいだで争われる可能性については、ほとんど何も語るところがない。(82)参加者たちが、政治的審議において、個別具体的な政治的問題にかんして正義が何を意味するのかについて、それぞれ思い思いに解釈することを認めるだろうか。おそらく、これはロールズが意図するところに反するであろう。一般市民がそれぞれの道徳的・宗教的確信をもつ多元的社会においては、公共的な理由を与える正義の構想は、それぞれ異なる包括的ドクトリンから独立していなければならない。したがって正義の構想は、包括的ドクトリンの介在によって深刻に対立しかねない政治的審議によって左右されてはならない。この順序は、ロールズにとって決定的に重要である。理由の公共性は、審議によってではなく、まず正義の構想によって決定されなければならない、とつねに想定されているのである。

ロールズが、公共的理由を規定するのは一群の正義の構想であるとしていることの背景には、正義の解釈は、一度かぎりの（once and for all）合意によって決定されなければならず、政治的審議によって分かれてはならないという信念が隠されているように思われる。確かにロールズは、正義の解釈があくまでも「リーズナブル」なものの範囲内で分裂することを認めている。しかしこの「リーズナブル」さの基準に訴えかけることで、いったい何を意図しようとしているのだろうか。「リーズナブル」な包括的ドクトリンであるならば、正義の構想の内容に一部取りいれられても構わないということだろうか。この場合「リーズナブル」には、すでに「政治的」構想によって支持されるか否かの判断が含まれているのではないか。あるいは正義の解釈が「リーズナブル」であるのは、「公正としての正義」と同じく、「基本的な権利・自由に優先的な地位を与える正義原理をその内容にもつ」というかぎりであるのか。この場合「リーズナブル」は、まさしくロールズが正義の構想を特徴づけたときに与えた「政治的」という形容詞と、実際のところほとんど意味のうえで変わりないのではないか。「リーズナブル」と「政治的」は、どのような点で異なるというのか。

いずれにしても、ここでは「リーズナブル」さの基準に、政治的／包括的の区別が紛れこんでいる。そしてこの区別にもとづいて、結果として「リーズナブル」な正義の構想と、「リーズナブル」ではない正義の構想とが区別されているように思われる。「リーズナブル」な範囲にある正義の構想だけが、公共的理性として認められるのであり、「リーズナブル」な範囲にない正義の構想は、非公共的な理由として、審議の場から排除されることになるのである。

審議されるのは政治的問題だけ

第三に、対象の制約にかんして。審議で争われる公共的な問題を、「憲法の本質的要素」に限定することは、無数の問題群のうち、ある特定の問題を「政治的」な問題として扱い、それ以外の問題を「政治的ではない」問題として扱うことを意味する。ロールズは、社会的・経済的な不平等にかかわる諸問題を、「憲法の本質的要素」に含まれる問題ではないと即断している。しかしいくら解決が困難であるとしても、それらの不平等にかかわる諸問題を切実で緊急の問題として、審議の対象としなければならない場合もあるだろう(83)。数多くの問題のなかでも、社会的・経済的な不平等は、政治的審議への参加の実質的な資格や影響力そのものにかかわり、誰が市民権をもちうるか、あるいは平等に処遇することは何を意味するかなどの重要な問いにかかわる問題だからである。この問題は、審議が開始される以前に解消されるのではなく、まさに審議の過程そのもののなかで解決されるべき問題と考えられるかもしれない(84)。ところがロールズは、こうした問題をあらかじめ審議の対象外にしている。それは、どのような理由によるのか。

ロールズは、「憲法の本質的要素」に含まれる問題と含まれない問題を区別する根拠として、「憲法の本質的要素」に含まれる問題の方が、解決される必要性が緊急であり、解決されたかどうかを言いあてやすく、また解決に合意が得られやすいことなどをあげている(85)。「憲法の本質的要素」にかかわるとされる問題――たとえば、身体の自由や思想・良心の自由にかかわる深刻な事態など――は、もちろんその解決が緊急に求められるものであるのは言うまでもない。ただその場合、解決について合意が得やすく、解決が容易であると、なぜ言えるのだろうか。ロールズの論理を忠実にたどれば、「憲法の本質的要素」にかかわる問題は、多元的社会における共通の基盤であるところの、正義の政治的構想にもとづいて解決されるのであるから、意見の対立や衝突が比較的少なく、したがって解決は容易であろう、ということになるようである。しかし、解決が容易なものとして「憲法の本質的要素」を定義したとしても、いずれの問題が、この「憲法の本質的要素」に含まれるのか、あるいは含まれないのかにかんして別の実践的問題が生じるであろう。これを決定する基準は、彼自身がある問題を「政治的」構想によって解決可能であると考えるかどうか――もちろん、そう考えなければ問題は「憲法の本質的要素」には属さないとされる――に依存しているのである。

もちろん、ロールズは、「憲法の本質的要素」に属さないとされる諸問題が、解決されなくてよいと言っているわけではない。そうした「非政治的」諸問題は、「政治的」問題の解決に示された観点を通して、間接的に解決されるべきであるとされる。この解決が、どのような場――制度圏か、非制度圏か――においてなされるべきかは問われない。このように「政治的」構想によって解決される問題を、より幅広く捉えるロールズの態度は、一見「政治的」なものの境界を撤廃するか、あるいは少なくとも緩和しているように見えなくもない。

しかし、この「間接的」の意味をよく考えてみる必要がある。この「間接的」の意味は、次のような図式を反映しているのではなかろうか。すなわち、「憲法の本質的要素」に含まれるとされる諸問題は、公共的理性によって導かれ、直接的に政治的な正義の構想にもとづいて扱われる。「憲法の本質的要素」に含まれないとされる諸問題は、政治的な正義の構想にもとづく帰結、解決方法、語彙などを資源、規範、枠組みとして利用し、それらにもとづいて扱われるべきである、と。しかしこれは明らかに審議対象となる諸問題の階層化である。すなわち、政治的構想が適用されるべきは、直接的には、緊急かつ解決の容易な「憲法の本質的要素」にかかわる諸問題であって、それほど緊急でも切迫してもない問題は、「憲法の本質的要素」にかかわる諸問題が解決された後でも構わない、と。これは結局、「政治的」な問題と「政治的でない」問題との区別を、政治的構想によって直接的に解決されるべき問題と、間接的に解決されるべき問題との区別に移しかえただけではないか。

担い手は政治的正義の体現者たる裁判官だけ

第四に、主体の制約にかんして。ロールズが、公共的理性を最高裁判所の場に限っていることもまた、公共的理性の担い手を序列化していることを示している。すなわち、「政治的」正義を解釈する権限は、裁判官にのみあるのであって、審議に参加する一般市民にはないとしているのである。しかしもともと公共的理性の思想的伝統において、裁判官はその唯一の担い手として捉えられてきたわけではない[86]。むしろロールズが考えている以上に、公共的理性が適用される場は広範であり、その担い手は多様であると捉えられてきたのである。

しかしロールズが、公共的理性の担い手を裁判官に限ったことにも根拠がある。ロールズにとって、裁判所とは、当事者に対して公平中立の立場にたち、公正な手続を制度的に保障する場であり、裁判官（justice）は、その卓越した理性能力を駆使して正義（justice）を語りうる、いわば政治的正義の体現者である[87]。そして参加者は、少なくとも熟慮や理性の能力にかんして言えば、裁判官よりも劣っている以上、できるかぎり判決に近い形で自分の主張をする努力をし、裁判官を真似して、あたかも裁判官が語るかのように語らなければならない。

だが、一般市民に裁判官と同じ言論形式を強要することによって、政治的審議は、その機能を十分に果たせなくなるかもしれない[88]。政治的審議で用いられる語彙は、数多くの言い間違いや脱線に満ちているのであって、最高裁判所の意見に期待されるほど、抽象的で形式的なディスコースに収まりきれるわけではないからである[89]。しかしそれにもかかわらず、ロールズはあくまでも一般市民に対して裁判官と同じように語ることを要求している。ここで含意されているのは、次のようなことであろう。すなわち、裁判所は政治的正義の実現の場であり、裁判所以外の審議の場では、できるかぎり忠実に、裁判所が行うように正義を再現しなければならない。そして裁判官は政治的正義の体現者であり、裁判官でない者は、できるかぎり裁判官を真似て、正義と法のディスコースに自らの語彙を当てはめていかなければならない、と。

このことは、次のことを帰結するであろう。すなわち裁判所では、熟慮や理性によって正義は「政治的」に解釈されることができるが、裁判所以外の場では、正義は「政治的」に解釈されない、ひょっとすると間違って「包括的」ドクトリンによって歪められることになりかねない。審議において、問題の解決は、公共的な理由を与える「政治的」正義の構想にもとづいてなされるのであって、参加者たちの「包括的」ドクトリンに左右されてはならない。こうして、公共的理性の担い手は、「政治的」正義の体現者たる裁判官に他ならず、「包括的」ドクトリンを信じる一般市民であってはならない、ということになるのである。

審議は正義のもとで行われる

以上の四点で指摘したように、ロールズの公共的理性の観念による「審議」の理解も、「政治的／包括的」の区別に強く影響されていることは明らかであろう。公共的理性の議論は、政治的審議を促進するものとして企てられながらも、結局は「政治的／包括的」の区別を招きいれてしまっている。公共的理性の観念は、「審議」に独自の位置を与えるとしても、結局は「参加」の理解と、いわば同じ轍を踏んでいる。すなわち、それはロールズが前提する「政治的／包括的」の区別によって根底から規定されているのである。

以上を要約しておこう。公共的理性の観念は、「審議」を次のような形で捉えている。すなわち、「審議」は、ある特定の公共的（とされる）問題のみを対象とし、政治的正義が規定する唯一の理由によって、政治的正義の体現者たる裁判官によって進められるべきものである。こうしたことは、一般市民が現実に政治的審議をはじめる前から、すでに決まっている。「審議」は、それが扱うことができる議題や論点を決定することはできないし、解決の根拠それ自体を扱うことはできないし、また多様な参加者によって営まれるものでもない。「審議」の条件は、政治的正義が決定する事柄なのであり、何が公共的で何が公共的でないかを決定するのは、政治的正義の観点からなのである。

結局、公共的理性の観念は、次のような形で「審議」を位置づけることになる。すなわち、「審議」は、審議自体の諸条件を自己言及的に決定することはできない。「審議」は、何を「公的」問題として扱うかを決定する権限をはじめから奪われており、結果的に、根源的に非公共化されている。いわば公共的理性に導かれる審議は、審議それ自体の枠組みを公共的に正統化するどころか、すでに正義によって決定された不動の枠組みのもとで行われるにすぎないのである。

五　共和主義的政治への影響　法の公共的正統性の喪失

リベラリズムは参加も審議も個人の自由とする

以上で、ロールズの政治的リベラリズムが、その「参加」と「審議」の理解に、「政治的／包括的」の区別をもちこんでいることを明らかにした。ロールズは、多元的社会を統合しようとする関心から、包括的ドクトリンから独立した正義の政治的構想を見出すこと、すなわち「政治的／包括的」を区別することから出発している。そこから、この区別は、共和主義の政治や自由をどのように理解するかに影響を及ぼすことになる。すなわちこの区別にもとづいて、「参加」は、複数ある善の構想のなかの一つであるとされ、正義の政治的構想のもとで追求されるべき個人の自由の一つとして捉えられる。またこの区別にもとづいて、「審議」は、すでに政治的正義によって確定された枠組みのもとで行われるにすぎないものであるとみなされる。極言すれば、「政治的／包括的」の区別によって、「参加」は私化され、「審議」は非公共化される。これら参加や審議が行われる枠組みを決定するのは、政治的審議ではなく、あくまで政治的正義である。したがって政治的リベラリズムにおいては、法的枠組みは、正義によって正当化されるのであり、政治的審議によって公共的に正統化されることはない。それは、正義の要請をどれだけ満たすかの程度に応じて、正当であるとみなされるにすぎない。法的枠組みは、政治的審議によって公共的に正統化されるのではなく、政治的正義との適合性によって正当化されるのである。

こうした政治的リベラリズムの「参加」と「審議」の理解は、さかのぼってみれば「個人の自由」を十全に保障しようとするリベラリズムの目的に由来している、と言える。個人の自由を保障するためには、国家等の公権力から私的領域を保護しなければならない。公権力は、諸個人の権利を調整したり、あるいは分配的正義を実現することに関心を限定しておけば、一般市民はそうした正義の枠組みのもとで、自由に多様な善き生を営むことができる。たとえば地域活動への参加を生きがいにする人や、あるいは政治的話題を論じあうことに価値を置く人は、もちろん数ある善き生のなかの一つの構想として、純粋に私事として、参加や審議するかどうかを自由に選択し、追求し、あるいはやめることができる。このような法的枠組みのもとで、自己統治的な活動をする個人の自由はつねに開かれているのだ、と。

自己統治が空洞化される

しかしながらこの理解は、次のようなことを必然的に帰結することになるだろう。一方で、参加を望んでいる個人は、正義の政治的構想によって規律される枠組みのもとで、一つの善として、すなわち私事として政治参加を追求することを許される。他方で、審議を望む個人は、正義の政治的構想が与える理由にもとづいて、裁判所における推論と同じ仕方で、公的事柄について審議することを認められる。確かにこのかぎりでは、自己統治的な政治の営みは、個人の自由として完全に保障されている。

しかし、このような参加や審議では、参加者個人が、純粋に私事としてではなく、社会構造の根幹を決定するために大規模な一般市民の参加が必要であると考えたり、審議の手続や議題の範囲、あるいは参加資格や市民の定義など、審議の条件や枠組みそのものを審議の対象としようとしている場合、このように高度に公的なレベルで、一般市民が政治的審議を行い、その審議に参加することが原理的に認められなくなってしまう。というのも、この審議の枠組みそのものは、正義の政治的構想によってすでに確定されており、参加や審議によってもはや左右されることができなくなっているからである。ここでは「政治的／包括的」の区別が決定的な役割を果たしている。すなわち、こうした審議の手続や範囲などは、あくまで正義の政治的構想によって決定されなければならないのであって、参加者がコミットしている包括的ドクトリンの観点から決定されることは政治的正義の観点から不適切――リーズナブルな多元性が所与の事実であるから――である。審議の枠組みを取りきめる権限は、正義の政治的構想にあるのであって、包括的ドクトリンにはないのである。

　もちろん比較的ローカルなレベルでの審議においては、たとえば市民社会のさまざまな団体や組織における対話やコミュニケーションにおいては、審議の条件を与える枠組みは、包括的ドクトリンが与える非公共的な理由にもとづいて、一般市民によって取りきめられることはできるのであろう。しかし社会の基本構造を取りきめるというような、高度に公的なレベルでは、審議の枠組みを決定するのは、あくまでも正義の政治的構想でなければならない。高度に公的な文脈を決定する権限は、一般市民の手から取りあげられ、一般市民が参加する政治的審議によっては、決定されることが最初から排除されている。こうして法的枠組みを創設するレベルにおいては、自己統治としての自由が一般市民から完全に奪われてしまう。たとえ自己統治としての自由が、参政権や言論の自由などと同じような仕方で、個人の自由として法的に保障されるとしても、そうした法的枠組みそのものを創設する場合には、自己統治としての自由は、いわば実質的に骨抜きにされ空洞化されてしまうことになる。

憲法制定段階に参加できなくなる

たとえば、個人の諸自由のリストのうち、どのような自由が基本的権利として法的に保障されるべきか、あるいは誰に、またどの程度まで保障されるべきか、さらに立法部門の権限は他の部門に対してどこまで優位するか、それぞれの国家機関の権限の範囲はどこまでかなどをめぐって、一般市民が審議して決定することは認められなくなる。法的枠組みのなかでもきわめて重要な位置を占める憲法が、どのようにあるべきかを審議を通して取りさめることができなくなる。すなわち一般市民は、憲法制定段階に参加することを認められないのである。政治的リベラリズムのもとでは、国家の基本法は、正義の政治的構想によって確定されるのであって、現実の一般市民による審議の結果によって左右されてはならない(90)。しかしそれでは、たとえ人々に憲法制定権力があるとしても、その権力は正義の政治的構想によってすでに確定された憲法を、事後的に是認するだけのものでしかない(91)。一般市民たちは、憲法がどのようにあるべきかを自分たち自身で審議し、起草し、決定することができず、正義の政治的構想によってすでに確定された憲法をただ受容し、承諾し、遵守することしかできないのである。

さらに重大なことに、政治的リベラリズムのもとでは、国家の基本法たる憲法にもとづいて通常の立法や法の適用がなされるのだから(92)、正義の政治的構想によって憲法が先に確定される以上、立法段階、法適用段階においても、すなわち法展開のあらゆる段階において、一般市民の自己統治は根源から失われることになってしまう。というのも、一般市民は自分たちが創設したわけではない憲法を所与として、憲法から派生する法の形態を審議することができるにすぎないからである。

しかしこのように、いわば正義から法へ発展するという捉え方は、現実の政治的審議のダイナミクスとはまったく逆の方向を向いている。というのも、現実の審議は、むしろ社会のなかで生じるさまざまな要求や問題を感知し、公的議題として取りあげ、立法や政策のなかに反映するプロセスを経るからである(93)。確かにロールズが考えるように、審議が正義の政治的構想にもとづいて営まれれば、問題解決は合意を得やすく、より容易であるかもしれない。しかし現実の政治的審議においては、必ずしも合意を得やすい、あるいは容易であるような問題ばかりが論じられるわけではない。審議では、むしろ合意の基盤がなく、意見の対立を引き起こし、解決が困難であるような問題の方が取りあげられるのである。解決の容易さではなく、むしろ解決の困難さこそが、高度な政治問題として扱われる要件であるとも言えよう。ロールズは、こうした審議のダイナミクスに反して、あくまでもア・プリオリな正義の政治的構想にもとづいて、審議プロセスを捉えているのである。

政治が切り詰められ、法の公共的正統性が失われる

共和主義にとって、まさにここにこそ政治的リベラリズムの問題がある。すなわち問題は、正義の政治的構想が、ア・プリオリに審議の条件や法的枠組みを確定し、自己統治的な政治のあり方を極端にまで切り詰めている、ということにある。ロールズは、「政治的／包括的」の区別にもとづいて、包括的ドクトリンではなく正義の政治的構想によって、一般市民たちによって現実に審議がはじめられる以前に、審議の文脈や法的枠組みを一度かぎりであらかじめ確定している[94]。ある特定の法的枠組みを与えられた人たちは、すでに確定した条件の枠内で審議しなければならないことに後になってから気づくことになる。ロールズの区別は、「政治的」なものを、合意の焦点としてあたかも動かざる所与であるかのように確定し、正義の「政治的」構想によって審議の文脈や枠組みを固定している。

確かにロールズは、正義の構想が「政治的」な意味をもつことを繰りかえし強調している。しかし、そのような「政治的」の理解は、けっして共和主義が擁護するような、ダイナミックでプロセス的な性格をもつものではない。極言すれば、ロールズは正義の名のもとに「政治的なもの」を切り詰めてしまっているのである。その結果、一般

市民が自らのイニシアティヴで提起する声や要求は、「包括的」あるいは「私的」なものに分類され、「政治的」でも「公的」でもないものとして排除されてしまう。

ここでは、従来「私的」なものとして顧みられなかった声なき声、他者のまなざし、不可視の要求が、さまざまな対話やコミュニケーションの過程で見出され、他の声や要求と合流し、次第に広く認められ、立法や政策に反映されるというダイナミックな審議プロセスが過度に押さえつけられている。言い換えれば、私的領域に追いやられた人々が、政治という営みを通して、公的決定にアクセスできるような回路が完全に遮断される。一般市民が、民主的な参加や審議によって、法的枠組みを新たに創設したり、あるいは改めて変更することができなくなる。政治的回路が閉ざされているところでは、法的枠組みが一般市民の側から公共的なものとして受けいれられることはほとんどないであろう。すなわちそこでは、法の公共的正統性が失われることになるのである。(95)

公／私分離の所与性に要因がある

このように法の公共的正統性が失われることになるのは、より正確には、リベラリズムのどのような考えに由来すると言えるであろうか。繰りかえすように問題は、ロールズの「政治的／包括的」の区別、より一般的にはリベラリズムの公／私分離そのものにあるのではない。先述のように、公／私分離が、公権力から個人の私的領域を保護するのであれば、それは個人の自由にとってきわめて重要な意味がある。むしろ問題は、「公的なもの」と「私的なもの」とが、政治によって何度も分類されうるにもかかわらず、ある特定の境界線によって、あたかも所与であるかのように区別されていることにある。ロールズの用語で言えば、正義の構想によって一義的に「政治的」なものが確定され、それ以外のものがすべて「包括的」なものとして、つまり政治的に関連性のないものとして扱われてしまうことにある。そこには一般市民が、審議の文脈や法的枠組みを、ロールズの示した正義の構想とは異なる別の正義の解釈を通して、再検討することは認められていない。何が「政治的」に関連しないかについて、再検討することができなくなっている。というのも、ロールズが示した正義の構想によって「政治的なもの」の範囲が一度かぎりで確定されているからである。要するに、根源的な問題は、「政治的／包括的」の区別そのものというよりも、むしろこの区別の所与性にあるのではないか。

政治心理学的な障害となる

　この区別の所与性こそが、共和主義の政治や自由にとって致命的な障害となりうる。この障害は、現実の政治的審議を阻害する実体的な制約であるというよりも、いわば「政治心理学的」(96)なものであると言えるかもしれない。すなわち「政治的／包括的」が区別されることで、自分たちが自分たちの生きている背景や文脈を現実に取りきめられなくなることよりも、そのような自己統治の感覚が失われてしまうということである。

　たとえば、公共的理性の担い手の制約にかんして指摘した点をもう一度想起しよう。ロールズは、審議の参加者たちに、あたかも裁判官のように語ることを要求している。しかしこの要求は、政治的審議に参加する一般市民にとって脅威となりうる。というのもそれは、一般市民が自らのイニシアティヴで発言しようとする志《アスピレーション》を萎えさせてしまうからである。たとえ一般市民が、自分なりに公共的理由にもとづいて主張をしているつもりであっても、裁判官の語りを真似ていないかぎり、公共的な言説として、政治的に関連性のあるものとして認められない。その結果、政治的審議に参加しようとする一般市民から、あまりにも多くの語彙や、話し方や、言論形式を奪うことになり、一般市民の発言や問題提起の意欲を失わせてしまう。

　このように参加や審議の意欲を失わせれば、それだけ審議を通した決定が一般市民の側から公共的なものとして受けいれられる機会も少なくなるであろう。「政治的／包括的」区別の所与性は、一般市民に乖離の感覚を与え、当事者感覚をも奪ってしまう。すなわち、正義——および、その解釈を支える合意——という名のもとに、自己統治がそれに先行する諸価値によって抑圧される感覚を与えることになるのである。(97)

政治が法を決定する

この政治心理学的な帰結のために、自己統治としての自由が根本から損なわれることになる。政治的審議に参加する者にとって、審議においてもちだせる理由が、「包括的」ドクトリンであろうが、「政治的」な正義構想であろうが、それ自体は何ら関心を引かないであろう。参加者からすれば、むしろ問題なのは、自分が承認していないにもかかわらず、あらかじめ理由の範囲が狭められていることである。共和主義の観点からみれば、一般市民は、正義のもとで審議する自由をもつばかりでなく、審議の文脈や法的枠組みそのものをも議論対象にする自由がある、ということになる。つまり政治の文脈や枠組みは、政治それ自体によって取りきめられるということ、すなわち政治は政治によってのみ成り立つという意味で、政治は「再帰的」であると考えられるのである。(98)

他方で、法的枠組みによって保障される個人の自由もまた無視できないものである。しかし個人の自由は、政治的プロセスの条件であっても、審議プロセスから独立した所与の——あるいは審議プロセスの外部にある——制約であってはならない。正義がどのように解釈されるべきか、正義が具体的状況で何を述べているのか、どのような個人の自由が誰に認められるべきか、こうした正義の問題そのものもまた、審議の対象でなければならない。こうして個人の自由や法的枠組みは、審議のプロセスの対象となる。審議のプロセスを通して決定されなければ、法的枠組みは一般市民の側から公共的なものとして受けいれられることはない。すなわち、法の公共的正統性がもたらされることはないのである。

「法の公共的正統性」の問題

以上のリベラリズムの検討を、「法の公共的正統性」の問題にかんして要約すれば、次のようになるであろう。「法の公共的正統性」の問題は、以下のようなものであった。

> 現存する法的枠組みが一般市民の側からつねに受容可能なものとしてみなされるには、いかなる政治的な営みを通して可能となるのか。どのような一般市民の政治的なかかわりが、法的枠組みの公共的正統性を永続的・恒常的に維持・保障することができるのか。

リベラリズムは、個人の自由を保障するために、法的枠組みを審議や参加という政治の営みによっては左右できない、不動の所与とする。これによって、それは個人が自由に各自の善き生を追求する私的領域を、政治の介入や公権力の恣意的行使から保護することができる。

しかしリベラリズムは、また同時に、われわれの社会生活を規律する法的枠組みを、われわれの手に届かないところに置くことによって、われわれ自身の手によるものとして受容される機会を失わせてしまう。それは、われわれ自身が、政治の営みを通して、法を創設し、あるいは正統なものとして受けいれるような回路や継続的プロセスを閉ざしてしまう。それは、法的枠組みを所与とすることによって、われわれの自己統治としての自由を失わせるとともに、法的枠組みの公共的正統性をもなくしてしまうのである。

要するに、リベラリズムは、公／私の分離を所与とすることによって、「法の公共的正統性」の問題をもたらすことになるのだ。共和主義の観点からは、リベラリズムは、孤立した自我にもとづいていることにではなく、むしろこのように公／私の分離を所与とすることに問題があると見られるのである。

小括

以上をまとめておこう。ロールズの政治的リベラリズムが致命的であるのは、次のような点にある。すなわちそれは、包括的ドクトリンから独立して正義の政治的構想を見出そうとするために、「参加」を個人の自由とし、「審議」を正義のもとに服しめる。その結果それは、政治的なものを切り詰め、自己統治の感覚を失わせる。そして法的枠組みを公共的なものとして受けいれる一般市民の意識を失わせてしまう。要するに「政治的／包括的」の区別が、法の公共的正統性を失わせてしまうことにあるのである。このロールズの考えは、共和主義の観点からみれば、リベラリズムの難点を最も典型的に表しているように思われるのである。(99)

ここまでで確認しておきたいことは、次のことである。共和主義にとって問題となるのは、公／私分離そのものにあるのではなく、むしろ公／私分離の所与性である。それこそが、自己統治としての自由の実現にとって——しばしば政治心理学的な——障害となり、結果として法の公共的正統性を失わせることになるのである。

第三章　徳性-陶治型共和主義の限界

一　徳性-陶治型共和主義の戦略　「公共性の教育プロセス」としての政治

共同体論は共和主義を受けつぐ

　現代共和主義は、以上のように公／私分離に依拠するリベラリズムが、現代社会においてさまざまな病理をもたらした原因に他ならず、自己統治としての自由を失なわせてきた張本人であることを批判する立場として現れてきた。それは、理論的ばかりではなく実践的にも、一般市民たちが、公的なものから乖離しているという感覚をもつことによって、自分たちの社会生活を規律する法的枠組みをコントロールできなくなることを、そしてその結果として、自分たちが知らずに自由でいられなくなっていることを危惧する。言い換えれば、それは、われわれの法的枠組みが、私的領域に追いやられた一般市民の手から離れていることに警鐘を鳴らし、政治という営みを通して、われわれの公共的な枠組みを再び手中に収めること、法の公共的正統性をもたらすことをめざしているのである。

共同体論と言われる立場は、こうした現代共和主義の懸念と目標を共有している。それは、共和主義とともに、公／私分離によって自己統治が失われることを嘆き、「共同体」、「歴史・伝統」、「社会的意味」、「公民的徳性」などの言葉を用いながら、われわれがどのようにして公的なものを取りもどすことができるのかを模索している。しかし、第一章第三節で述べたように、共同体論は、ねじれた形で共和主義を受けついでいる。というのもそれは、以上の共和主義の懸念と目標を共有しながら、その根本的な原因を、やや強引にリベラリズムの自我観に求めているからである。すなわち共同体論によれば、リベラリズムの薄っぺらな「負荷なき自我」、共同体から独立して選択する自我は、政治的義務や責任感をもつことができない。というのも、そうした義務や責任は、必ずしも個人が選択できるものではないからである。まさしくリベラリズムこそが、共同体の結び目を解き、個人たちをバラバラにして、公的なものから乖離しているという感覚を醸《かも》したのであって、その結果、一般市民が法的枠組みをコントロールすることをできなくしたのである。要するに、現代社会が自己統治を失ったのは、根本的にはリベラリズムの自我観に端を発するのだ、と。

もちろん、共同体論がこうした診断を下すことには、理由がないわけではない。共同体論者は、自己統治が、次のような形でリベラリズムによって失われることになったとみているからである。すなわち一般市民たちは、かつては他の一般市民とともに政治に参加して、自分たちに共通する事柄を共同して決定することができた。しかし、リベラリズムが次第に力をもつにつれて、一般市民たちは、共同体を解体され、私的領域に追いやられ、他人と切り離された独立した選択主体であるとされるようになった。リベラリズムは、社会をこうしたバラバラな個人に分解することによって、公と私との乖離の感覚をもたらし、法的枠組みが自分たちの手によるものとしてみなされなくしてしまった。リベラリズムは、現代社会において支配的な公共哲学であるのだから、リベラリズムの言う孤立した個人が自己統治を失うのは当然のことであった、と。

アイデンティティと徳性

このように考えると、共同体論が、共同体によるアイデンティティや徳の育成に大きな関心を寄せてきたことは、ある意味では必然であったとさえ言える。失われた自己統治としての自由を取りもどすためには、私的領域に追いやられた個人たちが法的枠組みを再び手中に収めるには、バラバラにされた個人たちが、共通のアイデンティティを獲得し、公共心に溢れる有徳の市民にならなければならない、と考えられたからである。法的枠組みを支える担い手は、もはやリベラリズムの自我ではない。それは、共同体とのかかわりのなかで、仲間や同士と共感をもち、無償の愛情や責任感をもつ、より厚く構成された自我である。共同体論は、次の二つの側面から、リベラリズムの自我を乗りこえようとしていると言えるかもしれない。

一つは、共同体論が、いわば量的な意味で、「われわれ」という集合的アイデンティティの範囲を広げようとしている、ということである。個人は、現代社会において、仕事や家事や趣味に忙殺され、私的領域に追いやられ、公共の場にアクセスする機会や手段を欠いている。社会生活を規律する法的枠組みは、議員や行政官や裁判官などの公職者たちによって担われており、これら公職者たちは一般市民から疎遠な人たちだとみられている。こうした疎遠な感覚を埋め合わせるには、「われわれ」の範囲を広げなければならない。すなわち、一般市民ばかりではなく、疎遠な公職者たちをも含め、さまざまな社会的階層をも巻き込み、さらには、かつて法的枠組みの創設を直接担った祖先たちをも含むところまで、「われわれ」の範囲を広げなければならない。かつての創設者たちをも自分たちの仲間や同胞であると考えられるならば、われわれは等しく創設者たちの子孫であるという連帯感や一体感がもたらされることになるであろう。このように広げられた共通のアイデンティティをもつことによってはじめて、今まで疎遠に感じていた法的枠組みが、「われわれ」自身が創設したものであり、「われわれ」にとってより身近なものであると捉えられるようになる。それによってわれわれは、自己統治の感覚を取りもどすことができるのだ、と。

もう一つは、共同体論が、いわば質的な意味で、個人の生来の資質を涵養しようとしている、ということである。個人は、現代社会において、私益にのみ関心をもち、自分の趣味に没頭し、刹那的な享楽を追いもとめて空虚に生きている。個人は、このような堕落した生活に満足しており、市民としての役割を担う責任感などもちあわせていない。しかし個人は、自己統治という意味で自由であるためには、仲間や同胞に対する共感と責任を負い、公共心に溢れた有徳の市民に生まれ変わらなければならない。個人が公民的徳性を備え、私益ではなく公益に目を向けるようになれば、法的枠組みを支える能力と資質をもつことができる。こうして個人は、市民となることによって、自己統治としての自由を再び実現することができるのだ、と。

政治とは公共性の教育プロセスである

このように共同体論は、リベラリズムの自我を乗りこえるために、アイデンティティの育成や公民的徳性の陶冶を重視する。そして共同体論は、これらアイデンティティの育成と徳性の陶冶の役割を、共同体の政治の営みに委ねる。ここでは共同体の政治は、「公共性の教育プロセス」として評価されている。すなわち、小規模な共同体における人と人とのかかわりを通して、集合的アイデンティティを一般市民たちに抱かせ、公的役割を担いうる有徳の市民を育成する、これらが政治の役割であるとされるのである。言い換えれば、共同体論は、かつて法的枠組みを創設した祖先や、疎遠であった公職者を含むところまで、「われわれ」という集合的アイデンティティを広げ、そして法的枠組みを担いうる有徳の市民を育成することを、共同体の政治の役割とする。要するに、こうした共同体の政治を通して、自己統治が再び実現され、法の公共的正統性がもたらされると考えるのである。

こうした共同体論の政治の見方こそが、徳性-陶冶型共和主義の政治観である。それは、リベラリズムの公／私分離を、アイデンティティを育成し公民的徳性を陶冶することを通して、いわば市民の内面において乗りこえようとする。すなわちそれは、小規模な共同体において、人間が生来もっている資質を育成することを通して、個人の内面において、公共的な枠組みと自分の私的生活との乖離の感覚——コントロール力の喪失感——を埋め合わせようとする。言ってみれば、徳性-陶冶型共和主義の政治とは、アイデンティティを育成し、公民的徳性を陶冶することによって、私的なものと公的なものとを結びつけようとする、公共性の教育プロセスなのである。

徳性-陶冶型共和主義の可能性？

では、こうした徳性-陶冶型共和主義の考えは、審議-参加型共和主義以上に、リベラリズムの公／私分離を克服する理論的アプローチでありうるか。言い換えれば、徳性の陶冶は、審議への参加以上に、われわれが公的なものを取りもどすための理論的手法として有効でありうるのか。それは、法の公共的正統性をもたらす政治モデルを示すことに成功しているであろうか。

徳性-陶冶型共和主義の立場は、潜在的には数多くの議論のなかにみられるものの、やはりその代表格の論者は、ロールズの正義論を根本的に批判した共同体論者として知られているアメリカの政治哲学者マイケル・サンデルであろう。サンデルは、八〇年代以降の共同体論の基本枠組みと骨格を築いた論者として知られているが、彼もまた、公民的共和主義の伝統を受けつぎつつ、現代社会において自己統治の理念が失われてしまったことを憂慮し、徳性の陶冶を通して自己統治を回復する方策を模索している理論家の一人である。彼は、リベラリズム批判を基軸に据えながらも、公民的共和主義を受けつぐことによって、より積極的に自らの理論の展開を試みている。彼の「陶冶プロジェクト」は、法の公共的正統性をもたらす政治モデルを示そうとする、徳性-陶冶型共和主義の一つのアプローチとして捉えられよう。

†共同体論の代表者サンデル

Micheal J. Sandel　一九五三年生まれ。現在、Anne T. and Robert M. Bass Professor of Government at Harvard University. ロールズに代表されるリベラリズムが、徹底して個人主義的な前提をとることから、人間関係の場である共同体を衰退させ、市民の公共心を喪失させたことを批判し、アラスデア・マッキンタイア、マイケル・ウォルツァー、チャールズ・テイラーとともに、共同体論と呼ばれる議論を切り拓いた。主著に、菊池理夫訳『自由主義と正義の限界〔第二版〕』（三嶺書房、一九九九年）がある他、未邦訳だが *Democracy's Discontent : America in Search of a Public Philosophy* (Harvard University Press, 1996) も重要。

そこで以下では、サンデルの「陶冶プロジェクト」を、徳性-陶冶型共和主義の一つのアプローチとして捉えたうえで、それが自己統治としての自由を実現する理論でありうるかどうか、公／私分離を克服する政治モデルを適切に示しているかどうかを検討する。まずはじめに、サンデルの「陶冶プロジェクト」があげている自己統治の自由の諸条件がどのようなものであるのかを概観しておく（第二節）。そして、この「陶冶プロジェクト」の諸条件が、市民社会におけるさまざまな共同体を基礎とした連邦制の構想に行きつくことを示す（第三節）。そのうえでそれが、公／私分離を適切に克服し、自己統治としての自由を再生する道を開きうるかどうかについて批判的に検討を加え、法の公共的正統性をもたらす政治モデルを提示することができないことを示そう（第四節）。

二　陶冶プロジェクトの諸条件

「徳性の再燃」と「シティズンシップの政治経済学」

陶冶プロジェクト

サンデルの議論は、その展開の手法が独特であり、一つの規範的な政治理論として捉えようとすると、その中核的な考えがみえにくい。彼は、「陶冶プロジェクト」を、体系的な規範理論としてではなく、米国の憲法判例や政策立案の過程でみられた言説を解釈することを通して提示しているからである。(1) 彼によると、現在において、われわれの政治的な言説や実践の周辺には陶冶プロジェクトの残滓が微かにみられるが、これを拾い集めようとする近年のさまざまな模索は、断片的で未熟であっても、はっきりと共和主義のテーマに関心を示している。(2) 彼は、米国の司法的判決や政治経済的政策に表明されてきたさまざまな法的・政治的な言説を浮きぼりにすることを通して、「陶冶プロジェクト」のヒントを見出し、それらが米国の公共的文化のなかにあったことを例証する形で、「陶冶プロジェクト」の構想を提示しているのである。

そこで、こうした「陶冶プロジェクト」の試みを、次のように本書の文脈に合わせる必要があるだろう。すなわち、サンデルのこうした読解の作業を、たんに米国の政治文化における共和主義の影響の残滓を記述するだけのものではなく、公民的徳性の陶冶を制度的に実現するための共和主義の制度案として再定義しておく、ということである。

こうした関心のもとでは、サンデルの「陶冶プロジェクト」は、かなり単純化すれば、次のような二段階の構成を取るものとして把握することができるであろう。まず第一に、彼は、米国憲政史の政治的言説のなかに内在しているさまざまな議論を浮きぼりにしながら、現代社会に自己統治を再生するために、政治的・経済的・社会的諸制度が実現しなければならない諸々の条件を描き出す。これを「陶冶プロジェクト」の諸条件と呼んでおこう。そして次に、彼はこれらの条件を実現するために、トクヴィルやジェファーソンらの政治思想の根底にある意味を紐解きながら、これらの条件に最も適しているとされる制度構想を提示する。これを「陶冶プロジェクト」の制度案と呼んでおこう。この制度案は、「陶冶プロジェクト」の諸条件を実現するために要請されている。サンデルの共和主義理論は、「陶冶プロジェクト」の諸条件と制度案によって構成されていると考えることができる。

自己統治の二つの条件

そこでまず、「陶冶プロジェクト」の諸条件からみていこう。サンデルは、現実のさまざまな政治的言論から、自己統治を回復させるための条件をいくつかあげている。それらは、道徳的条件と経済的条件の二つに大きく分けられ、それぞれ「徳性の再燃」と「シティズンシップの政治経済学」と呼ばれる。道徳的条件の方は、たいていは右派の政治的言説にみられるもので、徳性や道徳の復活など、宗教的・道徳的その他の精神を再び鼓舞するべきであると主張される。経済的条件の方は、多くは左派の政治的言説にみられるもので、大企業などの経済勢力が、共同体を弱体化させ、民主的な生活を蝕んでいくことを妨げるために、自己統治を支える社会的・経済的なインフラを整備するべきであると主張される。

三つの道徳的条件

サンデルは、以上のように道徳的諸条件を説明しているが、これらのなかでとりわけ強調しているのは、次の三点である。

＊

①共通のシティズンシップを制度的に創出しなければならない

今までリベラリズムは、個人の自由を実質的に行使するために必要であるということを名目に、各種の保険や生活保護など、福祉国家的な諸政策を正当化してきた。しかし、これらの政策は、たんに過保護なだけであって、福祉受給者から自助努力を奪い、大きな政府に対する財政的「依存」を助長してきた。そしてそれは結果として、「一般市民を弱体化」させ、「堕落」させてきた。だが、公共政策が目的とすべきであるのは、市民の積極的な活動を萎えさせ、不道徳で無責任なふるまいを助長することではなく、受給者たちに「シティズンシップにおける共通の義務」をもたせ、自己統治としての自由を再生させることである。めざすべきは、一般市民たちに徳性を陶冶して、一般市民たちが自らの運命を規律するという、自己統治的な政治を復活させることである(3)。

②宗教的・道徳的言語を公的議題として扱わなければならない

今までリベラリズムは、国家や政府は、個人の善き生き方や世界観などについて、互いに競合する価値観から独立して、中立的な見地に立つべきであるとし、これらの価値観にかかわる問題を公的な関心や議題から外すべきであると主張してきた。しかし、このように価値観を私的な問題として公的議題から外すことは、一般市民のもつ政治的エネルギーを十分に含みきることができず、結局は望ましくない多くの帰結をもたらすであろう。たとえば、偏狭で不寛容なモラリズムが大衆を扇動し、宗教的原理主義が世論に強い影響を及ぼし、スキャンダリズムやセンセーショナリズムがマス・メディアや世間を騒がすことになるであろう。これらは、政治を弱体化・貧困化させ、その結果、政治を通してもたらされる公共性を蝕むことになろう。公共性を担保するためには、むしろ政治で扱われる議題のなかに、宗教的・道徳的言語がもっと積極的に用いられなければならない。これを受けいれることによって、一般市民は、自らがもつ深い信念を政治的主張の論拠にすることができ、一般市民のあいだに深い相互理解をもたらすことができるのである。(4)

③人格形成や道徳教育を行うように共同体を組織化しなければならない

今までリベラリズムは、社会を孤立した個人に分裂させてきた。今や、これら孤立した個人は、社会において公的な役割を担うことはもはやできなくなっている。とりわけ、人口が増え、さまざまな価値観によって多元化した現代社会においては、個人が突如として公的な役割を担う市民となることはそうたやすくはない。そこで、一般市民が公的な場に参加するためには、さまざまな便宜や手段を提供することのできる媒介的な組織や機関が必要となる。それらの組織や機関は、政治で用いられる諸々の知識はもちろんのこと、公的な生活様式を営むための態度、さらにその前提として、一般市民が共有できる道徳的言語などを教え、与えることが求められる。このような道徳的言語を自己統治としての自由に結びつける媒介的な組織は、まさしく共同体に他ならない。これらは、地域に根差した「権力の諸場（pockets of power）」として、(5)教育的役割を担う「人格育成機関」や、共通善について論じあう「市民的諸空間（civic spaces）」(6)として再生されなければならない。それらは、人格を形成し、道徳教育を行うことによって、自己統治を再生するための条件を与えるのである。

三つの経済的条件

またサンデルは、これらの条件とは別に経済的条件をあげているが、そのなかでとりわけ重要であるのは次の三点である。

＊

④地域経済を活性化しなければならない

自己統治には、それを実質的に支えるのに十分な、自立的な経済基盤が必要である。現に、一般市民の共同生活を育み、相互交流を促進する役割を果たしてきたのは、地域経済であった。たとえば、独立自営業者が営む小売店は、かつて「多様な公共の場を結びつける接着剤の役割を果たして」おり、友人や隣人が出会う場として作用してきた。(7) このような地域経済は、今や全国的なスーパーマーケットなどに取って代わられてしまっている。しかし地域経済がもっと促進・強化されなければ、たとえ共同体の再興を声高に唱えたところで、自己統治は有名無実となってしまうであろう。自己統治を再生するためには、地場産業などの活性化が大前提であり、自立的な地域経済が民主的な社会生活を営むための確固たる基盤とならなければならない。

⑤社会的・経済的不平等に対処しなければならない

ネオ・リベラリズムの諸政策やグローバル経済による競争の激化は、社会的・経済的な強者と弱者の格差を拡大し、結果として一般市民のあいだに深刻な不平等をもたらした。この不平等は、リベラリズムにとっても、個人の自由や権利を行使することを著しく困難にさせる悪しき病根であるが、それはまた、共和主義者にとっても望ましくはない。というのも、過度の不平等は、富者と貧者の双方の人格を堕落させ、自己統治に必要な共同性や「友愛の精神」を崩壊させてしまうからである。格差の拡大は、富裕層に属する人々を「同質的な飛び地（homogenous enclaves）」と呼ばれる私的な隠遁地に引きこもらせることによって、富裕層と貧困層との「生活様式の分離」をもたらした。こうした社会の断片化が、一般市民の共同生活を失わせたのであり、その結果、自己統治をも根絶したたのである。自己統治を再生させるためには、富裕層と貧困層との生活様式が分離していく傾向を減速させ、失われた共同生活を社会に取りもどす措置が取られなければならない(8)。

⑥階級混合制度を設立しなければならない

社会の断片化に対処するためには、富裕層も貧困層も含む、すべての一般市民が交流できる「階級混合的制度(class-mixing institutions)」が創設されなければならない。不平等に対処するためには、リベラリズムのように、格差の根本的な解消をめざして、配分的正義の実現をめざし、社会の基本構造の改革や、所得水準の均等化を目的とする政策が取られるべきではない。むしろ、市場経済によって影響されやすい生活領域を民主的にコントロールし、人々を共通の経験にまとめ、シティズンシップの気質を陶冶する、公共の場や空間をつくらなければならない。さまざまな階級の人たちが交流できる制度は、金銭や所得とは無関係に人々の生活を結びつけ、一般市民の共同生活の基盤を提供する。それは「メンバーシップを高め、富裕層と貧困層双方の市民のアイデンティティを陶治することと」を目的としている(9)。自己統治を再生するためには、分裂しつつある社会的階層を再び結びつける制度や場が必要である。

サンデルは道徳的条件の方に重きをおく

このようにサンデルがあげている「陶治プロジェクト」の諸条件は、何を中心に構想されているのであろうか。ここで、それらがどのように内在的に関連するのか、そしてそれらのなかで何が中心的であるのかを考えてみよう。

リベラリズムの論者であれば、サンデルが列挙している道徳的条件、とりわけシティズンシップや人格の育成は、社会的・経済的な諸政策を通して実現されるべきものとされるであろう。すなわち、経済的条件の実現の方が、道徳的目標の実現よりも根底的であると捉えられるだろう。しかしサンデルにとっては必ずしもそうではない。むしろ、その逆である。すなわちサンデルは、経済的条件よりも、道徳的条件を実現することに主眼をおいているのである。

たとえばサンデルは、社会的・経済的不平等の問題[5]を配分的正義にしたがって、各人が自由に善き生を営むための実質的条件を均等にするというような仕方で、根本的に解決しようとはしない。この解決方法は、リベラリズムが好む手法であって、共和主義者を自称するサンデルが採用する手法ではない。むしろ、彼は、不平等の問題を、地域経済を活性化すること[4]、そして地域的な連帯関係を強化することと、一般市民のあいだの階級間格差を無視《クラス・ブラインド》した交流の諸制度を確立すること[6]によって、根本的に解決するというよりは、むしろ解消しようとする。彼にとって、社会的・経済的な不平等が問題となるのは、それが自由の実質的条件の不均衡を生みだすからではない。それが問題であるのは、それが社会を断片化することによって自己統治の基盤を崩壊させるからである。したがって、「陶冶プロジェクト」が関心をもつのは、この不平等それ自体を解決することではなく、不平等によって崩壊した共通の基盤を再生することにある[10]。

こうしたことから、サンデルの強調点は、経済的インフラの整備よりも、むしろ道徳的条件を満たそうとすることにある。彼があげている公共政策によるシティズンシップの創出[1]は、経済的弱者に対して再配分的な措置によって格差を是正することよりも、福祉の受給者の依存体質を更生し、一般市民に政治的な活力と意欲を鼓舞することを主眼にすえている。この条件を実現する公共政策は、一方向の依存ではなく、相互依存的な関係を強化し、この関係のなかで育成されるシティズンシップを促進する方向に向かうことになるであろう。また、公的議題の拡大化[2]が、宗教的・道徳的語彙を豊かに用いることを求めているのも、宗教的教義や道徳的ルールを教えることのできる組織や団体を前提にしている。このように彼があげる道徳的条件は、とりわけ人格形成と共同体の強化

(3)を最も中心的な目的として考えられていると言ってよいであろう。

したがって、サンデルがあげている「陶冶プロジェクト」の諸条件は、アイデンティティや公民的徳性を育成すること、そして、そのために共同体を強化することを中心とするものである。確かに、彼は、共和主義の自由が、性格や資質を育成する政治を要求し、また徳性や陶冶と内在的な関連があると繰りかえし述べている(11)。彼にとって、自己統治としての自由は、公民的徳性を陶冶する共同体の政治によって実現される。すなわち公民的徳性の陶冶こそが、「陶冶プロジェクト」によって実現されるべき中心的な条件なのである。

三　陶冶プロジェクトの制度構想　市民社会の共同体にもとづく連邦制

陶冶プロジェクトの制度構想とは

では、「陶冶プロジェクト」は、公民的徳性の陶冶を中心とする以上の諸条件を、どのような制度において実現しようとしているのか。「陶冶プロジェクト」の本体は、これらの自己統治を再生するための諸条件を現代社会において満たす具体的な制度構想を提示しているところにある。以下では、サンデルの「陶冶プロジェクト」が、公民的徳性の陶冶を現実に行うために、どのような制度を構想しており、そしてそれがどのような担い手によって支えられると考えているかについて明らかにしていこう。

サンデルは、自己統治を再生することができるのは、かつて自己統治の特権的な場として考えられてきた国民国家あるいは主権国家であるとはもはや考えない。第一章でみたように、現代の国民国家は、超国家的なグローバル経済の拡大化傾向と、国家内部での民族・エスニック集団の断片化傾向にはさまれ、国家単位での自己統治に必要なアイデンティティの創出機能を果たすことができなくなってきているからである。このような現代の苦境のなかで、共和主義の政治が実現可能であるのは、米国がかつてもっていた根源的な意味での「連邦制（federalism）」においてである、という。サンデルによると、連邦制は、保守派によって考えられているように、連邦政府から各州へと権限を委譲するべきとする、たんなる憲法上の教義ではない。重要なのは連邦制がもっていた本来の意義なのであって、それは、次のような政治的な見解である。すなわち、自己統治が最も効果的に機能するのは、統治権力が分散され、一般市民が参加できる数多くの公共の場を横断して形成される場合である、という見解である。連邦制は、主権国家に代わるオルタナティヴを提供するのであって、こうして「陶冶プロジェクト」の制度構想の本体をなしているのである。(12)

　では、サンデルの言う根源的な意味での連邦制＝フェデラリズムとは、どのようなものであろうか。フェデラリズムとは、元来、ヘブライ語の berit やラテン語の foedus に含意されているように、「盟約」あるいは「契約」を語源とし、「政治・行政システム以前の社会原理としての盟約（契約）主義を含意した」(13)。通常、「フェデラリズム」という語から連想されるのは、国家主権が広く遍く分散されるような制度構想であろう。サンデルもまた、このフェデラリズム＝連邦制を「共和主義の政治の多元主義的な形態を特徴づける」(14)ものとして、つまり国家単位の政治を多方向に分散させるものとして理解している。

　確かに、連邦制は、国家主権を他の複数の政治的単位へと委譲するという意味をもつ点に相違ないが、しかし多元的に拡散した権限をどのような政治的単位が担うのか——つまり国家か、超国家機関か、あるいは地方的機関か——あるいは分散の志向がどのような方角に向くか——中央に集中するのか、地方に拡散するのか——で、実はまったく性格を異にする。ここで、サンデルの記述から一度離れて、連邦制を三つのタイプに区分し、彼の陶冶プロジェクトの制度案がどの範疇に分類されるのかを検討してみよう。

1　中央集権型モデル

連邦政府は立法・行政・司法上の強力な権限を担い、下位の政治的単位である地方政府や各州は、そのような連邦政府の監督・指揮下で、制限された範囲の政治的権限を行使することしか許されるにすぎないものである。このような連邦制では、中央の連邦政府に対する求心力の方が求められ、それぞれの地方政府や州は、連邦政府のもとで限られた自己統治を行うことしかできない。

2　地方分権型モデル

実際上、連邦政府は最小限の機能を果たすことしか認められず、基本的には地方政府や各州が、連邦政府の機能以外の役割を担うことになり、かなり広範な自己統治の範囲を認められるものである。このような連邦制では、中央の連邦政府から離散しようとする遠心力の方が強く働き、連邦政府の役割が限定される。(15)

3　国家連合型モデル

以上の二つの連邦制は、基本的には一国内部における中央と地方の関係を定めるのに対して、この第三の連邦制は、いわばそれぞれの国家のあいだの関係を規定する。すなわち、国家とはいちおう別の政治機関を想定し、その政治機関を最高機関として、そのもとで各国家が主権を享有し、かつ他の国家との関係を取り結ぶものである。このような連邦制では、各国家が強力な主権を享有していることを前提にしているため、連邦機構は、国家のあいだの関係を管理あるいは規律する役割ではなく、むしろ仲介あるいは調停する役割をもつ。(16)

サンデルの連邦制は地方分権型である

このような連邦制の分類から言えば、サンデルの構想する連邦制は、もちろん中央集権型モデルにもとづくものではない。というのも、サンデルは、国民的アイデンティティがすでに無効であることを宣言しており、中央集権的な国家において自己統治はもはや再生されることはないと考えているからである。またサンデルは、一般意志の実現のために政治権力を集中させた強力な中央政府を求めるルソー型の共和主義を採用せず、むしろ下位国家的な組織や団体を重視するトクヴィル型の共和主義に親近感を覚えていることもある。(17)さらにサンデルは、福祉国家型のリベラリズムに対して反感が強く、一般市民を堕落させた現代の米国の肥大した国家政府の機能に批判的である。むしろ彼は、主権が多方向に分散した政治体制こそが自己統治を回復するであろうと期待しており、中央集権型の連邦制に対して不信感をもっているのである。

またサンデルの連邦制は、むしろ「国家連合型モデル」を要請するようにみえる。サンデルが言うように、現代社会において自己統治が失われてきたのは、グローバル経済や多国籍企業が出現したためであるとみられているならば、それらの強力な経済勢力を民主的にコントロールするためには、一つの国家よりも強力な、国家連合規模の政治機構が必要であると考えられるからである。確かにサンデルは、主権国家に代わる最も有望なオルタナティヴは、むしろ国家とは規模を異にする「多数の共同体や政治体」にあり、このように主権を国家以外に「分散させる体制だけが、グローバル市場の諸勢力に対抗するのに必要な権力を結集することができる(18)」と述べている。多国籍企業のような強力な経済勢力に対抗し、自己統治の場を確保するためには、たんなる一国民主主義では不十分である。グローバル化した世界に見合う新たなデモクラシーのあり方、すなわち「デモクラシーのグローバル化(19)」が必要であろう。このようなグローバルなデモクラシーを実現させるためには、「国家連合型モデル」にもとづく連邦制が不可欠であると考えられて不思議はない。

ところがサンデルは、「国家連合型モデル」に対しては、一定の意義は認めつつも、やはり懐疑的である。サンデルは、国家よりも大きな政治機関に主権を委譲する可能性を示唆するものの、グローバルな共同体が、国民的アイデンティティに代わる共同的関係をつくることは「ありそうもない」[20]ことであり、主権を上に押し上げるだけで自己統治を回復するのは、端的に「誤り」[21]であると述べている。サンデルにとって、欧州連合（EU）が最も成功した超国家的共同体の例であるが、それでさえも、「今までのところ、経済的・政治的統合メカニズムを支持するに十分なヨーロッパ・アイデンティティを育成することに失敗している」[22]。連邦制は国家主権の分散を求めるが、その分散の先が超国家的機関に限られることは、サンデルにとって非現実的にみえるのであり、これもまた実現可能な候補ではないのである。

サンデルの構想する連邦制は、分権の方向性を「上に」押し上げることではなく、むしろ「下に」向かわせることと、すなわち「地方分権型モデル」にあると考えてよいだろう。サンデルは、連邦制の根源的な意味を掘り出そうとするときに、仮想上の世界共同体ではなく、国家よりも小規模な連帯の共同体に力点を置いている。サンデルは、グローバルな共同体が、国民的アイデンティティに代わる世界市民的《コスモポリタン》な共同性を創出することは「不可能」であり、「国家を超える民主的政治のより有望な基礎は、われわれが住むより特殊な共同体において涵養され、再活性化された公民的生活である」[23]と述べている。サンデルは、自己統治の場として、中央集権的な連邦政府や、非現実的な世界機構をあげるのではなく、むしろトクヴィルのタウンシップ（township）や、ジェファーソンのウォード・システム（ward system）などをあげている。タウンシップは、建国期の米国――ニュー・イングランドがよく知られている――でみられたもので、二千人から三千人程度の比較的少人数によってまとまっており、役員の選出などが直接的に構成員たちによって決められる、公共の場である[24]。すなわち、サンデルの連邦制が依拠しているのは、かつて商人や牧師や牧童らが親しく面識をもつことができた郷愁の地、すなわち「独立自営業者の連帯と協同からなる旧き良き時代の米国的タウンとしての中間共同体である」[25]。

市民社会における共同体にもとづいている

このようにサンデルの制度構想は、基本的に「地方分権型モデル」の連邦制であると考えられる。ただし注意すべきは、このモデルが想定する政治的単位は、通常、市町村などの地方自治体・地方公共団体であるが、サンデルにとっては必ずしもそれらだけに限られない、ということである。サンデルは、基本的には地方政府を自己統治の政治的単位であると考えるが、それらが不適切である場合は、「学校や職場、教会やシナゴーグや社会運動などといった市民社会のさまざまな制度」[26]のなかに公共空間を見出さなければならない、と述べている。しかしサンデルにとって、市民社会の諸制度が登場するのは、地方公共団体が「不適切な場合」に限らない。サンデルが実際、連邦制の例としてあげているのは、ほとんど市民社会の諸制度である[27]。つまり彼は、市民社会の諸制度にこそ、自己統治の場を見出すのである[28]。

この点でサンデルの連邦制は、市民社会における連帯の共同体を基盤としており、いわば「地域主義（localism）」に類似しているとさえ考えられる[29]。一般市民が互いに顔見知りでいられるような緊密な共同体、たとえば近隣関係や宗教集会などのような共同体こそが、政治参加の場としてふさわしい。こうした共同体で培われた「地域の愛着は、市民を私益の追求を超えて共同生活に参与させることによって、公的事柄に参与する習慣を育成することによって、自己統治の役に立つことができる」[30]。このようにサンデルの連邦制は「地方分権型モデル」であると考えられるが、その最大の力点は、市民社会におけるさまざまな共同体にあると考えられるのである。

道徳的条件は市民社会において満たされる

「陶冶プロジェクト」の制度構想は、このように市民社会におけるさまざまな共同体に依拠しているのは以上のように明らかだが、それにはそれなりの理由がある。というのも、この連邦制の構想は、先にあげた道徳的条件を最もよく満たすことができる、と考えられているからである。そこで、サンデルの連邦制の構想が、なぜ「地方分権型モデル」でなければならないのか、さらにそれがなぜ市民社会の諸制度にもとづいていなければならないのかについて、検討してみよう。

まず、他の連邦制のモデルと比較してみよう。たとえば「中央集権型モデル」や「国家連合型モデル」の連邦制が、道徳的条件を満たすのに適していると考えられるだろうか。これらのモデルにもとづく連邦制は、いずれも巨大な政治機構——国家規模であれ、世界規模であれ——の存在を前提とするが、やはりそのような大規模な政府機構が、直接的に個々の一般市民たちに対して、細かに行きとどいた人格形成や政治教育を施すことは、現実的に不可能に近く、また不適切でもあるだろう[31]。大規模な政府が、ある特定の公民的徳性を理想としたうえで、それを画一的ないし強制的に押しつけることは、あまり効果的でないばかりか、個人の自由な生き方を認めず、全体主義的な風土を醸成することにもなり、けっして望ましくはないからである。

一般市民の側からしても、何ら団体・組織に属さずに、顔も見知らぬ他の共同体の構成員たちに共感や愛情をもち、同一の政治共同体に所属する仲間や同胞であるという連帯意識をもつことはきわめて困難であると言えよう。何ら団体・組織に属さない、孤立した一般市民に、突如として公民的徳性を備え、身に覚えのない「市民としての義務」なるものにしたがうことを期待することは、とうていできないであろう。

一般市民が政治的共同体へのコミットメントや共通の事柄への関心をもつのは、自分の同心円状にある人々との連帯の関係を通して、あるいは相互に顔見知りであるような親密な関係を通してでしかない。すなわち、共通の事柄への関心によって成立する公共圏にアクセスするためには、具体的な他人の生への配慮によって成立する親密圏の支えが必要である。[32] 市民社会においては、それぞれの構成員が他の構成員の生き方に直接触れることのできる共同体が数多く含まれている。これらの共同体は、孤立した一般市民を相互に結びつけ、他の一般市民との共感や連帯の意識を育むという、媒介的な役割を果たすことができる。「陶治プロジェクト」の制度構想が、「地方分権型モデル」の連邦制にあり、それが市民社会の諸制度に依拠しようとするのは、これらの諸制度がこのような媒介的な役割を果たすからである。このことは、以下でみるように、自己統治の回復のための道徳的条件のうち、それぞれについて当てはまる。

① 共通のシティズンシップを制度的に創出しなければならないという要件について。 大きな政府による福祉政策が、一般市民の依存心を助長し、自発性や積極性を鈍化させてきたならば、たとえば、非営利組織やボランティア活動などの互助システムによる介護・福祉的支援の方が、一般市民のあいだの「相互扶助」の精神を育むことができるだろう。そのような相互依存（たんに一方的な依存ではない）の活動が行われるのは、一般市民たちが直接的に親密な関係をもつことのできる家族や近隣社会においてである。

② 宗教的・道徳的言語を公的議題として扱わなければならないという要件について。 宗教的・道徳的言語は、確かに「市民社会に特有の道徳的言語」[33] である。たとえば、宗教上のさまざまな教義を教えるのは、教会の役割であろう。また、生きていくのに必要な決まり事やマナーを教えるのは、家庭や学校の役割であろう。さらに、神話や習俗や伝統を保持し後世に伝えていくのは、民族やエスニック集団などの役割であると言える。確かに、こうした道徳的語彙を豊かにするのは、これらの共同体に他ならない。

③　人格形成や道徳教育を行うように共同体を組織化しなければならないという要件について。　人格形成や道徳教育を行う担い手は、サンデル自身があげている通り、教会や学校などの他にも、コミュニティ・センター、労働組合、シナゴーグ、スポーツ・リーグ、PTA、図書館、理髪店[34]、あるいは「労働組合や宗教団体、エスニック集団や市民団体、小さな商業組合、政治組織[35]」などである。確かに、家族や友人のような親密な人間関係のなかで人格は形成されるであろう。また、住民投票や市民運動などを通して政治的意識は高まるであろう。これらの人格育成の役割は、小規模であるほど十分に効果的である点で、市民社会における組織・団体に固有のものである。

規模と意識は反比例する：ルソーの逆説

このように「陶冶プロジェクト」が、その道徳的条件を満たす制度として、市民社会におけるさまざまな共同体に依拠することは、いわば必然的であり、当然の流れでさえある。このことは、自己統治の基盤となる共同体の規模と、そこに属する一般市民の意識との政治心理学的な関係から説明できるように思われる。一般に、共同体の規模が大きくなればなるほど、その共同体が一般市民の人格を成し、公民的徳性を陶冶する能力は減ると考えられる。逆に、共同体が小規模であるほど、その共同体に属する市民の政治意識は高くなると考えられる。

ルソーは、仮に、政治的共同体が一万人の一般市民から構成されるとした場合、それぞれの一般市民が公的決定に与える影響力は、主権者が一人であると仮定した場合に比べ、一万分の一に減少し、それに比例して自己統治の能力がかぎりなく無《ゼロ》に近くなることを指摘している[36]。これは、いわばデモクラシーの逆説である。というのも、民主的な社会においては、一般市民の全員が主権者であるにもかかわらず、一般市民の一人一人の自己統治の能力が極小値にいたってしまうからである。

しかし、これが問題であるのは、純粋に算術的な問題として、個々の一般市民がもつ政治的影響力が現実に無《ゼロ》に近づくことではない。むしろ問題は、この逆説の政治心理学的な側面である。自己統治の基盤としての共同体の規模が大きくなればなるほど、それぞれの一般市民が公的決定に対してもつ政治的影響力も比例して減少する。ここまでは、いかなる社会においても当てはまる定式であろう。しかし問題は、一般市民が、大規模な共同体にいるために、自分の政治的影響力が全体のなかで無視できるほどわずかであることを知り、政治への関心や参加への動機を失なってしまうことである。もし大規模な共同体において、一般市民がこれらの政治意識を喪失するならば、共同体は、その分だけ一般市民の公民的徳性を鼓舞することに失敗し、公共心に溢れた市民を育てることができなくなるであろう[37]。

したがって、この逆説的な定式から得られるのは、次のようなことであろう。すなわち、少なくとも相対的に小規模な共同体の方が、それぞれの一般市民の政治的影響力が強くなる（と感じられる）ことから、より政治への意欲や関心を鼓舞しやすく、一般市民のあいだで共感を育みやすく、公共心に溢れる市民を育成しやすくなる、ということである。まさしくこのような文脈において、サンデルの「陶冶プロジェクト」は、中央集権型モデルや、国家連合型モデルの連邦制にではなく、地方分権型モデルの連邦制、とりわけ市民社会の諸制度にもとづく連邦制を、最もふさわしい制度構想としているのである[38]。それは、公民的徳性を陶冶するためには、市民社会における小規模な共同体が最も適した制度であると考えるからである。

市民社会は公-私の要である

このように「陶冶プロジェクト」は、いわば必然的に、市民社会の諸制度にもとづくことになるのである。これは、市民社会の諸制度が、前述の三つの連邦制のモデルのなかで、最も教育的な役割——公民的徳性の陶冶の役割

——に適していることによる。これらの市民社会における組織・団体は、現代共和主義の目的である公私の結合にとって、いわば決定的な役割をもっている。すなわち、徳性-陶冶型共和主義にとって、それらは、私的利害にのみ関心をもつ個人が、公的な役割や責務を果たしうる、公共心に溢れた市民に成長させるための、媒介的な役割を一身に引きうけている。(39) それらは、公／私の乖離の感覚を埋め合わせるための特権的な場であり、「公的なもの」を「私的なもの」と結びつけるための要としての役割を果たしている。

この公-私の要としての市民社会において、私的領域にいる一般市民は、他の一般市民と親しい関係をもつことによって、「われわれ」という集合的アイデンティティをもち、公民的徳性を備えた市民に生まれ変わることができる。たとえ一般市民は、生来のままでは私益の追求に没頭する堕落した存在であるとしても、しかし家族から友人関係や近隣関係、宗教活動や市民運動などにかかわることを通して、身内や仲間や同僚に対する共感を得るようになる。

共感は次第に公民的徳性にいたる

そして「陶冶プロジェクト」は、このような身近な人たちに対する共感から、次第により多くの人たちに対しても共感を抱くようになり、最終的には、公的な役割を担うために十分な公民的徳性をも備えるにいたる、とする。サンデルによれば、人類への共感なるものは、突如として得られることはない。それは、「人類愛」などの一般的・抽象的な表現を通してではなく、むしろ特殊な共同体においてこそ育まれる。市民社会で培われた愛情や忠誠心は、その共同体の狭い領域に止まり続けるのではなく、いずれ人類全体への共感へいたるようになる、という。サンデルは次のように明言している。すなわち、「地域的な連帯は、最良の状態になれば、その限界を超えて、われわれに共通する人間性の地平を含む、より広い道徳的関心の地平へといたるだろう」(40)。確かに、近隣関係やタウン・ミーティングなどを通して得られる共感や連帯意識は、はじめは同じ共同体に属する仲間や同僚にのみ向けられるものかもしれない。しかしそれらは、他人への確固たる信頼へと変わり、他人を寛大に受けいれる気質になれば、それにしたがって、他人に無限に開かれた（open-minded）、人類愛の境地にいたるであろう。それらは、特殊な共同体の構成員たちへの共感を超え、より広範な政治共同体の他の構成員たちをも「われわれ」の一員とみなすものになり、もし「最良の状態になれば」、人類全体に対する連帯の意識につながることも期待できるであろう。

人類愛は大げさかもしれないが、しかしサンデルは、小規模な共同体における教育を通して、一般市民たちが、政治共同体へのコミットメントや忠誠心をもつことができるであろう、と期待している。彼の希望によれば、市民社会の諸制度における徳性の陶冶は、そのまま広域における政治的活動を促進することにつながる、という(41)。集会や市民運動への参加が、より広範な政治参加への意欲や関心を次第に高めることになると期待しているのであろう。そのような意欲や関心がどこにまで向けられるのか、国家や連邦政府までか、あるいは人類共同体までか、それは定かではない。しかし、サンデルの考えでは、一般市民は、市民社会におけるさまざまな共同体によって教育されるならば、たとえはじめは狭く限られた共同体における仲間や同士に対してのみ共感や愛情をもつにすぎないとしても、いずれは、大規模な共同体における他の一般市民や、あるいは見ず知らずの他人にまで開かれた公共心をきっともつはずである、とされるのである。

徳性‐陶冶型共和主義の政治とは

以上のサンデルの「陶冶プロジェクト」にみられるように、徳性‐陶冶型共和主義は、共同体の政治を「公共性の教育プロセス」とみなすことによって、「公的なもの」と「私的なもの」との乖離の感覚を個人の内面において埋めようとする。すなわちそれは、公民的徳性を陶冶することによって、「われわれ」が「公的なもの」を手中に収めている感覚を喚起しようとするのである。

徳性-陶冶型共和主義の理路は次のようなものである。私的領域にいる一般市民は、小規模な共同体において身近な人たちとかかわることを通して、より広範な政治的共同体における他の一般市民たちと共感を得ることができる。そして、一般市民は、とりわけ公的な役割を担う制度圏の人たちと共通のアイデンティティをもつことによって、あるいは公的役割を担いうるに十分な公民的徳性を自ら備えることによって、「われわれ」自身が「公的なもの」を手中に収めることができる。

これによって一般市民は、「民主主義の不満」を解消することができるであろう。すなわち、「公的なもの」と「私的なもの」との乖離の感覚を埋め合わすことができ、「自己統治としての自由」を享受することができる。一般市民は、「われわれ」という集合的アイデンティティをもつことによって、自らを政治的共同体の一員とみなし、自らの手で公的事柄を決定する主体であると考え、われわれの社会生活を規律する法的枠組みの創設や運営に加わっているとみなすことになる。こうして法的枠組みは、市民社会におけるさまざまな共同体を通して、そして共同体において行われる教育を通して、「公共的」なものとして一般市民の側から受けいれられるようになる。すなわち、法的枠組みの公共的正統性が、「公共性の教育プロセス」としての政治によってもたらされる、というわけである。

四　徳性-陶冶型共和主義の隘路　公／私分離の放置・追認

陶冶プロジェクト：検討

以上のサンデルの「陶冶プロジェクト」にみられるように、徳性-陶冶型共和主義は、公民的徳性を陶冶することによって、リベラリズムの公／私分離を克服し、自己統治としての自由を実現し、法の公共的正統性をもたらそうとしている。それは、一般市民を教育することに適した場として、市民社会におけるさまざまな共同体にもとづいている。この節では、徳性-陶治型共和主義が、公民的徳性を陶治する政治の営みによって、公的なものと私的なものを結びつけることに成功しているのかどうか、そしてそれによって自己統治としての自由を実現し、法の公共的正統性をもたらす適切な政治モデルを示しているのかどうかを、「陶治プロジェクト」を題材にして、検討していくことにする。

共同体を無批判的に前提にしている

サンデルの「陶治プロジェクト」は、自己統治回復の道徳的条件――徳性の陶治――を満たすために、市民社会の諸制度にもとづく「地方分権型」の連邦制の構想を示した。この構想においては、公-私を結びつける要として、また自己統治を回復し、法の公共的正統性をもたらすものとして、共同体の政治にすべての期待がかけられている。共同体の構成員たちにアイデンティティを与え、徳性を涵養し、堕落した私人を公民に生まれ変わらせ、公的役割の担い手に仕立てあげるのは、小規模な共同体への政治的かかわりを通すより他はない。個々の特殊共同体が、このような教育の役割に適しているのか、あるいは共同体の構成員たちを平等に扱っているのか、などを問うことはない。共同体の政治に絶対的な信頼が置かれているのである。

このように「陶治プロジェクト」において、市民社会におけるさまざまな共同体は、いわば無批判的に前提にされている。それは、たとえある共同体が正義に反しているとしても、その共同体の固有の性格を問いただすようなことをいっさいしない。(42) もちろん共同体のなかには、慈善団体や市民運動など、良心的で健全な性格をもつものも多いだろう。しかし必ずしもすべての共同体が、正義や、あるいは共通の善を志向するとは限らない。共同体は、共通の善を追求しようとしても、しかしその構成員たちに相互に矛盾する要求を課すこともありうる。あるいは、共同体はそもそも善なるものを実現しようとさえしないこともありうる。すなわち「共同体に訴える場合、それが一つの善に訴えているという保障はないし、特殊な共同体が善を具現するという保障さえまったくない[43]」のである。

それどころか、共同体自らが、その構成員たちに弊害をもたらす場合さえあるだろう。連帯や共同体に伴う暗黒の面、すなわち内部の構成員に対する強制や抑圧の例をあげればきりがない[44]。よく知られた例では、女性差別的な慣習や家父長的な伝統をもつ民族集団[45]、あるいは家庭内暴力や幼児虐待などの問題を抱える家族がそれに当たるだろう。サンデルは、伝統的な家族像を感傷的に擁護しているが、その抑圧的な性格をまったく見過ごしており[46]、共同体がその構成員の自由や権利を侵害する危険を無視している。

法的制約を欠いている

したがって「陶冶プロジェクト」は、さまざまな共同体が暴力的・抑圧的になることを抑止しないために、共同体がその構成員たちの個人の自由を侵害することを許容してしまうかもしれない。というのもそれは、個人の自由が共同体の政治によって侵害されることを、正義や法の制約によって防ごうとする観点をそもそも欠いているからである。

言い換えれば、「陶冶プロジェクト」は、二つの自由のうち、一方の自己統治としての自由を再現することに関心をもつあまり、他方の個人の自由を傷つきやすいままにしている。それは、個人の私的領域が公権力の介入から守られていること、すなわち公／私分離を一つの原理として前提にしておらず、むしろ私人を公民になるよう教育することに、そのような形で公／私分離を克服することにのみ関心をもっているからである。それは、共同体の政治によって、自己統治としての自由を再生することを目指しながら、法的枠組みによって、個人の自由を保障しておくことを前提にしていない。共同体の政治は、ある特定の公民的徳性を理想とし、ある善き生を営むことしか認めず、個人が自由に善き生を営むことを原理的に排除してしまうかもしれない。このようにある一つの理想的な善き生だけを押しつける政治のもとでは、個人は、たとえ法的枠組みを自ら創設することができ、自己統治としての自由を再び獲得することができたとしても、自ら望むように善き生を営む自由を失うことになるであろう。

サンデルは、共同体の政治が、共通の善を追及するかぎり、個人の自由を侵害することはありえない、と素朴に考えているのであろうか。あるいは自己統治としての自由を実現すれば、その構成員たちは、たとえ個人の自由を失っても、それだけで十分に自由な生を営むことになるとでも考えているのであろうか。サンデルはこの点を明らかにしていない。しかし明らかなのは、「陶冶プロジェクト」において、政治プロセスを法的枠組みによって規律し、個人の自由を保障しておこうとする観点が最初から抜け落ちているということである。

もう一つの問題

さらに「陶冶プロジェクト」は、共同体の政治を無批判的に前提にすることから、もう一つの重大な問題をもつことになる。共同体のなかには、以上のように構成員たちの自由や権利を侵害するものもあれば、その構成員たちから自己統治の能力そのものを奪いさるものもある。後者のなかには、たとえばある宗教団体のように、構成員＝信者たちを外界から隔離し、自称「正統な」教義を押しつけて、構成員たちの活力とコミットメントを可能なかぎり吸収しようとする閉鎖的な共同体がある。(47)

一例として、アーミッシュの宗教共同体について考えてみよう。(48)アーミッシュ系の両親は、その児童たちが一定年齢になれば、児童たちに自分たちの宗教上の世界観や価値観を教えるために、公立学校への通学をやめさせ、独自のカリキュラムによる教育を施すことを認められている。これ自体は信教の自由によって認められるが、問題は、このようにアーミッシュの独自の宗教教育によって育てられた児童が、アーミッシュ共同体へのコミットメントを超えて、より広域の政治的共同体へのコミットメントをもつことができるかどうかにある。外界について十分な知識ももたない児童が成人になったときに、外部の他の人々に対する共感をもち、公民的徳性を備えていることができるだろうか。「貪欲な共同体の成員は、政治的共同体に周縁的にしか興味がないので、善き市民を育成しない。彼らの共通善の感覚は、国家のメンバーシップや国家への忠誠によってではなく、たいていは宗教的信仰によって決定される。彼らのなかには、国家と同じくらい世俗的なものに忠誠を誓うことを、原理上、拒否するものがいる」(49)と言われることがある。

こうした共同体は、確かに、その構成員たちにアイデンティティを与え、ある種の徳性や気質を養うかもしれない。しかしそれは、その共同体に属していない見ず知らずの他人や、政治共同体における他の一般市民たちと共通のアイデンティティをもたせたり、公民的徳性や公共心を生みだすことはできない。

共同体に埋没させてしまう

さらに共同体の教育は、公民的徳性やより広範なアイデンティティをもたせるどころか、むしろその逆に作用することもありえる。一般に、共同体は、その構成員たちによって強く結びつけられ、一体の人格としてみられ、実体化されればされるほど、その構成員たちに対して忠誠の要求をかぎりなく高め、それぞれの構成員が自分の属する共同体を超えて、他の一般市民たちに開かれた共通の感覚をもつ動機をなくしてしまうであろう。こうした共同体が問題であるのは、それが構成員たちに最大限の忠誠を求めるために、その共同体を超えて、他の共同体の構成員との共感を抱いたり、あるいはより広く政治共同体における共通の善に関心をもつ余裕を奪ってしまうことにある。残念なことに、共同体が教育熱心であればあるほど、またその構成員の忠誠が強ければ強いほど、より広く公共性に向かう気質は、むしろ減っていく傾向にあると言える[50]。

これは、ルソーの逆説を皮肉にもくつがえすものである。先述したように、共同体の規模と参加の意欲とのあいだには反比例の関係がある、とルソーは考えていた。すなわち、共同体の規模が大きければ大きいほど、共通の事柄に関心をもって、政治に参加する意欲は減っていく。この定式をそのまま反転させれば、共同体の規模が小さくなれば小さくなるほど、その構成員の当事者感覚はより強まるということになるだろう。しかし実際は、小規模な共同体が、熱心に濃密な人格教育を行えば行うほど、他の共同体の構成員と共通感覚をもち、政治共同体のアイデンティティをもつ傾向を失わせてしまうかもしれない。すなわち、共同体の規模が小さくなればなるほど、一般市民の参加意欲を高めるどころか、その構成員たちを共同体のなかに狭く埋没させてしまうことになるのである。

また、サンデル自身が依拠するトクヴィルでさえ、市民社会における共同体が、それ自体の機能だけで、公共心を生じることができると考えていなかった[51]。公共心は、自らの共同体に対してもつ忠誠心を超えて、他の共同体に属している構成員たちとの共通感覚をもたなければ生じえない。市民社会の諸制度は、一般市民に身近な人たちとの連帯や共感を植えつけることに成功しても、それぞれの共同体を超えて、たとえば教義的に対立する他の宗派や、まったく異質な文化的集団と共有できるアイデンティティを抱かせることに失敗するならば、公共性に向かう気質を失わせてしまうかもしれない。

公共性教育に失敗する

むしろ共同体は、それぞれの構成員たちをもっと無責任な人にしてしまうかもしれない[52]。共同体と一体化した構成員たちは、個人として責任を問われにくいため、むしろ市民として責任ある行動をする気持ちを失い、無責任の体質を強めてしまうかもしれない。市民社会における共同体そのものは、必ずしも一般市民たちに共通善の実感をもたせることができるわけではない[53]。結局のところ、小規模な共同体は、その構成員たちにアイデンティティや徳性を育むとしても、政治共同体において共通する事柄を一般市民たちが自ら決定するという、自己統治としての自由をなくしてしまうことにもなりかねないのである。

この点にかんして、サンデルは「地域的な連帯は、最良の状態になれば、その限界を超えて、われわれに共通する人間性の地平を含む、より広い道徳的関心の地平へといたるだろう」としている。国家や国際機構による「上から」の押しつけ的教育ではなく、小規模な特殊共同体による「下から」の教育であれば、一般市民の気質は、無限に公共性に向かいうるであろうとでも言うのであろうか。しかし問題は、どのようにしてその「最良の状態」をもたらすかであり、どのような措置や制度が公民的徳性や公共性資質を育むかである。サンデルは、地域的な連帯関係が、いずれ人類への共感を生みだすだろうという希望的観測しか述べておらず、それがいかなるプロセスを通して生みだすにいたるのかについて、何ら擁護も説明もしてない。これは、一般市民に公共性を教育する政治のプロセスが、「陶冶プロジェクト」には十分に含まれていないことを示している。「陶冶プロジェクト」は、市民社会の諸制度において養われる徳性や資質が、何の説明もなく、そのまま政治的義務に直結することを仮定しているだけであり、一般市民に政治的義務を生みだすまでのプロセスについての考察を完全に欠落している。この仮定は、サンデルの憶測・予断でしかないのである。

経済的条件を軽視している

この憶測と予断がもたらす最大の弊害は、現状の国家による主権や公的機能の独占を、何の民主的チェックのないままに放置・黙認してしまうことにある。ここでもう一度、「陶冶プロジェクト」の自己統治回復の条件とその制度構想との関連に戻ってみよう。サンデルの連邦制構想は、道徳的諸条件の実現には大きな関心をもつものの、経済的諸条件の実現については比較的に無頓着なところがある。あたかも道徳的条件の実現の方が先決であり、それが実現された暁には、経済的条件もまたそのうち満たされるであろうかのように扱われている。ところが現代社会において自己統治を再興するためには、経済的諸条件そのものもまた、緊急に対処しなければならない重大な課題であろう。

サンデルがあげている経済的条件のうち、地域経済（④）は、たとえ活性化されたとしても、やはりそれ自体は脆弱な基盤にすぎない。とりわけ、国境を越えて進入してくる多国籍企業などの巨大な市場勢力やグローバル経済が、一般市民の属する共同体を弱体化・無力化し、一般市民の住まう共同社会を根底から破壊している現代においては、それは否定できないであろう。一般市民たちがそれらの侵入と支配に無防備に晒《さら》されることを防ぐためには、それらに対抗することのできる民主的に結集した政治的権力がなければならないだろう。

また、富裕層と貧困層が社会的に分断される傾向を止める必要がある（⑤）ならば、富裕層も貧困層も等しく交流することのできる階級混同制度を設立する（⑥）以前に、社会における極端な不平等を一定程度に抑え、ある程度の再分配的な政策や措置を講じることは避けられないであろう[54]。そして、大規模な所得の再分配が避けられないならば、幅広い階層から強制的に税を徴収し、巨額の財源を蓄えておくこともまた、欠かすことができないであろう。

これらの再配分や課税などの公的機能は、従来、国家によって担われてきた[55]。その意味では、国家は、市民社会が適切な役割を果たすための背景的な枠組みを形成するものである。実際のところ、圧倒的な市場勢力をコントロールし、背景的な分配の問題を扱う能力は、必ずしも国家に限らなくても、「中央集権型モデル」の連邦制[56]か、あるいは必要ならば、「国家連合モデル」の連邦制[57]によって担われることになるだろう。それらに対処できる能力は、「陶冶プロジェクト」が依拠する「地方分権型モデル」の連邦制にはないし、もちろん、市民社会における諸制度そのものにもない。[58]

つまり、「陶冶プロジェクト」は、これら経済的諸条件にみられるような、従来国家が独占してきた主権や公的機能を、国家に代わって担えるような制度的仕組みをもちあわせていない。サンデルは、たんに主権を「下に」おろすことを主張するばかりで、従来国家が担ってきた公的役割に代わりえる制度的主体を提示していない。それは、国家による現状の主権独占を少なくとも相対化し、現行の公的機能を民主的にチェックしうるような政治のあり方を示していないのである。

棲み分け的政治を招来する

「陶冶プロジェクト」は、このように共同体による市民教育を強調するばかりで、公的なものと私的なものとを結びつける適切な政治モデルを欠いている。それは、結局のところ、「棲み分け的な政治」を招来してしまうことになるであろう。「棲み分け的な政治」とは、地方分権などによってそれぞれの地域に一定の政治的決定を認めながらも、地方レベルでの政治的決定と国家レベルでの政治的決定を両立させておくことによって、国家が主権や公的機能を独占することをそのまま認め、国家優位の公共性の階層を固定化してしまうような政治のあり方である。[59]

もちろん「棲み分け的な政治」は、市民社会におけるさまざまな共同体が、その構成員たちに徳性を陶冶することを否定しない。ただし、そうしたことは、現実の国家の制度圏に属する領域の範囲外でのみ、あるいは国家と市民社会、制度圏と非制度権の現状の区別を是認するかぎりでのみ、認められるにすぎない。それは、たとえ小規模な共同体において連帯や共感を養うことができるにしても、全体としての政治社会において共通のアイデンティティを確立したり、すべての一般市民に公民的徳性を陶冶することにはつながらないのである。

「公共性」の意味をすり替えている

このように共同体の特権化が「棲み分け的な政治」を招来してしまうのは、市民社会における共同体がもつ独特の性質による。共同体が目を向けているのは、それぞれの内部でのみ共通に受けいれられる共通の善であり、国家の諸機関――司法、立法、行政――が担っている公的役割ではない。たとえば宗教団体は、それぞれの教義にもとづく儀式の実践や布教活動などを目的としているのであって、これらの国家の諸機関が狙っている機能を果たすのではない。市民社会における共同体は、人々が集って、自分たちだけに関係する事柄を決定するという意味では「公共的（public）」であると言えるかもしれない。しかしそれは、国家の実力行使を背景にした権力の性格という意味で「公的（public）」であるわけではない。つまり、市民社会における共同体は、public とは言っても、「共通」「共同」「連帯的」「関係的」などといった意味で「公共的」であるかもしれないが、「公式的」「権威的」「国家的」などといった意味で「公的」であるわけではないのである。(60)

もちろん、サンデルは、この後者の意味で「公的」という語を用いていないわけではない。むしろ、そうした意味での「公的」なものを私的なものと結合することが、共和主義者サンデルの当初の関心であったはずである。それは、以下の言述をみても明らかである。すなわち、サンデルは、市民社会における小規模な共同体に基礎をおく「地域主義」に共感を覚えるとしながらも、それには一定の留保が必要であり、政治的共同体が総体として自己の運命を規律する何らかの有効なコントロールをもつ必要がある、と述べている。(61) ここで「政治的共同体が総体として自己の運命を規律する」というのは、明らかに「国家的」な公共性の次元を想起させるものである。サンデルにとって、現代社会において自己統治を再興するためには、かつての都市国家のように同胞市民たちが直接かかわりあえる場での公共性をもたらすだけでは十分でなく、異質な他者をも大勢抱えた、価値多元的で大規模な社会での公共性をもたらさなければならない。サンデルがリベラリズムの公／私分離を克服しようとしたとき、孤立した個人を――「私的なもの」――をつなぎとめようとしたのは、やはりこのレベルでの「公共性」であったであろう。

まさにこの点に、「陶冶プロジェクト」の致命的な誤謬があると思われる。それは、「公的なもの」をわれわれの手中に取りもどそうとしながら、「国家的」公共性を、いつのまにか「市民社会的」公共性にすり替えてしまっている、ということである。市民社会における共同体は、その構成員たちの善き生を規律することができるとしても、その共同体を超えたところにある、政治共同体の共通の事柄を決定する権限をもつわけではない。にもかかわらず、サンデルは、「市民社会的」公共性を、孤立した個人――「私的なもの」――に結合したことをもって、「国家的」公共性と「私的なもの」とを結びつけることに成功したと述べている。これは、public や publicity という多義的な語を用いた――ひょっとすると意図的な――ごまかしであるのかもしれない。

公／私分離の放置・追認

言い換えれば、先述の「棲み分け的な政治」とは、すなわち公／私分離の別の形の現れなのである。サンデルが期待するように、市民社会における共同体は、その構成員たる個人と、公権力を担う国家とのあいだ、すなわち、純粋に「私的なもの」と「公的なもの」のあいだにある中間的な制度であって、私人が公民となり、自己統治を実現するために必要な重要な一ステップではあろう。しかし「陶冶プロジェクト」は、この中間的な場において実現される公共性を、「国家的」公共性と同一視してしまうことで、当初の目的であった公私の結合に失敗している。言い換えれば、それは、「市民社会的」公共性と私的なものとを結びつけることに満足して、「国家的」公共性と私的なものとを結びつけることを忘れている。それは、われわれの社会生活を規律する法的枠組みが、どの制度的仕組みによって創設されるのか、どのように民主的にチェックされるのか、どのようなプロセスを通して正統化されるのかなど、「国家的」公共性が一般市民とのかかわりでどのようにあるべきかという問いを視野に入れていない。

「陶冶プロジェクト」は、その結果、国家的公共性／それ以外という区別をそのままにしてしまっている。これは、皮肉なパラドクスである。「陶冶プロジェクト」は、リベラリズムの公／私分離を克服しようとして、公／私分離の現状の形態を放置してしまっているからである。

以上に見られるように、「陶冶プロジェクト」の問題は、共同体の政治によって、私人を「公民」になるよう教育し、個人の内面において公私乖離の感覚を解消させようとしながら、実際には「市民社会的」公共性と私的なものとを結合するにとどまっており、「国家的」公共性と私的なものとを結びつけるにいたっていないことにある。「陶冶プロジェクト」は、リベラリズムの公／私分離を克服しようとしながら、実際には、国家／市民社会、制度圏／非制度圏などの形で、公／私分離のある特定の形態を放置することになる。それは、「国家的」公共性がどのようにして私的なものの領域から生じてくるのか、というような政治プロセスを示すことができない。それは、そのかぎりで、公／私分離の所与性を、リベラリズムのように擁護することはないにせよ、結局は間接的な形で追認しているわけである。

徳性-陶冶型共和主義の隘路

「陶冶プロジェクト」に見られるように、徳性-陶冶型共和主義は、しばしば共同体の政治を「公共性の教育プロセス」として位置づけている。ここでは政治は、市民社会における小規模な共同体において、アイデンティティや徳性を養う役割が担わされている。しかしそれは、この教育の役割を共同体に一任しているために、多くの問題を抱えることになる。一つは、それが、自己統治としての自由を政治を通して実現することにのみ関心をもつために、個人の自由を法的に保障するという観点を落としてしまうこと。またそれが、小規模な共同体における連帯や共感を育むものの、政治的共同体に共通するアイデンティティや公民的徳性を養うことができないこと。そしてそのために、公的なものと私的なものとを結びつけることができず、結局は公／私分離のある特定の形態を放置・追認してしまうこと、である。

このように徳性-陶冶型共和主義は、共同体の政治を「公共性の教育プロセス」として評価しているために、「公的なもの」を「われわれ」の手中に再び収めることに失敗している。それは、孤立した個人を質・量ともに拡充することを主眼においているが、そうした個人が「公的なもの」をどのような政治プロセスを通して担うことができるのかについて、根本的に説明を欠いている。「公共性の教育プロセス」としての政治は、自己統治の感覚を仮想的に与えることができるとしても、現実に自己統治を実現することはできない。それはまた、われわれの社会生活を規律する法的枠組みが公共的正統性をもつと、どのような仕方で一般市民の側から認められるのかを説明することができないのである。

「法の公共的正統性」の問題

以上の議論を、本書の冒頭で示した「法の公共的正統性」の問題にかんして要約すれば、次のようになるであろう。この問題を、もう一度想起しておこう。

> 現存する法的枠組みが一般市民の側からつねに受容可能なものとしてみなされるには、いかなる政治的な営みを通して可能となるのか。どのような一般市民の政治的なかかわりが、法的枠組みの公共的正統性を永続的・恒常的に維持・保障することができるのか。

徳性-陶冶型共和主義は、自己統治としての自由を再興するために、孤立した個人に「われわれ」という集団的アイデンティティを与え、公民的徳性を備えさせようとする。それによって個人は、「われわれ」として、そして公民として、すでに失った「公的なもの」を再び手中に収めることができる、と。すなわち徳性-陶冶型共和主義は、共同体の政治によって、孤立した私人を教育し、公民に生まれ変わらせようとする。それは、「公共性の教育プロセス」としての政治を通して、リベラリズムの公／私の分離を克服し、公的なものと私的なものとを結びつけようとするのである。

しかし徳性-陶冶型共和主義は、個人の内面において公私乖離の感覚を埋め合わせようとすることから、法的枠組みを自ら創設し、あるいは公共的に正統なものとして受けいれるような、政治モデルをもちあわせていない。それは結局、現行の法的枠組みをそのまま所与として、われわれの手の届かないところに置いたままにしてしまう。われわれは、たとえ共同体によってアイデンティティを得て、徳性を備えることができたとしても、依然として法的枠組みをわれわれの手によるものとして受けいれることはないであろう。このように徳性-陶冶型共和主義は、公的なものと私的なものとを結びつける適切な政治モデルをもたないのである。

要するに、徳性-陶冶型共和主義は、自己統治としての自由を実現し、法の公共的正統性をもたらす適切な政治モデルを示してはいないために、「法の公共的正統性」の問題を解決することはできないのである。この徳性-陶冶型共和主義の難点は、さかのぼればリベラリズムの孤立した自我にこそ問題があると考え、孤立した自我に徳性を陶冶することによって、この問題を克服しようとした共同体論の診断と処方に由来しているように思われる。

小括

この節では、次のことを確認しておきたい。すなわち、共同体論によって受けいれられてきた共和主義の類型——徳性-陶冶型共和主義——は、リベラリズムの公／私分離を克服しようとしながら、結局は克服することはできない。それは、現代共和主義の一つのあり方として、公私の結合をめざしながら、それに成功してはいない。それは、公的なものと私的なものとの乖離の感覚を、徳性の陶冶という政治によって解消することを求めているだけであって、公的なものが私的なものの領域からどのような政治プロセスを通して生成していくのかについて説明をしていない。それは「われわれ」が「公的なもの」を取りもどすという自己統治としての自由を現代社会において再興することに失敗している。それは、法の公共的正統性をもたらすような政治モデルを示すことができていない。「法の公共的正統性」の問題を解決することは、このような類型の共和主義ではできない、ということである。

第四章　審議-参加型共和主義の可能性

一　審議-参加型共和主義の戦略　「公共性の再構成プロセス」としての政治

もう一つの共和主義の道

繰りかえして述べるように、現代の共和主義は、公/私分離をいかに克服するかに大きな関心をもっている。公/私分離は、現実の自由民主主義社会に厳として存在し、公共哲学としてのリベラリズムによって擁護されてきた。この公/私分離をどのようにして克服するか、公と私とを結びつけ、公と私のあいだにある乖離の感覚を埋め合わすことができるかという問いこそが、現代共和主義の主たる関心である。本書の問題関心からすれば、この問いは、所与の法的枠組みが、どのような仕方で「私的」領域にいるわれわれの側から「公共的」なものとして受けいれられるようになるか、という「法の公共的正統性」の問題となる。この問題に一つの解決を与えようとする立場が、現代共和主義なのである。

もちろん現代共和主義は、こうした問題に取り組むために、さまざまなアプローチを取ることができるであろう。たとえば、前章でみてきた徳性-陶冶型共和主義のように、アイデンティティの育成や徳性の陶冶によって、いわば公的枠組みと私人との乖離の感覚を個人の内面において解消することができる。すなわち、小規模な共同体のなかで一般市民を教育することによって、「われわれ」という集合的アイデンティティの範囲を拡大すること、あるいは個人に公民的徳性を涵養することによって、過去の法の創設者たちや現在の公職者たちをも「われわれ」のうちに含め、法的枠組みを支えることのできる一般市民の気質や徳性を育むことが、一つの道である。しかしこれは、前章で検討してきたように、必ずしも成功を約束されたアプローチではありえない。こうしたアプローチとは異なる道もまた考えられるのである。

しかしそれはまた困難な道でもある。ここまで検討してきたように、「法の公共的正統性」の問題に解答を与えるためには、克服されるべきいくつかの障害がある。

一方で、まず大前提として、リベラリズムとともに、個人の自由を最大限に尊重するために、私的領域を公権力の介入から保護しなければならない。しかしまた同時に、法的枠組みを一般市民のコントロールから離れたところに置いてはならない。すなわち、ある特定の公／私分離の形態を所与としたうえで、一般市民たちが自分たちの社会生活を規律する法的枠組みを自ら取りきめ、それを通して自己統治としての自由を実現することを妨げてはならない。

他方で、徳性-陶冶型共和主義と同じように、公私を適切に結びつけ、自己統治としての自由を実現することのできる、適切な政治のモデルを見出さなければならない。ところがそれと同時に、その政治は、公と私との乖離の感覚を個人の内面において埋め合わすことによって、公／私分離のある特定の形態を結果として放置・追認することになってはならない。

このように、リベラリズムの公／私分離の所与性を避けつつ、それと同時に徳性‐陶冶型共和主義の隘路に陥らない形で、公私を適切に結びつける政治のあり方を見出すという、困難な道のりを歩まなければならないのである。

審議的政治：公共性の再構成プロセス

しかし現代共和主義は、このような困難な道を切り開く手がかりとなりうるであろう。それは、政治の役割を、アイデンティティの育成や徳性の陶冶ばかりではなく、審議的なもの、つまり対話やコミュニケーションの営みとして、そして参加的なもの、つまりその審議へ一般市民が積極的に参加する活動として捉えることができる。それは、とりわけ「私的なもの」と「公的なもの」との関係を抜本的に捉え直し、「公共性」ないし「公共的正統性」をもたらす審議的プロセスとして、政治を評価することができるのである。(1)

もしこのように政治が、共通の事柄について決定をし、公共的正統性をもたらすプロセスとして評価されているのならば、法的枠組みは、この審議的政治の産物とみなされるかぎりで、参加者市民の視点から「公共的」なものとして承認され受容されることになるであろう。審議‐参加型共和主義は、政治を審議プロセスと評価することによって一般市民が法的枠組みを「公共的なもの」として受けいれる契機をもたらすのである。このような審議‐参加型共和主義の政治観を、多少なりとも積極的に特徴づけをするならば、次のようになろう。すなわち審議‐参加型共和主義は、政治を「公共性の教育プロセス」としてではなく、「公共性の再構成プロセス」として評価している、ということである。(2)

公共性の再構成プロセスとは

では、審議‐参加型共和主義の政治が「公共性の再構成プロセス」であるということは、どのような意味であろうか。ここで説明のために、政治的審議が公と私とを結びつける仕方に二つの方法があるとしよう。一つは、公／私分離を原理的な前提としたうえで、それに照らして、公／私分離の現実の形態適・不適を検討し、それらのあいだの適切な関係を設定するような仕方がある。この場合、政治的審議は、公と私とを再結合する方法である。[3]他方で、公／私分離を原理的に放棄したうえで、あるいはそれをはじめからないものと仮定したうえで、公的領域と私的領域とが厳密に分けられていない状況から、公的なものを根底から生成する――この場合、「公的なもの」「私的なもの」のいずれも実体的であるとは捉えられていない――ような仕方である。この場合、政治的審議は、公私の再結合方法ではなく、公共性を純粋に構成する方法である。[4]

このように公私結合に二つの方法があるとすれば、審議-参加型共和主義の政治は、いずれに分類されるであろうか。すなわちそれは、公私の再結合方法であると言えるのか、あるいは、公共性の構成方法であると言えるのか。やや逆説的な言い方をすれば、どちらでもないし、どちらでもあると言える。

一方で、審議-参加型共和主義の政治は、公私の再結合方法ではない。というのも、公私の再結合方法は、「公的なもの」と「私的なもの」とをいちおう実体的なものとして所与としたうえで、それらをもう一度結びつける方法であるが、政治的審議は、この公／私分離を実体的な与件とはしないからである。また他方で、政治的審議は公的なものの純粋な構成方法でもない。というのも、公共性の構成方法は、公私区分のないカオス的状況から公共性を抽出する方法であるが、政治的審議は、公的領域と私的領域が完全に未分離の状況から、法的枠組みを一から組み立てる手段としては有効ではないからである。[5]

しかしそれゆえに、政治的審議は公私の再結合方法でもある。というのも、それは、純粋に公私未分離の状況を想定しておらず、つねにすでにそこにある公／私分離を暫定的な所与――実体的な与件ではなく――としながら、その現実の形態を別の形で結びつける手段であるからである。また同時に、政治的審議は公共性の構成方法でもある。というのも、それは、純粋な形で公共性を一から抽出するのではないとしても、公／私分離の現実の形態をいったん括弧に入れたうえで、あたかもそれを存在しないものとして扱うかのように改めて公共性を構成し続ける手段であるからである。

こうした逆説的な意味で、審議-参加型共和主義において、政治は「公共性の再構成プロセス」――公私の再結合プロセスであると同時に、公共性の構成プロセスでもある――なのである。これを要約して言えば、政治的審議は、つねにすでにそこにある公／私分離の具体的形態を、実体的な所与とせずに暫定的に前提としながら、何度も問いなおすことによって組みかえ、批判的に再考し続ける手段である。

したがってそれは、厳密に言えば、公共性の構成方法であるかのような公私の再結合方法である。すなわち、それは、ある特定の公／私分離の形態が現実に存在していることを承認しつつ、あたかもそれがあらかじめ存在しないかのように、つまり、公／私分離の具体的形態を一度括弧にくくったうえで、現存の公的である（とされている）法的枠組みの「公共性」を、何度も問いなおすプロセスである。言い換えれば、この政治は、公／私分離を理念として前提にしたうえで、それに照らして、つねにすでにそこにある公的である（とされている）ものを、一般市民の側から「公共的なもの」として受けいれられるかどうかを繰りかえしチェックすることのできる営みとして捉えられているのである。[6]

リベラリズムと共同体論との対立を超えて

もちろん、このように政治が「公共性の再構成プロセス」として捉えられることには重要な意味がある。というのも、審議-参加型共和主義は、「公共性の再構成プロセス」として政治を捉えることによって、リベラリズムの公／私分離のメリットを評価しつつ、その問題性を克服するとともに、徳性-陶冶型共和主義と同じ問題関心を共有しつつ、そのパラドクスを回避することができるからである。

一方で、審議-参加型共和主義は、リベラリズムとともに、個人の自由を保障するために、公/私分離を原理として承認する。審議-参加型共和主義は、公/私分離の原理が、個人の自由にとって重要な意義をもつことを認めている。ただしそれは、リベラリズムに反して、公/私分離のある特定の形態を所与としない。というのも、それは、よりラディカルに、公/私分離の境界区分の具体的なあり方を根底から問いなおすからである。それは、法的枠組みの公共的正統性を何度でも問いかえすことのできる回路として、政治というものを捉えるのである。(7)

他方で、審議-参加型共和主義は、徳性-陶冶型共和主義とともに、公/私分離を克服し、自己統治としての自由を再興しようとする問題関心を共有する。それは、法的枠組みをわれわれのコントロールのもとに置くことによって、現代社会において自分たちが自分自身を統御することのできる力を再び取りもどすことをめざしている。ただしそれは、徳性-陶冶型共和主義のそれとは異なる政治的回路によって、公/私分離の特定の形態を放置・追認することなく、公と私とを適切な形で結びつけることができる。すなわちそれは、公/私分離の感覚を個人の内面において解消することではなく、現実に公/私分離の境界区分の具体的なあり方を再構成することが、政治の役割であると考えるのである。(8)

すなわち、審議-参加型共和主義は、政治的審議を「公共性の再構成プロセス」として捉えることによって、公/私分離の原理に照らして、公/私分離の具体的なあり方を根源的に問いなおす。そしてそれは、法的枠組みを、一般市民から疎遠なものとしてではなく、一般市民が自ら主体的なかかわりを通して、受けいれるものとして描き出すのである。いかにして法の公共的正統性をもたらすか、そしてどのようにして個人の自由と自己統治としての自由とを同時に実現するかという問いは、このような審議-参加型共和主義の政治によって答えられるように思われる。

では審議-参加型共和主義は、以上のような政治が、どのようにして法の公共的正統性をもたらし、二つの自由の両立を可能にするというのであろうか。すなわちそれは、どのようにして政治的審議が法的枠組みにかかわる仕方を描き出し、個人の自由と自己統治としての自由を同時に実現しようというのであろうか。

このような関心を共有する論者はけっして多くはないが、米国の憲法学者・法哲学者のフランク・マイケルマン、そして独国の社会学者・哲学者のユルゲン・ハーバーマスは、このような関心をはっきり抱いている数少ない論者である。マイケルマンは、共和主義的立憲主義の論者として知られているが、「個人の自由」を保障する立憲主義的な枠組みが、「自己統治としての自由」の実現をめざす共和主義の政治によっていかに擁護されるかに大きな関心をもっている。彼は、政治を対話やコミュニケーションの営みと捉え、その政治を法に結びつけることをめざしている。彼のこの発想は、審議-参加型共和主義の立場を最も鮮明に示しており、その政治観を表すために基本的な土台を与えてくれるであろう。またハーバーマスは、討議倫理学の論客として著名であるが、これまで主張してきたコミュニケーション的行為の理論をさらに発展させ、法や権利の体系を再構成する作業に取りくんでいる(9)。彼は、討議原理、法形式、民主主義的原理などの諸概念を用いて、権利体系と審議的政治とのかかわりを模索している。彼のこれにかんする豊かな叙述は、審議-参加型共和主義の構想を精緻化し、その政治観をより詳細に示すのに役に立つであろう。もともと彼らの思想的背景や理論的関心などは、必ずしも同一であるとは言えないかもしれないが、しかしマイケルマンもハーバーマスも、審議-参加型共和主義の論者として位置づけることができるであろう。

一　審議-参加型共和主義の戦略

†審議-参加型共和主義の代表者

Frank I. Michelman　現在、Rober Walmsley University Professor at Harvard University. 一九六一年から六二年にかけ、連邦最高裁にてブレナン裁判官のもとでロー・クラークを勤めた経歴をもつ。合衆国憲法は、共和主義の光に照らせばその姿を最もよく現すとする立憲主義的共和主義の立場にたち、ロバート・カヴァーの影響のもと、「仮想的代表」、「法生成的」政治、「法破壊的」職務などユニークな概念を示してきた法学者として知られる。マイケルマンは、憲法理論上の貢献を数多くあげており、厳密には政治哲学を専門とする学者ではないが、米国の近年の判例解釈を主な研究目的としつつ、その理論的背景として独自の共和主義的な政治哲学を提示している。著書に、***Brennan and Democracy***（Princeton University Press, 1999）があるが、最も著名なのは論文の Law's Republic, in 97 ***The Yale Law Journal***（1988）である。

Jürgen Habermas　一九二九年デュッセルドルフ生まれ。フランクフルト学派の第二世代と呼ばれ、「コミュニケーション論的転回」という新境地を開いたことで知られる。ポパー、ガダマー、ルーマン、デリダらとの論争を繰り広げたほか、現実の政治や戦争などにかんしてジャーナリズムの領域でも積極的な発言をするなど、幅広い領域で活動を続けている。著書をあげればきりがないが、邦訳されている著作として、細谷貞雄・山田正行訳『公共性の構造転換　市民社会の一カテゴリーについての探求〔第二版〕』（未来社、一九九四年）、丸山高司他多数訳『コミュニケーション的行為の理論』（未来社、（上）一九八五年、（中）一九八六年、（下）一九八七年）、河上倫逸・耳野健一訳『事実性と妥当性――法と民主的法治国家の討議理論にかんする研究』（未来社、（上）二〇〇二年、（下）二〇〇三年）は外すことができない。

　確かにマイケルマンとハーバーマスは、必ずしも思想的に同一の立場にいるとは考えられていない。しかしながら、ここで彼ら二人を選びだして、一つの地平を与えようとすることは、けっして恣意的な試みではない。後述するように、マイケルマンとハーバーマスは、ともに政治を、対話やコミュニケーションの過程として捉え、『公共性の再構成プロセス」として評価している点では共通しているように思われる。また、マイケルマンの着想は、ハーバーマスの難解な議論を理解するための導きの糸となるとともに、ハーバーマスの詳細な論述は、マイケルマンのやや粗雑な着想をより明確にし、詳述する役に立つであろう。彼ら二人の議論を結びつければ、審議-参加型共和主義の骨格を明らかにし、法の公共的正統性をもたらす政治のモデルを見出すことができるように思われるのである。

そこで本章では、マイケルマン理論とハーバーマス理論を接合することを通して、審議-参加型共和主義の政治観を詳しく説明し、この審議-参加型共和主義の視点から、法の公共的正統性をもたらす政治のモデルを見出すことにする。まずこの作業の前段階として、マイケルマンとハーバーマスが、それぞれどのような形で影響を与えあい、共通の観点をもっているかについて確認する（第二節）。次に、マイケルマンの理論を題材にして、審議-参加型共和主義の基本構想を浮きぼりにしてみる。そしてそのうえで、このマイケルマンの基本構想に残されている、あいまいな点を指摘する（第三節）。そして、この基本構想を軸にして、ハーバーマスの理論を導入してみる。ハーバーマスの理論を用いて、マイケルマンの理論を補完・精緻化することで、両者の理論を接合し、法の公共的正統性をもたらす政治モデルを示すことにする（第四節）。

二　マイケルマン＝ハーバーマス法理論　審議-参加型共和主義の道

マイケルマンとハーバーマス

マイケルマンとハーバーマス[10]とは、そもそも問題関心を異にしているため、二人の理論を接合しようとする試みは、やや突飛な印象を与えるかもしれない。マイケルマンのような米国の建国期の記憶や歴史的背景に依拠した合衆国憲法の共和主義的解釈と、ハーバーマスのようなコミュニケーション的合理性にもとづく討議理論とでは、それぞれの思想史的背景や社会政治的事情などの点で、相互に異質であるようにみえるからである。ところが、これはたんなる印象にすぎない。未だに十分に知られていないように思われるが、以下でみるように、両者は実際に互いに好意的に引用しあっているのであって、両者のあいだには興味深い理論的交流がある。こうしたなかで、ハーバーマスもマイケルマンも、共通の理論的関心と問題意識をもち、相互の立場の類似性を認めあっているのである。

ハーバーマスのマイケルマン評

一方で、ハーバーマスは、マイケルマンを、最もよく引用する現代の思想家の数少ないなかでの一人としてあげている。これはリップ・サーヴィスであるとしても、マイケルマンがハーバーマスに審議的政治について非常に多くの事柄を教えてくれ、マイケルマンの業績を読むことで、ハーバーマスが従来主張してきた討議原理を、法や法形成――マイケルマンの言葉では「法生成」――に適用する勇気を得てきたと述べていること[11]にかんしては、あながち空世辞《からせじ》でもないように思われる。確かにハーバーマスは、一般的に、伝統的な共和主義に対してかなり批判的であり、討議理論は、公権力を憲法の制限に服しめることを重視しているのであって、共和主義のように「法治国家的憲法を二次的なものとして理解するわけではない」として、共和主義からはっきり袂を分かっている[12]。しかし、彼の立場は、合衆国憲法を共和主義的に理解しようとするマイケルマンの立憲主義とは本質的に親近性があるのであり、そして両者の立場は、とりわけ政治を審議的な営みとして捉える点で一致している。ハーバーマスは、自分自身、たとえマイケルマンが共和主義者であっても、マイケルマンと基本的な考えを共有しているのであって、「われわれのあいだにはか
なりの合意が存在する[13]」としている。

マイケルマンのハーバーマス評

他方、マイケルマンは、ハーバーマスが概して共和主義的な見解に批判的で、ハーバーマス自身の見解とマイケルマンのような共和主義的な見解を区別しようとするが、この区別はハーバーマスが設けているようなそのままの仕方では妥当ではない、としている。マイケルマンは、ハーバーマスが一般的に共和主義の思想を敵視しているが、しかしその共和主義の理解とそれに対する批判は自分の理論には当てはまらない、と述べている。要するに、マイケルマンは、自分の共和主義理論が、必ずしもハーバーマスが敵視する共和主義の陣営に入るわけではなく、ハーバーマスの理論と対立するわけではない、と主張しているのである。この点にかんして若干立ち入った検討を加えておこう。

ハーバーマスが敵視する共和主義はマイケルマンの立場とは異なる

マイケルマンによれば、ハーバーマスはそもそも共和主義の理論を、次のような形で理解している、という。すなわち、共和主義の理論は、第一に直接民主制的な見解であり、第二に例外主義的（exceptionalist）な見解であり、第三に倫理的共同体の合意モデルである、というのである。(14)

第一に、直接民主制的であるというのは、共和主義が、憲法を、過去の創設者が直接に制定したものであるか、あるいは直接に参加した痕跡を残すものとして捉えていることにある。すなわち法的枠組みは、一般市民たちから疎遠な人たちによって創設されたのではなく、たとえ自分たち自身ではなく過去の祖先たちによってであれ、アイデンティティを共有する自分たちの一員によって直接に創設されたものである、ということである。

第二に、例外主義的であるというのは、われわれが平時に目にしている政治は、たんなる私益の取引・交渉のプロセスであり、何ら公的な性格をもたない堕落した姿にすぎないのであって、こうした政治を矯すためには、平時の政治とは異なる、稀な時期にのみ発生する人民の政治的行為――すなわち憲法の創設行為――にまで立ち戻らなければならないと考えていることにある。[15]普段、よく見られる政治は本当の政治ではなく、本当の政治は過去のきわめて例外的な時期にのみ現れる、とするのである。

第三に、倫理共同体の合意モデルであるというのは、共同体のすべての構成員が共有できる、善き生についての実体的コンセンサスを前提にしているということである。第二の例外主義的な考え方の前提には、「統合化された共同体のエートス」なるものを想定せざるをえない。というのも、現在の多元的政治においては、一人一人の個人がその欲望の赴くまま野放しにされているが、こうした政治を根本から改めて、個人を公共心に溢れる市民に変貌させるには、過去に存在した道徳的習慣や倫理的雰囲気を復活させせなければならないからである。政治がその本来の姿を取りもどすためには、共同体のなかで伝統的に受けつがれてきた共通の善を基本にすえなければならない、とするのである。[16]

ところがマイケルマンによれば、以上の三つの性格は必ずしも共和主義固有のものではない、という。というのも、どのような社会を想定するにしても、以上のいずれの考えを取ることは、共和主義にとってあまり意味がないからである。たとえば、もし仮に社会が、共通善を中心に結びつき、厚い倫理的紐帯によって構成されているとするならば、わざわざ過去の直接参加の事実を想起させることは、すでに存在するコンセンサスを二重に確認するだけのことであり、無意味ではないにせよ余計なことである。逆に、根深い価値対立によって分裂した多元的社会を想定するならば――マイケルマンはむしろこちらの現状認識に立つが[17]――確かに過去の実体的コンセンサスは期待できないかもしれないが、わざわざこうしたコンセンサスを捏造するまでもなく、民主的な意思形成とそこから生じる法の妥当性を可能にするためには、ハーバーマスの主張するような権利[18]があれば、それだけで十分である、という。

実際、マイケルマンが立脚する「共和主義的立憲主義」の立場は、歴史や伝統によって受けつがれた共通善なるものを実体化し、政治参加を本質的な人間の善と考える「強い共和主義（strong republicanism）」から分離されることができると考えられている。[19] マイケルマンによれば、共和主義は「厚い実体的コンセンサスの観念に愛着をもっていることで非難されるべきでない[20]」のであって、ハーバーマスが示しているように、個人の基本的自由や権利を基盤にした共和主義の道もまたありうるのである。

このようにマイケルマンは、ハーバーマスが理解する共和主義が、実は古典的な共和主義の立場を意味しているのであり、自分が支持する現代の共和主義の立場とは異なることを強調しているのである。

ハーバーマスこそ共和主義者ではないか

また他方で、マイケルマンは、ハーバーマスが、共和主義を批判しながらも、実際には共和主義の重要な考え方を引きついでいることをも指摘している。

マイケルマンは、ハーバーマスがロールズとの論争[21]のなかで述べた言明に着目する。すなわちこの論争のなかで、ハーバーマスは、ロールズの「原初状態」は、市民たちからあまりにも多くの情報を奪うことになるので、「市民たちは原初状態に含まれたラディカル・デモクラシーの燃えさしに対して、自分たちの社会生活のなかで再点火することができない」のであって、「憲法をプロジェクトとしてみなすことができない[22]」と述べている。マイケルマンの見方では、ここでハーバーマスは、ロールズの憲法正当化論のなかにデモクラシーの要素が欠如していることを看破して、憲法そのものがダイナミックな対話やコミュニケーションの過程にあるという見方——「未完のプロジェクト」としての憲法観——を対置している、というのである。

マイケルマンによれば、ハーバーマスとロールズのあいだの相違は「焦点の違い」である。ハーバーマスは、ロールズのように個人の自己決定（自律）に焦点を当てるのではなく、一体としての人民による自己統治に関心を向けているのだ、と。[23] ハーバーマスの視点から見れば、ロールズは「個人の自由」の保障の方に焦点を当てすぎるために、憲法の正当化にあたってデモクラシーが果たす役割を見逃してしまっている。しかし法の正統性を考えるためには、審議的政治のもつ公共性の産出機能に目を向けなければならない。こうして、ハーバーマスの討議倫理は、デモクラシーを審議的政治の営みとして捉える点で、共和主義と「いくつかの家族的結びつきがあると認めている」のであり、より正確に言えば「弁証法的」に共和主義の構想を扱っているのだ、とマイケルマンは捉えているのである。[24] たとえ、審議的政治の理解の細部において見解が分かれるとしても、マイケルマン自身は、そうしたハーバーマスとの対立は、せいぜい「内輪喧嘩（Family Quarrel）」[25] でしかないと考えている。すなわち、マイケルマンからみれば、ハーバーマスは、ロールズに近い立場ではなく、むしろ自分に近い立場にいる、ということになるのである。[26]

審議-参加型共和主義の道

以上のように、マイケルマンとハーバーマスとは、それぞれの視点からは、同じような立場にいると映っているようである。しかし、それ以上に重要であるように思われるのは、マイケルマンとハーバーマスがともに、審議-参加型共和主義の入り組んだ道を歩んでいることにある。すなわち、二人とも、一方でリベラリズムの問題を避けつつ、その基本的理念を基礎にし、他方で共和主義の危険な側面をそぎ落としつつ、その思想的利点を生かそうとしているのである。すなわち両者とも、リベラリズムと従来の共和主義とを止揚《しよう》しえる、現代共和主義の一つの道を示そうとしているのである。

マイケルマンの道

マイケルマンによれば、リベラリズムと共和主義は、とりわけ「民主的政治をどのように捉えるか」について、それぞれ異なる見方をする対立的な立場として理解されてきたが、しかしこのような単純な二分法は端的に誤りである、という。一方で共和主義は、政治を審議プロセスとして扱うとされてきた。すなわち、共和主義においては、審議、すなわち対話やコミュニケーションは、自分たちが権利や権限において平等であると相互に承認する人たちのあいだで交わされるかぎり、公的決定や合意を生みだし、共通善を見出し、そして共同体の紐帯を強めるといったような役割を果たす、政治の本来的なあり方である、と。他方でリベラリズムは、政治をより戦略的プロセスとして扱う、とされてきた。すなわち、リベラリズムにおいては、各人が自己の私益の実現を求めて、他人と利益の調整、取引、交渉を行うことが、政治のあり方である、と。すなわち、共和主義とリベラリズムは、政治のあり方について対極的な見方をしているのであり、共和主義と言えば審議的政治、リベラリズムと言えば戦略的政治、という単純な二分法で理解されてきた、というのである。

ところがマイケルマンによれば、このような結びつきは、思想史的にはともかく[27]、少なくとも理論的には必然的なものではない、という[28]。すなわち共和主義と審議的政治、リベラリズムと戦略的政治は結びつけられがちだが、この結びつきは安易である。とくに権利という観点からみれば、リベラリズム、あるいはリベラルな立憲主義にとって、審議的政治は必ずしも異質であるわけではない。すなわち、法的枠組みによって保障される基本的自由や権利が、共通善と同系列に位置づけられる――共同体におけるすべての構成員から公共的な基盤として受けいれられる――こともないわけではない[29]。いずれにせよ、リベラリズムは、共和主義の政治によって見出される共通善の観念、あるいはそうした観念に類似したものを含んでいるのであって、共通目的によって社会を結束させるための手段として、審議の役割を評価することもありうる。すなわちリベラリズムは、確かに憲法的諸権利の実現のために戦略的政治に価値を置いているかもしれないが、しかしそうした同じ目的を実現するために審議的政治という手段を採用することを妨げられることはない(30)。「要するに、われわれは確信をもって、リベラルな立憲主義を、コミュニケーション的行為の審議的構想の深遠な概念的対立物とすることで、それを共和主義の対照項として区別することはできない(31)」。

こうしてマイケルマンは、審議が共和主義の専売特許ではなく、リベラリズムと共和主義の審議とを結びつける可能性を示唆している。彼は、リベラリズムが擁護する個人の自由、そしてそれを保障する法的枠組みを基本的前提にしながら、それでもなお共和主義の政治がリベラルな目的を促進しうるとしている。こうした意味で、マイケルマンは、リベラリズムの政治／共和主義の政治の二元論を止揚する道を示唆しているのである。

ハーバーマスの道

他方で、ハーバーマスも、こうしたマイケルマンの構想に呼応するかのように、自分の討議理論の政治観を位置づけている。ハーバーマスは、マイケルマンと同じように、従来からリベラリズム／共和主義の二分法がさも当然のごとく前提にされてきたことを指摘している。ハーバーマスによれば、リベラリズムは政治的過程を「もっぱら利害の妥協という形式で実施する」のであり、この妥協形式は究極的には「リベラルな基本権」――個人の自由――によって根拠づけられる。逆に、共和主義は、政治的過程を「倫理的‐政治的自己了解の形式で実施する」のであり、この審議は市民の背景的な基本合意に依拠し、共和制を創設した行為を回想することによって再確認される、という(32)。

さらにハーバーマスは、この二分法を対国家関係という観点から特徴づける。一方で、リベラリズムは、「国家からの自由」を擁護するが、この自由の保護を、国家の一機関ではありながら、同時に公権力を法の下に服しめる役割をもつ司法機関に委ねている。また同時に、リベラリズムは、複数の政党が政策その他の実現を求めて相争う場合、その政党間の競争が適正に行われるよう配慮する役割をもつことも国家機関に求めている。ここでは、政治は権力や利害の調整の営みであり、憲法による公権力のコントロールを必要としている。この意味でリベラリズムは「国家中心的な政治理解」をもつことになる。[33]他方で共和主義は、政治は一般市民の議論による意思形成、すなわち審議の営みであり、社会を一体の政治的共同体として構築するための媒体として作用しているとする。ここではデモクラシーは、社会の自己組織化と同じ意味である。そして、そこからアレントのように、国家に対抗できる公共圏を再活性化することにより、官僚主導の国家権力を再び手中に収めようとする「国家機構に対立する政治理解」が生じてくる。

ハーバーマスは、このような二分法から、「討議理論は、自由主義モデルよりは強く、共和主義モデルよりは弱い規範的性質を民主的過程に与え」、「討議倫理は両陣営からさまざまな要素を取りいれ、それを新たなやり方で組み合わせる」[34]としている。すなわち、「討議理論は、自由主義、共和主義、両陣営の要素を取りいれて、これらを審議と議決のための理想的手続きという概念に統合するのである」。[35]討議倫理は、一方で共和主義とともに、審議を政治の中心に据え、また他方でリベラリズムとともに、法治国家的憲法を第一義的なものと理解する。討議理論は、民主的な意見形成・意思形成のコミュニケーション形式を制度化するものとして、法治国家原理を捉えるのであって、逆に民主的な意見形成・意思形成は、法的に拘束された政府の決定を合理化するための最も重要な関門として機能する、という。[36]

以上のハーバーマスの言明は、本書の関心に引きつけていえば、次のように理解されよう。ハーバーマスは、一方でリベラリズムから〈法的枠組みによる公権力のコントロール〉を、共和主義から〈政治的審議の公共的正統化の力〉を引きついでいる。すなわち、個人の自由を保障する法的枠組みを前提としながら、その法的枠組みの公共的正統性をもたらすものとして政治的審議を取りこんでいる。要するに、ハーバーマスは、リベラリズムの利点と共和主義の利点をともに生かそうとしている。言い換えれば、ハーバーマスは、自分の討議理論が、リベラリズム／共和主義の二分法を止揚しうる道であることを示しているのである。(37)

二人は相互補完的な関係にある

以上で示したように、マイケルマンもハーバーマスも、リベラリズムの個人の自由の擁護を基本にすえながら、共和主義の政治がもつ公共的正統性の産出力を生かす道を歩んでいる、と言える。この道こそが、リベラリズムの公／私分離を原理として認めつつ、従来の共和主義とは異なった仕方で公私結合をめざす、審議-参加型共和主義の道であると理解されよう。確かに両者のあいだには、共和主義の政治の位置づけや、その正統性の究極的根拠などにかんして相違があるけれども、(38)しかし両者の理論を適切に接合することを通して、審議-参加型共和主義の理論的意義は明らかになるであろう。このようにマイケルマンの理論とハーバーマスの理論は、相互補完的な関係にあると考えられるのである。

確かに、マイケルマンの議論は、やや雑駁であるようにみえるかもしれない。(39)しかし、マイケルマンが掲げる数多くの標語や表現――「法生成」、「対話的憲法」、「仮想的代表」など――は、問題の本質を先鋭かつ明快に示していることが多い。その意味では、マイケルマンの与えている視点や発想は、審議-参加型共和主義の政治をはっきり示すための基本的な足場となりうるであろう。

他方で、ハーバーマスの議論は、概して錯綜している印象を与える。(40)しかし、ハーバーマスの議論には、法や審議的政治にかんする数多くの概念と用語――「討議原理」、「公的自律と私的自律」、「コミュニケーション的権力」――が織り込まれており、深く込められた重要な含意をもっている。それは、審議-参加型共和主義の構想をいっそう精緻にするために、豊かな語彙と資源を提供してくれるであろう。

そこで、以上のようなマイケルマンとハーバーマスの理論的メリットを正当に評価し、それらを相互補完的に捉えて、接合してみることにしよう。ハーバーマスの討議理論は、マイケルマンの基本構想に照らしてみれば、その深遠な含意を明るみにだすことができるであろう。また逆に、マイケルマンの理論は、ハーバーマスの理論によって補完されるならば、具体的なイメージが与えられるであろう。以上で示したように両者の問題関心は共通しており、その共通の観点から照らしてみれば、マイケルマンの基本構想に沿う形で、ハーバーマスの理論の含意を明らかにすることができる。このようにマイケルマンの理論とハーバーマスの理論を接合することを通して、審議-参加型共和主義の構想を示し、それによって、法の公共的正統性をもたらす政治のモデルを手にすることが可能となるであろう。

三　審議-参加型共和主義の着想　法生成的政治論

そこでまず、マイケルマンの法生成的政治論を対象にして、審議-参加型共和主義の基本構想を明らかにし、その欠落した側面を浮きぼりにしていこう。

自己統治の再興を難しくするのは代表=表象の問題

マイケルマンにとって、法の公共的正統性は、自己統治的な政治によってもたらされる。そして、その担い手となりうるのは、正義の体現者たる裁判官――その他にも行政官や議員など、一般的に公職者と呼ばれる人たち――ではなく、むしろ制度圏の政治の周縁や裾野にいる一般市民でなければならない。法の公共的正統性がもたらされるのは、一般市民たちの集合的意思が法的枠組みのなかに十分に反映される場合である。このように一般市民たちの声や要求を、公的議題にのせ、法のなかに実現するのは、民主的政治の役割である。こうしてマイケルマンは、法の公共的正統性をもたらすことのできる、一つの政治のモデルを提示する。すなわち彼にとって、政治とは、一般市民たちが法的枠組みに自分たちの声や要求を反映させることで、自分たち自身の生活の基盤や枠組みを取りきめる、集合的意思形成のプロセスである。

しかしこれはあくまでも政治の理想であり、現実の政治が実際にどのように動いているかを記述したものではない。実際、現代のように、人口が多く、社会的分業が高度に進み、価値観が多様化した社会においては、こうした集合的意思——ルソーの一般意志——なるものが形成されることは、きわめて難しい。こうした大規模かつ多元的な現代社会において、自己統治としての自由を実現し、法の公共的正統性をもたらすためには、市民社会における小規模な特殊共同体の政治を通して、統治者＝被治者の連帯感やアイデンティティを形成する道が考えられるかもしれない。しかし、こうした陶冶や教育を行う制度の構想が必ずしも上手くいかないことは、第三章第四節でみた通りである。このようにアイデンティティの育成が困難であるならば、大規模で多元的な現代社会が一つの結合体であることを示すことは容易ではなく、統治者／被治者の視点、公職者／一般市民の視点の相違が生じることはいずれにしても不可避である。(41)

もちろん、一般市民が選挙などを通して代表者を議会に送りだすという民主制——代表民主制（representative democracy）——をとる社会では、統治者の側が非統治者の側を代表すべきである、つまり選出された公職者が、選出した一般市民の利益や関心を代表すべきであるのは言うまでもない。しかしながら、そうした社会においても、集合的意思形成には、代表している（と主張している）統治者側の人たちが、非統治者側の人たちの意思を本当に代表しているか、という問いがつねに付きまとうことになる。このような代表＝表象（representation）は、回避することができない困難な問題である。それは、現代社会において自己統治を再興することを難しくしている重大な障害なのである。

マイケルマンは、自己統治を再生するためには、この代表＝表象の問題を解決する必要があるが、それには二つの代表＝表象の問題を扱うには二つのアプローチがあるのアプローチがあるという。

一つは、〈仮想的代表〉のアプローチである。仮想的代表とは、ある人が、「誰か似た別の人の参加を通して、現実の参加的な役割をもたずに、選挙人としてでさえなくても、代表される」ことであり、こうした「仮想的代表を通して、一般人の観点が政体バランスのなかに含まれる」[42]ことが可能になる。仮想的代表は、たとえ被統治者が現実に意思形成の過程に参加していないとしても、統治者が民主的な選挙その他を通して、被統治者に代わってその意思を尊重し、伝達し、あるいは公的決定に反映しているのだから、それだけで十分に民主的な意思が代表されている、という考えである。

もう一つは、〈現実的代表〉のアプローチである。それは、仮想的代表では、非統治者の意思を代表するためには不十分である、とする。すなわち、たとえ統治者が民主的で公正な手続きにしたがって選出され、政治共同体の統治にかんして責任を負うとしても、それだけで十分に代表されたことにはならない。被統治者自身が、何らかの現実の形で、意思形成の過程にかかわることによってはじめて代表されるとする考えである。

要するに、仮想的代表では、公職者が一般市民を仮想的に代表することで、法的枠組みにその声や要求を反映するのであり、現実的代表では、公職者ではなく一般市民が直接的に自らの意見や要求を法的枠組みに反映させる。極言すれば、民主的な意思を代表する主体は、仮想的代表においては公職者であり、現実的代表においては一般市民であることになる。

仮想的代表とは裁判官による人民の意思の代行である

マイケルマンによれば、仮想的代表では、代表の問題を解決し、法の公共的正統性をもたらすことはできない、という。仮想的代表の支持者にはブルース・アッカーマンとロナルド・ドゥオーキンがいるとされるが[43]、彼らの議論は以下の点で重大な欠陥をもっているからである。

†仮想的代表アプローチの論客

Bruce Ackerman　現在、Sterling Professor of Law and Political Science at Yale University. 憲法、政治哲学、法哲学、環境法、財産法、税制などを講じられ、多様な領域で数多くの業績をあげている。著書だけでも大量にあるが、とりわけ重要なものとして、***Social Justice in the Liberal State***（Yale University Press, 1980）、***Reconstructing American Law***（Harvard University Press, 1984）、***We the People: Foundations***（Harvard University Press, 1991）、***We the People: Transformations***（Harvard University Press, 1998）、など。

Ronald Dworkin　一九三一年マサチューセッツ州ウォーセスター（Worcester）生まれ。Frank Henry Sommer Professor of Law and Philosophy at New York University and Jeremy Bentham Professor of Jurisprudence at University College London. 米国で最も影響力のある法哲学・政治哲学者の一人で、その関心は哲学、法学、政治哲学、生命倫理学など多岐に及ぶ。法の解釈は、その対象たる先例や制定法を含む過去の法実践すべてを支える原理にいかに適合するかを考慮しなければならないとする、「インテグリティとしての法」を主張する。また人間は誰もが「平等な配慮と尊重」を受ける権利をもつと主張する平等主義的リベラリズムの論者としても知られる。著書・論文を含めると膨大な数になるが、邦訳で読める重要なものだけでも、木下毅・小林公・野坂泰司訳『権利論〔増補版〕』（木鐸社、二〇〇三年）、小林公訳『権利論Ⅱ』（木鐸社、二〇〇一年）、小林公訳『法の帝国』（未来社、一九九五年）、石山文彦訳『自由の法　米国憲法の道徳的解釈』（木鐸社、一九九九年）、小林公・大江洋・高橋秀治・高橋文彦訳『平等とは何か』（木鐸社、二〇〇二年）などがある。

アッカーマンは、次のような仮想的代表の考えを示している。[44] 彼は、政治を「憲法政治」と「通常政治」という二つのレベルに区別し、「憲法政治」においてのみ人民の意思は表れるのであり、その人民の意思を「通常政治」においてどのようにして再現するべきか、という二元的な枠組みで考えている。この場合、「通常政治」――日常的な政治の場面――では、政治はあくまで私益の取引や交渉にすぎないので、私的な取引や交渉のプロセスを経由することなく、一般市民が共通の事柄について審議する余地がほとんどない。政治的審議は、むしろ「憲法政治」の稀な時期に、人民が憲法典のなかにその意思を反映させた場面か、あるいはこうした人民の意思を反映した憲法にもとづいて、法律や行政行為の合憲性が審査される場面でみられるにすぎない。すなわち、アッカーマンの構想では、通常の時期において、人民の意思を代表する役割は、司法審査を行う裁判所に限定されているのであり、結局のところ、「アッカーマンにとって対話の自己統治的な実践は司法府にある」[45] ということになる。

またドゥオーキンは、アッカーマンとは別の仕方で、仮想的代表の考えを示している。[46] 彼は、一つの物語として統合的に解釈された現代の法的実践の全体、すなわち「インテグリティとしての法」を擁護している。法におけるインテグリティとは、諸々の法的決定を、共同体の法的実践の全体に適合させることを意味する。法的主張・命題は、「それが共同体の法実践の最良の構成的解釈を提示する、正義・公正・手続的デュープロセスの原理に適合ないし由来するかぎりで」真正なものとなる。裁判官は、共同体の歴史的文脈から、その内容に全体として最も整合的な意味を与えうる、首尾一貫した原理を見出すことが求められる。この解釈は、裁判官の主観的な責任と共同体の歴史の客観的な制約の結合である。それは、裁判官が、以前に他の裁判官が下した諸々の判決を長大な物語の一部として捉え、自らの判決をそれらの判決とできるかぎり適合させ、正当化する解釈作業である。これはいわば「連鎖小説」のようなものである。こうした解釈方法は、たとえ現実の裁判官には不可能であるとしても、しかしハーキュリーズという「超人的な知的能力と忍耐力を兼ね備えた一人の想像上の裁判官」[47] を想定すれば可能なのだ、という。ドゥオーキンにとって、インテグリティは「市民たちの道徳的な生活と政治的な生活を融合させる」ことであり、その意味では自己統治の条件[48]である。インテグリティは「規範的な対話」を含意するのであって、こうした物語的な解釈方法が「政治的な自己統治の説明の一部[49]」になっている。ドゥオーキンにおいては、裁判官（しかも理想的＝仮想的な）に自己統治の役割を代行する仕事が一任されているのである。

マイケルマンによれば、アッカーマンとドゥオーキンは、ともに裁判官に自己統治を仮想的に代行する役割を与えている点で共通している。彼らの理論において、裁判官は「物語的（narrative）」な解釈方法を通して、人民の意思を仮想的に代表する。法解釈の「物語的方法」とは、個人が自分のさまざまな選択やアイデンティティを一貫した個人史《ストーリー》にまとめるのと同じように、政治共同体が自らの法や政策を過去や歴史に適合する一貫した歴　史《ヒストリー》＝物　語《ストーリー》にまとめるような解釈方法のことを指す。それは、政治的共同体の歴史や伝統にも合致する、統合された法の物語が、裁判官によってもたらされることを意味する。

仮想的代表は自己統治を否定する

しかしマイケルマンは、この裁判官による物語的解釈方法が、一般市民の集合的意思を代表することに成功しているかどうかには疑いがある、という。

マイケルマンによれば、「アッカーマンのモデルは、法令を違憲とする最高裁が、制定『憲法の実現』の真の意味を伝えていることに何ら保障を与えていない[50]」。たとえ歴史的に稀な時期に人民の意思が憲法に反映されたことを認めるにしても、時代的に隔絶された最高裁の裁判官たちが、人民の意思をまったく損なうことなくありのままに代表することはできない。たとえ裁判官たちが、「物語的」な解釈方法を通して、米国の人民の物語を整合的に紡ぎだすことに成功するとしても、「われわれ」＝主人公を誰にするのか、憲法のなかに何をどのような考えで定めたのか、こうした数々の事柄を意味づける物語が、一つではなく、複数になることは避けられない。いったい「物語が唯一であることを保障するものは何か」。「誰が著者なのか」。「『われわれ』とは誰でどこにいるのか」。稀な憲法的時期において、人民がすべての過去の憲法的出来事の意味を意識的に責任をもって再統合し、変更することに関与したと想像することは、「歴史（history）ではなく、幻想（fantasy）である」[51]。結局、憲法が人民の直接的な意思の反映であることを認めたとしても、裁判官がその憲法を解釈することを通して、人民の意思を代表することはできない。裁判官は、民主的な選挙によって選ばれた代表者ではないし、そのかぎりでは「われわれ」にとってあくまでも疎遠な他者である。「最高裁判所は、結局、人民が宣言した意思の代表なのではなく、人民不在の自己統治の表象であり痕跡なのである」[52]。

またマイケルマンは、ドゥオーキンに対しても、「法解釈の仕事を直接に求められているのは、結局のところ、市民ではない。インテグリティとしての法の物語的理論は、裁判官の道徳的自由の正当化であるように思われる」[53]と述べている。「連鎖小説」の続きを著作し、共同体の物語に統一的な意味を与える原理にもとづいて判決を下す仕事は一般市民ではなく、あくまでも裁判官——理想的にはハーキュリーズという観念上の一人の裁判官——に委ねられている[54]。したがって、「ドゥオーキンの見方では、裁判官は自分の自己統治によってわれわれの失われた自己統治を代表し、自分の実践的理性でわれわれの対話を代表している」ことになる。ところがこうした裁判官たちによる代表の考えは、われわれが価値を置くものではありえないのだ、と[55]。

マイケルマンによれば、このようにアッカーマンとドゥオーキンにみられる仮想的代表の議論は、裁判官こそが自己統治を代行するのであって、一般市民が自ら政治に直接参加するのではないことを主張するものである。それは、個々の判例や政策を共同体の歴史や法的実践の全体に統合させ、それを通して一般市民たちの自己統治を実現しようとするものではあるが、しかし実際には、こうした作業を裁判官の特権にしてしまっており、一般市民が現実的に政治に参加することを必要としないのである。裁判官が、過去の人民の意思の表れである憲法にもとづいて法令の合憲性を判断すれば、あるいは以前に下された判決を正当化する原理と連続的・整合的な法的判断を下しさえすれば、たとえ一般市民が一度たりとも現実に法の制定や創設に関与していなくても、自己統治は実現するであろう、とされる。仮想的代表の考えのもとでは、一般市民が直接的に政治参加する必要はなく、裁判官たちが自己統治を代行してくれる。結局、そうした「仮想的代表は自己統治を否定してしまうかもしれない(56)」のである。

現実的代表：裁判所も政治的審議の場

マイケルマンにとって、自己統治としての自由を実現し、法の公共的正統性をもたらすことができるのは、アッカーマンやドゥオーキンが擁護しているような仮想的代表ではなく、現実的代表でしかない(57)。現実的代表のもとでは、裁判官をはじめとする公職者たちの役割は、むしろ一般市民たちの対話とコミュニケーションを活性化することによって、政治的審議の発生と維持に役立てることである(58)。裁判官は、法的判断を最終的に確定することにより、一般市民たちがもつ多様な見解をまとめて代弁するのではなく、むしろ法的判断を暫定的に例示することにより、問題を周知させ、論点を明確化にし、参加のチャンネルを広げることで、一般市民たちのさらなる対話やコミュニケーションを呼びおこさなければならない。

裁判官たちの判断は、一般市民たちの集合的意思を代表するものとして無批判的に受けいれられるのではなく、むしろ多様な意見やパースペクティヴをもつ一般市民たちの激しいチェックのもとに晒《さら》されなければならない。このように「体制の基本法の扱いを、民主的政治の批判的厳格さに継続的かつ信用できるように晒し続ければ、全員が体制に従い、その体制への尊重から憲法を遵守することになるだろう(59)」。公職者を一般市民によるチェックと監視のもとで、公職者の判断や決定が一般市民の意思から乖離・逸脱することを防ぐことによって、いわば間接的に公職者の決定や判断の公共性が担保され、そこから法的枠組みへの忠誠が育まれることになる。

さらに法廷は、争いのある政治的問題に対して中立的な立場にいるのではなく、むしろ正義のルールそれ自体を争い、再考し、改定するための「民主的正当化の公共的参加プロセスの場」と化す(60)。裁判所において、陪席の「複数性」があることを忘れるべきではない。この複数性は対話のためにある(61)。裁判官は一人で独断的に法の解釈をしているわけではなく、裁判所においても政治的対話の余地はある。裁判官は、政治的プロセスの外部にいて正義の要請を満たすことだけをその任務としているのではなく、裁判官自身も、一般市民と同じ視点に立ち、集合的意思形成のプロセスに参加している。裁判所は、広範な政治的審議のプロセスの一部である。裁判所は、そこで扱われる当事者の主張や論点を示し、あるいは逆に世論や公共的意見からさまざまな形でフィードバックを受けることにより、社会全体における政治的論争をシミュレイトする、いわば政治的審議の模擬実験の場となるのである。

現実的代表とは市民社会における対話である

このように、一般市民を政治参加の主体として、公職者たちに一般市民の視点を取らせる考えが、現実的代表である。マイケルマンは、現実的代表を支持する議論として、ジェームズ・「ハリントンを彷彿させる」見解をあげている。この見解によれば、公式の「議会は、ミニチュアにした人民の像でありうるのであって、人民がその多元性すべてを含むように感じ考えるのと同じように感じ考え、もし仮に人民がそこにいれば行為したであろう、それとまったく同じように行為している」と捉えられる。この場合、統治者の側と被統治者の側の関係は仮想的ではなく、立法議会の意思決定は人民のそれと現実に連動している。重要なことに、この場合「人民参加は疑いなく現実的であって、その主な場《アリーナ》は正式の立法議会ではないが、選挙民の間の、あるいは選挙民と代表者のあいだの分散した継続的な政治的討論のプロセスである。その特徴的なイメージは、飲み屋やタウン・ミーティングであり、人々が屋外で候補者を選び、政策について議論し、有益な情報を定式化しあうのである」[62]。たとえ、被治者たちが公式の議会の場に直接に足を運ばなくても、日常的な対話の営みの場こそが、現実的代表の場となりうるのである。

このようにマイケルマンが現実的代表の主な場として着目するのは、立法・司法・行政など国家の諸機関からなる制度圏ではなく、むしろ制度圏の枠外にある市民社会の諸制度に他ならない。すなわち、政治の営みの場として重視されるのは、「タウン・ミーティングや地方自治体、市民団体やボランティア団体、社交クラブや余暇クラブ、公立学校や私立学校、あらゆる種類の経営者・管理職・首脳部集団、職場や作業現場、催しものや路上生活などで生じるさまざまな出会いや対立、ふれあいや討論」である。これらの組織や団体は、国家の公的諸機関と区別され、自由平等な人たちが自発的に結合しあう市民社会を形成する。市民社会におけるさまざまな結社や団体が、一般市民たちが身近な人たちと自分たちにかかわる共通の事柄について自由に討論しあう場となる。こうした場で蓄積されてきた、無数のふれあいや対話、公共的合意、規範的言明は、不断に繰りかえされるが、いずれ「当然ながら代表者の領域に伝えられ」るので、共和主義的な自己統治と民主的政治の「源泉と回路の一つとして注目されなければならない」[63]のである。

市民社会は公的なものと私的なものが連接される場である

マイケルマンが、以上のように市民社会の諸制度に依拠しているのは、「公的なもの」と「私的なもの」とを結びつけようとする現代共和主義の関心に由来している。現代共和主義は、われわれの「私的」であるとされた利益や信念が、何らかの形で政治共同体の「公的」な目的や決定に結びついていること、つまり個々の一般市民の生が政治共同体の生と統合していること、それによってわれわれが自己統治を再現し、その自由を享受できることを示そうとしているのである。

マイケルマンは、このような関心から、公と私の関係についての従来の考え方を根本的に転回させる。彼は、「私的なもの」をかなり独特な仕方で理解する。彼は、公／私分離にもとづいて、「私的なもの」を、公的領域から隔離されるものとして、また公的な保護の対象として捉えない。彼は「私的なもの」をけっして所与の実体として捉えない。政治的審議の対象として、はじめから「私的なもの」であるという名目で排除されるような事項はありえない。ただ政治的審議の議題にのらないものが、結果として、私的領域に属するものとみなされているにすぎない[64]。したがってマイケルマンにとって、「私的なもの」とは、たんに結果として「非公共的なもの」あるいは「公的ではないもの」に分類されるにすぎないのである[65]。

マイケルマンは、このように「私的なもの」を脱実体化することによって、「公的なもの」と「私的なもの」とのあいだの関係を抜本的・根底的に捉えなおす。従来、プライヴァシーの権利は、公的保護の対象としてのみ理解されてきたが、しかしそれは「政治的な権利」として理解されなければならない[66]。確かに、プライヴァシーの権利を「政治的な権利」として解釈する彼の理解は、一見、奇妙で突飛であるようにみえるかもしれない。しかしながら、ここでの彼の趣旨は、今まで「私的」な場とされてきた領域を、たんなる「公的」保護の対象とする――ここには私的なものを公的なものから分離するという考えが前提にされている――のではなく、何らかの形で政治的影響を与えることになるかもしれない人間関係の発達の場として捉えることにある。こうして、「私的なもの」と「公的なもの」との新たな関係においては、私的領域における自由は、目的・対象としてではなく、政治的な関係の「はじまり」としてみなされることになる[67]。

こうした「はじまり」としての私的関係が、何らかの公共的な意味を得ることができるのは、市民社会におけるさまざまな組織や団体においてである。いわばそれらは、この「私的なもの」と「公的なもの」とが何らかの仕方で結びついていることを示す一つの媒体の場、「われわれ」にとって身近な人たちからなる政治の場として評価されているのである。

マイケルマンの政治は周縁から湧きおこる

このようにマイケルマンは、公私の結合をもたらす市民社会の場を一般市民の意思の発現の場とみなすが、そこから彼の政治プロセスのモチーフが浮かび上がってくる。マイケルマンが示そうとする政治の姿は、政治共同体の基本法たる憲法が、市民社会において身近な人たちによって繰り広げられる対話的実践によって——私的な人間関係のなかでなされる対話やコミュニケーションによって——下から支えられるというモチーフによって彩られている。

マイケルマンは、民主的政治が、公共的な規範的言明の蓄え（fund）を再集＝想起する（re-collect）ことを基盤とし、自律的な政治的共同体として歴史を描く規範的言明の積み立て（deposit）を背景とすることを強調している。[68]これらの規範的言明の蓄積や積立ては、共同体の歴史や伝統のなかで何度も繰りかえし主張され、了承され、確認されたものだからこそ、公的決定を生みだす共通の基盤ないし母体となりうる。これらの蓄えや積立ては、公的に認知されてこなかったさまざまな記憶、共通の経験、声なき声なども含むが、それらは今まで「私的なもの」として無視ないし排除されてきたのであり、社会の傍流におかれた他者はそのことに黙従をせざるをえなかったのである。マイケルマンによれば、こうした周縁の人々——すなわち従来、公共圏から除外されてきた人々——にこそ、全体のパラダイムを大きく変化させる潜在力がある。[69]周縁から対話に参加する者たちを審議のプロセスのなかに含め、今まで公の場から無視されてきた声を公的決定に反映すること、これこそが民主的政治の役割である。

すなわち民主的政治は、対話やコミュニケーションを通して営まれる審議的なプロセスである。それは、底辺から立ち上がり、一般市民たちが共通の規範的言明を基盤としつつ、相互に主張や要求をぶつけあうことを通して、今まで無視・排除されてきた私的な声や要求を、いずれ公的決定に反映する。こうした審議のプロセスは、何度も繰りかえされ積み重ねられることによって、法的枠組みを「公共的なもの」として一般市民の誰によっても受けいれられるものにする。このようにマイケルマンは、法の公共的正統性をもたらす審議プロセスとして政治を捉えるのである。

政治は法生成的である：公共性の再構成プロセス

マイケルマンは、これを「法生成的（jurisgenerative）」な政治と呼ぶ[70]。この「法生成的」という語は、一見奇妙な形容詞である[71]。しかしながら、その意味するところは重要である。法生成的な政治とは、法を創設する審議のなかで、私的関心をもつ人々が公的決定にかかわっていくプロセスとして捉えられた政治の理解である。法生成的な政治は、また同時に、立法の産物に「われわれの」法としての「妥当性の感覚（sense of validity）」を吹き込むことを意味する。彼によれば、憲法がわれわれのものとして妥当しているという実感は、法生成的な政治的審議のプロセスを通して獲得するより他はない。すなわち、法的枠組みが「公共的なもの」として一般市民の側から受容されるのは、政治的審議のプロセスを通してでしかない。この継続的な審議プロセスによってのみ、一般市民は、つねに「創設者の地位（foundership）」を再度あるいは何度も獲得することができるのである。

マイケルマンが、「法生成的」政治の過程のなかで、「妥当性の感覚」や「創設者の地位」なる観念に訴えることには意味がある。彼が訴えているのは、すでにある特定の公／私領域が確定された社会において、一般市民たちが、あたかも創設者であるかのように、言い換えれば、一から公共的な枠組みを案出しているかのように、法生成的な政治のプロセスに参加しているという政治心理学的な実感である[72]。法生成的政治に参加する人々は、たとえすでに何らかの公／私の境界線を前提にせざるをえないにしても、創設者と同じ地位についていることを体感していると、そしてその審議の結果得られる公的決定を、創設者と同様に、自ら作成したものとして、その結果「公共的なもの」として享受することになる。すなわち、彼は、この「法生成的」なる政治の特徴や、「創設者の地位」なる観念を用いて、たとえ現実には一からではなくても、あたかも一から法的枠組みを再構築しているかのようなプロセス――すなわち、「公共性の再構成プロセス」――として、政治的審議を描いているのである。

まさにこの点において、マイケルマンの共和主義理論は、「法の公共的正統性」の問題に対して重要な視座を示している。すなわち、現存する法的枠組みが一般市民の側からつねに受容可能なものとしてみなされるには、いかなる政治的な営みを通して可能となるのか。どのような一般市民の政治的なかかわりが、法的枠組みの公共的正統性を永続的・恒常的に維持・保障することができるのか。この問いに対して、マイケルマンは、法生成的政治という観念をもってアプローチしようとする。法生成的政治とは、市民社会の組織・団体における対話やコミュニケーションを通して、現実的に一般市民の意思を「下」から「底辺」から代表しようとする。それは、今まで「私的なもの」として排除されてきた声や要求をすくいあげ、公的議題のなかに取りあげ、公的決定に反映させることによって、公的なものと私的なもののあいだに新しい形での結びつきを与える。それはまた、現行の法的枠組みを暫定的な所与としながらも、同時にあたかも一般市民が「創設者の地位」に就いているかのように、法的枠組みを再度あるいは何度も創設する手段となる。マイケルマンは、法の公共的正統性の源泉を、過去・現在・未来にわたる一般市民たちによる法生成的な政治の実践に求めている。すなわち、マイケルマンの法生成的政治とは、「公共性の再構成プロセス」のモデルを具体化したものであって、審議-参加型共和主義の政治観を最も鮮明に表しているのである。

ところでマイケルマンは、こうした法生成的政治が無限定であり、いかなる法でも創設できることを認めている

政治はまた法によって規律される

わけではない。また法生成的政治の主な対話の場である、市民社会における諸制度を無批判的に前提にしているわけでもない。マイケルマンは、自らを「立憲主義的」な共和主義者と呼んでいるように、政治の営みのなかで「自己統治としての自由」だけが実現されれば十分とする強い意味での共和主義の支持者ではないし、人民が政治的審議を通して直接的にすべての公的決定を下すべきであると考える極端なポピュリストでもない。彼にとって、一般市民たち自らが、あらゆる事柄に直接的に参加して決定すべきであるという「国民投票的」な理想は、司法の独立を超越・凌駕する至高の原理ではない。現に米国のデモクラシーは、直接民主制の理想ではなく、事前の（*ex ante*）個人の自由の保障と、その保障による政治的意思の制限という理想を相携えてきたのである[73]。すなわち、リベラリズムが主張しているように、「個人の自由」もまた法的枠組みによって保障されることが必要であり、政治的審議は個人の自由の保障を前提としなければならないのである。

したがってマイケルマンにとって、政治的審議は法的枠組みによる制約に服するものであり、民主的な討議過程そのものが、法的に条件づけられ、そして法的に構成されたプロセスであることになる[74]。ここにマイケルマンは、もう一つの裁判所の役割を見出す。裁判所は、政治的審議の発生と維持に役立て、それ自体が審議の場となるに加えて、法の番人として、審議プロセスが公正で歪曲のないものであることを保障し、政治が自己否定へと陥ることを阻止する役割をも担う[75]。また裁判所は、むしろポピュリズムによる不正な法の創設や、ある特定の道徳観の押しつけに歯止めをかける制度的ブレーキとして、個人の自由を保護する機能を担う。これを実現するには、憲法の理念や精神にもとづいて、通常の政治過程で制定された法律の合憲性を判断する司法審査の制度が必要になるだろう[76]。このようにマイケルマンは、民主的な政治を、法的枠組みを支える審議の営みとして位置づける一方で、それ自体が法的枠組みによって制約されるものとして捉えているのである。マイケルマンにとって、個人の自由を法的に保障し、権利章典をまず設置することなくしては、民主主義はありえない[77]。「われわれは、立憲主義なくして民主主義をもつことはできないのである」[78]。

法生成的政治論には四つの欠落がある

以上が、マイケルマンの法生成的政治論の要点であり、審議-参加型共和主義の基本構想を示していると考えることができる。それは、「法の公共的正統性」の問題に対して重要な視座を示すのであり、その解明に大きな手がかりを与えることになろう。とはいえ、このマイケルマンの法生成的政治論だけでは、審議-参加型共和主義の政治観を示し、この問題に一つの解答を与えるには十分ではないと考える。

というのも、マイケルマンの法生成的政治論は、基本構想としては評価できるとしても、それ自体としては粗雑なところも多く、その意味するところが十分に明らかではないからである。法生成的政治論は、審議-参加型共和主義の政治観を示すには不十分であり、いくつかのあいまいな点を残している。以下では、法生成的政治論の要点を四つに分けて整理したうえで、それぞれに残された明らかでない部分を指摘しておこう。

制度圏と非制度圏との関係?

マイケルマンの法生成的政治論において、政治を担う主体は、裁判官ではなく、一般市民であった。すなわち、審議のプロセスを支えるのは、裁判官や行政官や議員などの制度圏における公職者たちではなく、むしろこうした制度圏から追いやられてきた他者や、最も恵まれない地位にいる社会的階層に属する人たち、アイデンティティの公的表明の機会を奪われてきた集団に属する人たちなどをも含む、一般市民——さらには市民以外の人たち[79]——である。「われわれ」の集合的意思は、裁判官による法の物語的解釈によって仮想的に代表されることはできない。何らかの直接的な政治参加を通して現実的に代表される必要がある。すなわち底辺からの対話やコミュニケーションを基盤とした法生成的な審議プロセスを通して形づくられなければならない。裁判官たちは、むしろこうした政治的審議の維持と発生に役立て、法廷それ自体を審議プロセスの模擬実験の場にしなければならないのである。

　しかしこのマイケルマンの説明は、とりわけ裁判官と一般市民との関係について、必ずしもはっきりとは述べていない。すなわち、現実的代表の主体である裁判所が、審議プロセスの場としての市民社会の組織や団体といかなる関係に立つか、について明らかにはしていないのである。一般的に言えば、マイケルマンの法生成的政治において、国家と市民社会、制度圏と非制度圏、あるいは制度圏における政治と非制度圏における政治とのあいだに、どのような関連があるかが明らかではないのである。

　この点にかんして、マイケルマンは、公職者たる裁判官たちには「政治的審議の発生と維持に役立てる」役割があると述べている。ここには、他の公職者、たとえば立法議会における代表者や各種行政機関における公務員もまた、審議プロセスを支援するということまで含意しているのかもしれない。しかし、「役立てる」ということは、その言葉の平易さに反して、いかようにも解釈することができる。

　たとえば、公職者たちが〈世話役〉あるいは〈奉仕者〉として、いわゆるコーディネーター的な立場から、審議プロセスの諸条件に配慮するという意味で解釈することができる。ここでは確かに、政治的審議の主体は、主に公職についていない一般市民である。公職者はあくまで補完的ないし従属的な地位から審議プロセスにかかわることができるにすぎず、「政治的審議の発生と維持」が一般市民の主導で自己完結的になされているのであれば、そのような公職者の役割は究極的には不要であるとさえ言える。

　しかしまた、むしろ公職者は、〈後見人〉あるいは〈保護者〉として、いわば父権主義的《パターナリスティック》に審議プロセスに介入するという意味で解釈することもできる。この場合、公職者は、公式的な手続にしたがって決定を下す権限と責任を負うことから、政治的プロセスにおける主たる担い手となる。一般市民は、こうした公的決定を事後的にチェックする役割をもつとしても、直接の決定権限と責任はないのだから、公職者の主導で審議プロセスが公正に作動しさえしていれば、一般市民は政治的プロセスに参加しようがしまいが、究極的にはどちらでも構わないことになる。このように公職者と一般市民との主従関係がまったく逆転してしまうような解釈を許すのであれば、「役立てる」という位置づけだけでは、何も語ったことにはならない。

さらに、法廷それ自体が審議の模擬実験の場であるならば、そもそも裁判所だけに、政治的審議には与えられない、特殊な能力や機能が与えられている理由が定かではなくなる。裁判所には、法の権威的解釈を行う役目、法的論争に最終的判断を下す権限、法令や行政行為を審査する権能など、政治的審議のプロセスそれ自体にはない、さまざまな役割や権限が担わされている。もちろん裁判所には他の公的機関にはない諸々の専門的知識や能力があるからだという理由もあるかもしれない。しかし、少なくとも他の機関もまたこうした特殊な知識や能力をもつことができるかぎり、政治的審議がこれらの能力や機能を担ってはならない理由はない。なぜ司法機関だけにこれらの特殊な機能や役目が認められるのか、裁判所の特殊な公的地位が説明されていないのである。

マイケルマンの言うように、法生成的政治の主な担い手は、確かに一般市民の方にあるのだろう。一般市民が主体となるからこそ、審議プロセスを通して生成される法や決定が、公共的正統性を有するものとして一般市民の側から受容されることになるのだろう。また他方で、制度圏の公的諸機関も、審議プロセスを支援することをはじめ、さまざまな特殊な公的役割が期待されているのだろう。どちらもともに必要とされている点ははっきりしているが、しかし問題は、こうした広範な審議プロセスのなかで、裁判官などの公職者が一般市民たちに対してどのような役目を負うのか、逆に一般市民たちが公職者に対してどのような地位に立つのか、である。一般的には、制度圏と非制度圏との関係はどのように捉えられればよいのか、である。これらの関連や役割分担を示す何らかのイメージや図式が、法生成的政治論には欠けているのである。

市民社会の固有の能力?

第二に、法生成的政治論は、市民社会に依拠していた。これは、以上の第一の点でみられたように、政治の主体を一般市民に置いていることと相関している。マイケルマンは、政治の主体を一般市民に置くことから、一般市民たち、自由平等な人たちが自発的に関係を結びあう市民社会の諸制度こそが、政治的審議の重要な場として評価されることになる。市民社会のさまざまな組織や団体において、一般市民は、対話とコミュニケーションを繰りかえし、積み重ねることを通して、何らかの仕方で公的決定に影響を与え、法的枠組みの形成にかかわる。これによって、一般市民は、自らの手によって公的決定をする意識をもち、自己統治としての自由を享受するとともに、法的枠組みを「公共的」なものとして受容することができる。

もちろんこのような主張は、一般市民を主体にするところから導かれる一つの帰結であろうし、公私を結合しようとする現代共和主義の関心に由来するのであろう。しかし法の公共的正統性をもたらす政治モデルを見出そうという関心からすれば、このように市民社会に依拠することは、必ずしも必要なことであるわけではない。

もちろん、市民社会における組織や団体が、日常生活のさまざまな局面で次第に集合的な意見を形成する場であるならば、それらが広範な政治的審議の母体となり、その基盤として役立つことは間違いないだろう。こうした非制度圏で受けつがれ、培われてきた「規範的言明の蓄積」が、政治的審議の場で援用されるからこそ、その結果得られる法や決定に公共的正統性をもたらすことができるからである[80]。確かに、これら市民社会におけるふれあいや対話は、法の公共的正統性をもたらす不可欠の役目を果たしている。

しかしだからといって、その役目を果たすことができるのは、市民社会における対話やコミュニケーションだけであり、国家における公式的な審議プロセスではない、ということにはならないであろう。公式的な審議プロセスは、独立したシステムとして完全に自己閉鎖しているわけではないし、今まで取りあげられてこなかった声や要求にまったく耳を閉ざしているわけでもない。たとえば、諸々の選挙手続により代表者を選出して、国政ないし地方の立法過程に声や要求を伝える経路はつねに確保されているし、侵害された利益の補償や救済を求めて訴訟を提起し、裁判過程を通して権利の実現をはかる方途もつねに開かれている。こうした公式的な経路が十分かつ健全に機能しているのであれば、何も市民社会における対話やふれあいを当てにしなくても、「規範的言明の蓄積」が自然に取りこまれ、公的決定に反映されるかもしれない(81)。

マイケルマンの議論が成立するのは、こうした国家の政治が十分に機能していないことを前提にするかぎりである。しかしこれは歴史や経験上の問題であり、あらかじめこれを前提とすることはできないであろう。市民社会に依拠することが必要であるためには、国家にはなく市民社会にのみ、ある固有の能力や機能があることを説明しなければならないのである。

法生成的政治の役割？

第三に、マイケルマンにおいて、政治は、法を生成するとともに、法の公共的正統性をもたらす審議のプロセスとして評価されていた。これもまた第二の点と相関的である。彼は、「私的なもの」の発現の場たる市民社会に依拠することから、政治的審議は、従来「私的なもの」とされてきた声や要求を取りこみ公的議題に反映させ、法や決定を産出する営みであるとされている。共同体の構成員たちの誰もが受けいれられる共通母体としての「規範的言明の蓄積」を基盤にして、対話やコミュニケーションが繰りかえされることを通して、法や決定が得られるからこそ、それらは真に「公共的なもの」として受容される。この政治的審議は、参加者に「創設者の地位」に就かせ、現状の公共性区画を括弧にくくり、あたかも一から法的枠組みを産出するかのような「公共性の再構成プロセス」である。確かに、このような視座こそが、審議-参加型共和主義の構想の骨格となる。

しかし以上のマイケルマンの説明では、法生成的政治の役割について十分に具体的な説明がなされていない。いったい法生成的政治が、どのような経路で、どのような仕方で、「私的」な声を公的決定に反映し、最終的に法的枠組みを産出するかなどについて、不明なままである。この点にかんして、マイケルマンは、市民社会における組織や団体で行われる不定期でインフォーマルな対話が、「当然ながら」、制度圏における公式の審議に伝えられると――おそらく――不用意に口をすべらせてしまっている。この何気なく用いた「当然ながら」という句が、彼の法生成的政治論の危うさを垣間みせており、その問題を集約していると思われる。(82)

法生成的政治論は、先述した通り、法の公共的正統性が、個人と個人のふれあい、共同体のなかでのさまざまな話しあいなどから必然的に生じるであろうと仮定している。この仮定にしたがえば、市民社会の諸制度は、広範な審議プロセスのなかにあるのだから、私的関係における対話やコミュニケーションにおいて表明された声や要求を、「当然ながら」吸い出して、制度圏の公式的な審議の段階で、公的議題のなかに取りあげ、公的決定に反映し、最終的に法的枠組みを結実することになる、というのであろう。

しかし、このような一連のプロセスが「当然ながら」進行すると断定できる根拠はない。市民社会における共同体のインフォーマルな対話が、必然的に代表者らによる議論のなかで、あるいは訴訟当事者による裁判のなかで取りあげられることをいったい何が保障するのか。われわれが多元的社会にいるという現実をまじめに考慮するならば、市民社会の領域におけるパースペクティヴの差異は、彼の言う「支配のない対話」の実現可能性を低くするであろうし、単一の正しい結果を生みだす期待をなくすことになるだろう。(83) 政治的審議それ自体はたんなる手続にすぎず、それが何らかの正しい帰結を生みだすとあらかじめ期待することはできない。マイケルマンの言うように、対話のプロセスから「単一の正しい」政治的決定が導かれるというのは、信仰でしかない。(84) 実際マイケルマンは、市民社会における諸々の政治的対話というイメージを喚起はするが、その対話の先にいかなる高次の規範的秩序があるのか、それがなぜ市民の忠誠を惹きつけるのかについてほとんど何も語るところがない。(85) 底辺からの無数の政治的対話から法的枠組みが自生的に生じるであろう、と考えられているのかもしれない。しかしマイケルマンの議論のなかには、そうしたことを保障するものは何もないのである。

これは結局、法を非公式的な対話と同一のものとすることにより、法制化にかんする問題をすべて隠蔽することに他ならない。(86) もし法生成的政治が、法的枠組みを生成し、その公共的正統性をもたらすことができるならば、それが「私的」な問題をどのように取り扱い、「公的」な問題として取りあげ、最終的に一般市民の側から受容されるのかについて、より立ち入った具体的な説明が示されなければならないであろう。

法と政治の関係?

第四に、マイケルマンにおいて、以上のような法生成的政治それ自体が、法的枠組みの制約のもとにあるとされていた。これは第三の裏返しであると言ってよいかもしれない。法生成的政治は、われわれの社会生活を規律する法的枠組みを産出する過程を通して、「自己統治としての自由」を実現するプロセスである。しかし、たとえそれが「自己統治としての自由」を実現することができるとしても、その結果として「個人の自由」を侵害するようなことがあってはけっしてならない。「個人の自由」もまた、「自己統治としての自由」と同じように重要なのであって、一方の自由のために他方の自由が失われることになってはならない。法生成的政治は、「個人の自由」を保障する法的枠組みを前提にしなければならないのであって、政治的審議それ自体が法的枠組みによって制約されるプロセスなのである。

ところが以上のマイケルマンの説明では、政治が法によって規律されると述べられているだけであって、政治を規律するところの法が何であるのかが示されておらず、その法そのものが政治の産物であるかどうかが明らかにされていない。法生成的政治論においては、政治が法を生成する。そして同時に法が政治を規律する。しかしその法は何であるのか。その法もまた政治によって生成されるのであろうか。では、その政治は何によって規律されるのか。ここには矛盾があるようにもみえる。

　これは、マイケルマンの立場である「共和主義的立憲主義」において、「立憲主義的」要請と、「共和主義的」要請とが相互に衝突していることを示しているように思われる。

　一方で、彼の立憲主義的な立場からすれば、立憲的制約は政治的審議にとって不可分の関係にある。政治的審議が何らかの仕方で個人の自由を侵害することは認められない。このような事態を避けるためには、政治的審議が個人の自由を侵害することを防ぐべく、事前に、個人の自由を法的枠組みによって保障しておく必要がある。

しかしまた他方で、彼の共和主義的な立場からすれば、法的枠組みは、あらかじめ固定され、その後の審議のあり方をすべて拘束してしまうような、ア・プリオリな所与であってはならない。というのも、政治的審議は、はじめから進め方を規定されてしまえば、自己統治的なプロセスではなく、「われわれ」ではない別の人たちによって管理され、操作された営みでしかないからである。政治的審議を制約する法的枠組みそのものも、政治的審議の対象でなければならないのである。

　しかしながら、また立憲主義的な立場から、法的枠組みを生成する政治的審議そのものも、また法的枠組みによって規律されなければならない。政治的審議が、憲法の根幹にかかわる重要な部分をたやすく改変できないように、政治的審議の手続をあらかじめ規定しておく必要がある。このように以下、法と政治の関係が延々に続いていく。マイケルマンは、この法的枠組みと政治的審議のあいだにある逆説的な関係を、どのように整合的に説明しようとしているのか。

　この逆説的関係を解消するには、二つの理論構成が考えられるであろう。一つの理論構成は、立憲的制約を争いえない所与とし、政治的審議をそうした制約に反しないプロセスとして最初に定義しておくことである。すなわち、政治的審議とは立憲的制約に反しないものである。これは、いわば定義による対立の概念的解消である。このようにすれば、自己統治と法の支配とのあいだに幸福な結合がありうるかもしれない。しかし、マイケルマンにとって、その幸福な結合を定義によって解消するならば、「基本法を決定するレベルで、デモクラシーの余地があるかどうかはもはや明らかではない[87]」。彼は、憲法体制下における通常の法律制定レベルでの自己統治だけではなく、高次法である憲法レベルでの自己統治の実現までをもめざしているからである[88]。したがって、これは彼の採用する理論構成ではありえないであろう。

第二の理論構成は、マイケルマンの法生成的政治論の考えを貫徹することである。すなわち、法はすべて政治によって生成されるという考えを貫く、ということである。この場合、彼は、政治的審議を制約する法的枠組みそのものが、政治的審議の結果として必然的に生じるようなプロセスを描くことになる。いわば、法的枠組みは、一般市民たちが参加する政治的審議のプロセスの延長線上に必然的に生じるはずであるとされる。この仮定が成立しなければ、法的枠組みが政治的審議にとって外在的なものとなり、それぞれを内在的に結びつくように理解することは不可能になる。この仮定が成立して、はじめて憲法を、政治的審議の対象であると同時に政治的審議を制約する枠組みとして理解できる。この理論構成は、こうした仮定を組みいれることによって、法的枠組みと政治的審議の関係を整合的に理解しようとする。おそらくこちらの方が、マイケルマンの意図にそくしているであろう。

ところがこのように考えたとしても、法と政治の逆説的な関係が完全に解消されるわけではない。法的枠組み、あるいはそれが保障する個人の自由を制約条件としながら、政治的審議がどのような形で法的枠組みを生成することになるのか、さらに政治的審議を通して生成された法的枠組みがどのような形で再び政治的審議を制約することになるのか、いっさい説明がなされていないからである。ひょっとすると、法によって規律された政治が生成した法は、政治を規律する法ではないかもしれない。法1によって規律される政治が生成する法2は法1ではないかもしれない。

これはたんなる言葉遊びではない。法1と法2の同一性が一般市民の側から確認されなければ、一般市民がいくら政治的審議に参加し、法の生成にかかわったとしても、自ら直接に関与した個々の法についてのみ「公共的」なものとして受けいれこそすれ、すべての法——これには政治的審議を制約する法も含まれる——について受けいれることはないであろうからである。一般市民にしてみれば、いくら政治的審議を通して法を生成したとしても、その前提にある法の制約はけっして自分たちの手で自ら得たものとしてみなされることはないであろうからである。したがって、これら法と政治が、いったいどのような関係をもつかについて説明しなければならないのである。

法生成的政治論の四つの欠落

このようにマイケルマンの法生成的政治論は、以上の四つの点であいまいさを残している。もちろん繰りかえすように、法生成的政治論は、審議-参加型共和主義の基本構想を示し、法の公共的正統性をもたらす政治モデルを見出そうとする試みに大きな示唆を与える。ところが、それは以上の四点に見られるように、不明瞭な側面をも併せもつ。そこで法生成的政治論は、より立ち入った具体化と詳述の機会を待たなければならない。ここにマイケルマンの法生成的政治論が、ハーバーマスの討議理論と出会う必然性がある。マイケルマンの示した基本構想を軸にしながら、審議-参加型共和主義の具体的内容を充填《じゅうてん》する必要があるのである。

四　審議-参加型共和主義の精緻化　討議倫理学による修正・補完

ここで以上のマイケルマンの基本構想にそって、ハーバーマスの討議理論を用いながら、審議-参加型共和主義の内容をより詳述し、それが提起する政治モデルをより明確にすることにしよう。

本章第二節で論じたように、ハーバーマスの理論は、マイケルマンの議論と相互補完的な関係にあると考えることができる。ハーバーマスは、マイケルマンの法生成的政治論を、彼自身の哲学的基礎である討議理論と接合し、さらにより広範な視点から拡張し、そしてとりわけその法生成的な政治――法に結実する審議プロセス――の捉え方を詳述しようと試みている。ハーバーマスの理論は、マイケルマンの法生成的政治論をさらに洗練させ、いっそう精緻化している。こうした見方からすれば、ハーバーマスの理論は、前節であげたマイケルマン理論のあいまいな点を明らかにし、その欠落した側面を補うものとして捉えられよう。

そこで以下では、ハーバーマスの討議理論を用いて、前節であげた法生成的政治論が欠落している四つの部分を埋め合わせ、それを通して審議-参加型共和主義が提起しうる一つの政治モデルを定式化することにしたい。

制度圏／非制度圏は中心／周辺あるいは上部／下部の関係にある

マイケルマンの法生成的政治論においては、制度圏と非制度圏、あるいはそれぞれの政治の関係が十分に明らかにされていなかった。ハーバーマスは、マイケルマン理論のこの欠落について、次のような具体的なイメージを示している。すなわち、ハーバーマスは、政治システムが中心と周辺によって構成されることを示している。(89) 彼によれば、政治システムのコミュニケーション過程は、中心-周辺の軸によって配列され、複数の関門によって構造化されている。政治システムの中心部には行政、裁判制度、議会制度などの複合体が位置しており、周辺部には利益団体や政党や職能団体等の結社、その他の公益団体や協会や慈善団体など、市民社会の諸制度が同心円状に広がっている。すなわちハーバーマスは、審議プロセスのなかで、制度圏が〈中核〉ないし〈上部（構造）〉にあり、非制度圏が〈周縁〉ないし〈下部（構造）〉にあるという政治イメージを示しているのである。

重要であるのは、このなかで、制度圏が〈受給側〉として、非制度圏が〈供給側〉のインフラとして作用することである。制度圏における公的諸機関——立法・司法・行政の諸機関——は、広範な審議プロセスのなかで、最終的な公的決定を下し、強制的権力を背景にその役割と機能の実現に努める、最後の審級としての役割をもつ。たとえば、司法過程においては、法的論争を解決するために最終的な判断を下す責任と権限をもつし、立法過程においては、諸利益・利害の調整や諸問題の解決を経てさまざまな法や政策を立案・制定する役目をもつ。このように制度圏の側には、公私領域にわたる広範な審議プロセスの流れを受けて、最終的に公的決定を下す権威があるとされるのである。

こうした制度圏の役割に対して、非制度圏は、公私領域にわたる広範な審議プロセスの流れを生みだして、制度圏の側に流しこみ、インプットする役割を担う。それは、審議の〈供給源〉として、制度圏の〈受給側〉に対して、社会的問題を取りあげ、政治的要求を掲げ、利益や欲求を表明し、法の制定や政策の形成に影響を及ぼす。非制度圏の側には、今まで「私的」であるとされてきた、さまざまな声や要求を公的議題に載せるために必要な、規範的言明の蓄積や一般市民のイニシアティヴが潜在しているからである。

この点にかんしてハーバーマスは、「審議的対話の政治は、合理化された生活世界のコンテクストと内的に関連している。審議的に整えられた政治的コミュニケーションは、生活世界の資源——自由な政治的文化と啓蒙された政治的社会化、そして何より意見を形成する連帯的結合のイニシアティヴ——によって成立する」(90)と述べている。

ここでいう「生活世界」とは、行為者に対して世界の解釈枠組みを与え、共通の定義を与えるものである。この生活世界が提供するコンテキストは、参加者や行為者によって直接に知られることはできないが、あたかも直感的に知られる「暗黙知」のようなものとして、「コミュニケーション参加者が協同の解釈過程のために利用するさまざまな自明性ないし不動の確信の貯蔵庫」として登場する。それは、世界内的な地点からのみ利用される「文化的に伝承され言語的に組織化された解釈範型のストック」である。それは、社会の構成員あるいはコミュニケーション行為者に対して、「たくわえられた文化的内容」や「知のストック」を与えることで、共通に保証された「背景的確信」を提供し、「了解過程の脈絡」を形成する。[91] これは、マイケルマンが法生成的政治論のなかで述べていた、市民社会における対話やコミュニケーションで再集＝想起される規範的言明の「蓄え」あるいは「積立て」と同様の発想であり、それをより詳述したものとみてよいだろう。

　こうした規範的言明の蓄えは、まずこうした市民社会というインフラのなかで援用され、再確認され、非公式で細分化されたコミュニケーションの流れを生みだし、制度圏における審議プロセスに取りこまれることになるであろう。制度的には、裁判過程を通して個別的・事後的に救済されるという形をとる場合もあるだろうし、世論や声が大きくなれば議会で直接的に取りあげられる場合もあるだろう。このような大きな審議の流れのなかでは、確かに法廷や議会それ自体もまた、広範な審議プロセスの一部である。こうして政治的審議は、このように周辺部が取りいれる規範的言明のストックが、制度圏のいくつかの関門を通して、公的決定に反映されるというイメージで捉えられる。このようにハーバーマスは、制度圏と非制度圏との関係を、受給側と供給側という役割分担で理解し、中心-周辺あるいは上部（構造）-下部（構造）という図式に構造化するのである（図5）。

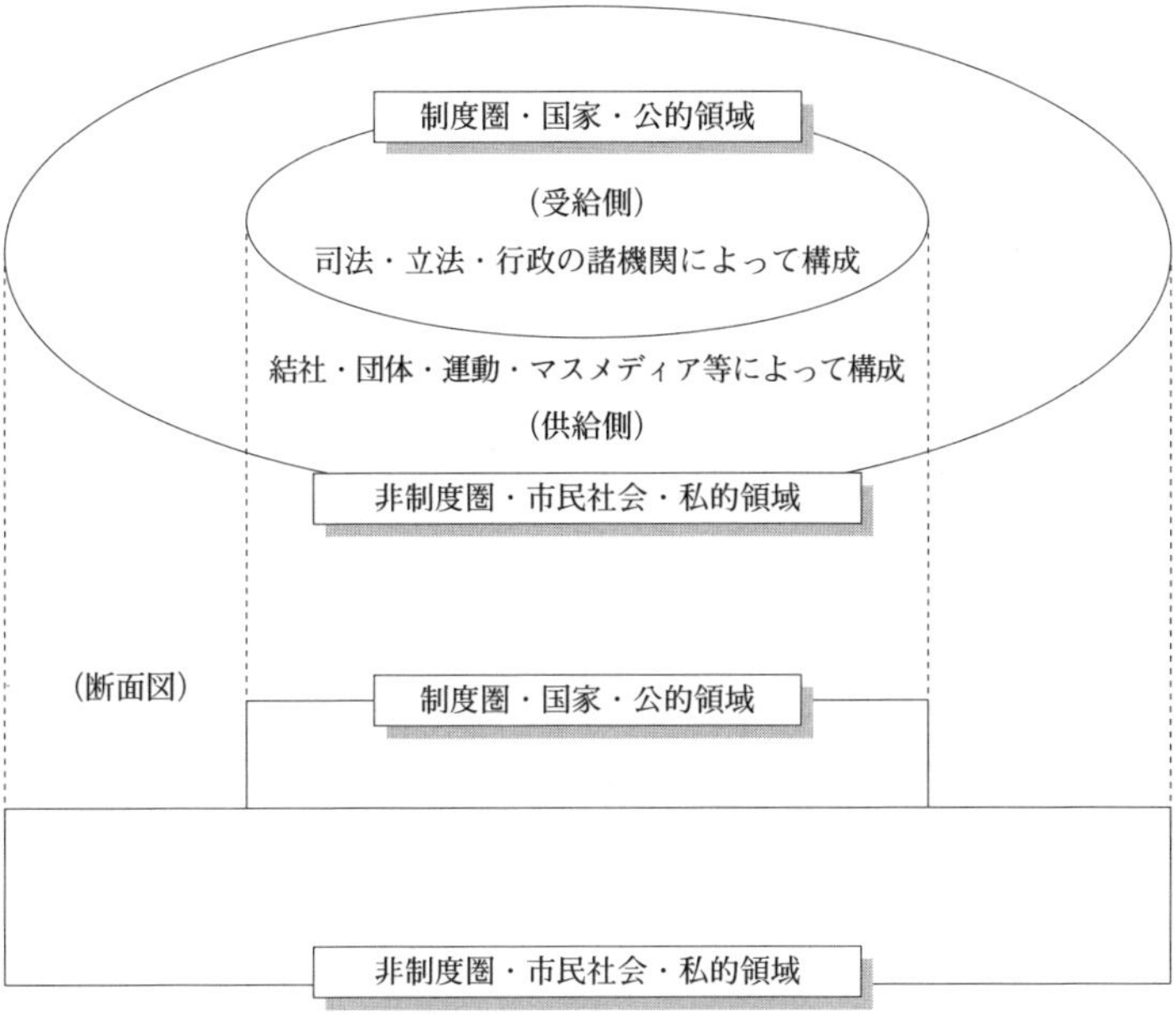

図5　制度圏と非制度圏

市民社会は感知能力と媒介的役割をもつ

第二に、市民社会に依拠する理由にかんして。前節で述べた通り、マイケルマンは、市民社会に固有の能力ないし機能を明確に示していなかった。これにかんしては、第一の点で示された制度圏と非制度圏の図式が、第二の市民社会の利点の指摘につながっている。ハーバーマスは、政治的審議のプロセスを、国家の諸機関を中心にして同心円状に市民社会の周辺部が広がるイメージで示した。こうしたイメージのもとでは、市民社会が国家における政治の〈周縁〉や〈下部〔構造〕〉に位置づけられていることが決定的に重要である。というのも、「いまや協議的政治にかかわる規範的期待の大部分は、周辺部の意見形成の諸構造に向けられる〔中略〕……制度化されていない公共的コミュニケーションのネットワークが自生的な意見形成過程を可能にする度合いに応じて、そうした強い期待を周辺部は満たすことができる[92]」からである。

国家における政治は、先述した通り、必ずしも自閉的なシステムであるわけではないし、従来「私的」であるとされてきた声や要求をまったく認知できないわけではない。しかしながら、広範な政治的審議のプロセスの中心部にある公的部門が、必ずしもつねに、そしてすべての要求や問題に敏感であるわけではない。すなわち、たとえある程度新たな要求や問題を感知するための措置・手続を予定ないし制度化していたとしても、それらがルーチン化・硬直化され本来の機能を果たしていなかったり、あるいはそもそも新たな要求をすくい取るための適切な窓口や経路がなかったり、(93)さまざまな要因が重なって、新たに提起された声や問題をもともとの形で〈知る〉ことも、〈見る〉こともできないかもしれないからである。(94)国家における政治は、知覚可能なものの上に構築されているのであり、〈中心〉の側あるいは〈上部〉からみて、声や要求を取りこむことのできる手続きを制度化していたとしても、そこにはおのずから限界があるのである。

マイケルマンに限らず、多くの共和主義の理論が、市民社会を政治的審議の場として評価している理由の一つはここにある。ハーバーマスは、次のように明確に述べている。すなわち、「市民社会の周辺部は政治という中心に対して、新たな問題状況を知覚し同定するためのより豊かな感受性を有している点で優位に立って」(95)いる、と。市民社会が政治的審議の場として評価されているのは、市民社会が国家の諸制度よりも、新たな要求や問題に対して敏感であり、それらを発見する能力が高いからである。それは、今まで「公的なもの」とは無関係であるとして、すなわち「私的なもの」として無視されてきたさまざまな声や要求を、はっきりとした形で認識し、提起することが可能であると当事者に知らせることができる。たとえば、何らかの公害が拡散・蔓延し被害者が増大すると、社会全体に危機意識が生じ救済の声が高まるであろうし、あるいは家庭や宗教団体で不当な抑圧や暴力に晒されている弱者が目に触れられれば、公的な介入を求める声があがるであろう。市民社会の組織や団体は、こうした問題をいち早く取りあげ、公知させることによって、議論や世論を喚起し、国家の審議対象を広げる。いわば市民社会は、今まで「私的なもの」として排除されてきた問題を発見あるいは感知し、公的決定に反映させる政治的メディアの場として機能しているのである。(96)

ハーバーマスは、マイケルマンが明らかにしなかった市民社会のこうした媒介的役割についてはっきり述べている。ハーバーマスによれば、マイケルマンは、審議的デモクラシーの論者とともに、制度圏における公式的な手続きを非制度圏のインフォーマルな対話に類推的に適用して、審議の理想的手続を、社会におけるすべての審議プロセスに反映させようとしている。ハーバーマスは、これに対して次のように述べている。すなわち、こうした審議的政治のモデルは、「民主的手続きにより規制される決定志向的審議と、公共圏における非公式的意見形成過程との関係について」、「内的細分化ばかりでなく、説明も欠けている」。制度圏の政治は、公的決定の選択を正当化あるいは処理するために構造化されているが、それが「国家市民の一般的公衆により担われた、手続きにより規制されない公共圏の発見の連関にも依拠していることを忘れるべきではない」、と。(97) ハーバーマスは、マイケルマンが「底辺」や「周辺」にいる人たちに期待する理由を明らかにして、市民社会が、感知あるいは発見の能力をもち、私的な声や要求を公的決定に反映させるという、媒体としての役割をもつことを評価しているのである（図6）。

政治的審議が果たす四つの役割

第三に、政治的審議のもつ役割について。マイケルマンは、政治的審議の役割を十分に説明しておらず、法生成的な政治の内実を十分に説明していなかった。これにかんしては、第二で説明された市民社会の利点が、第三の審議プロセスとして政治を理解するための一つの手がかりとなりうる。ハーバーマスにおいては、市民社会は新たな問題発生に対して敏感であるために、新たに発見した要求や声を公的決定に反映するための媒介として位置づけられたが、こうした〈周縁〉あるいは〈底辺〉にある市民社会の感知能力や媒介作用を活用できるような役割が政治

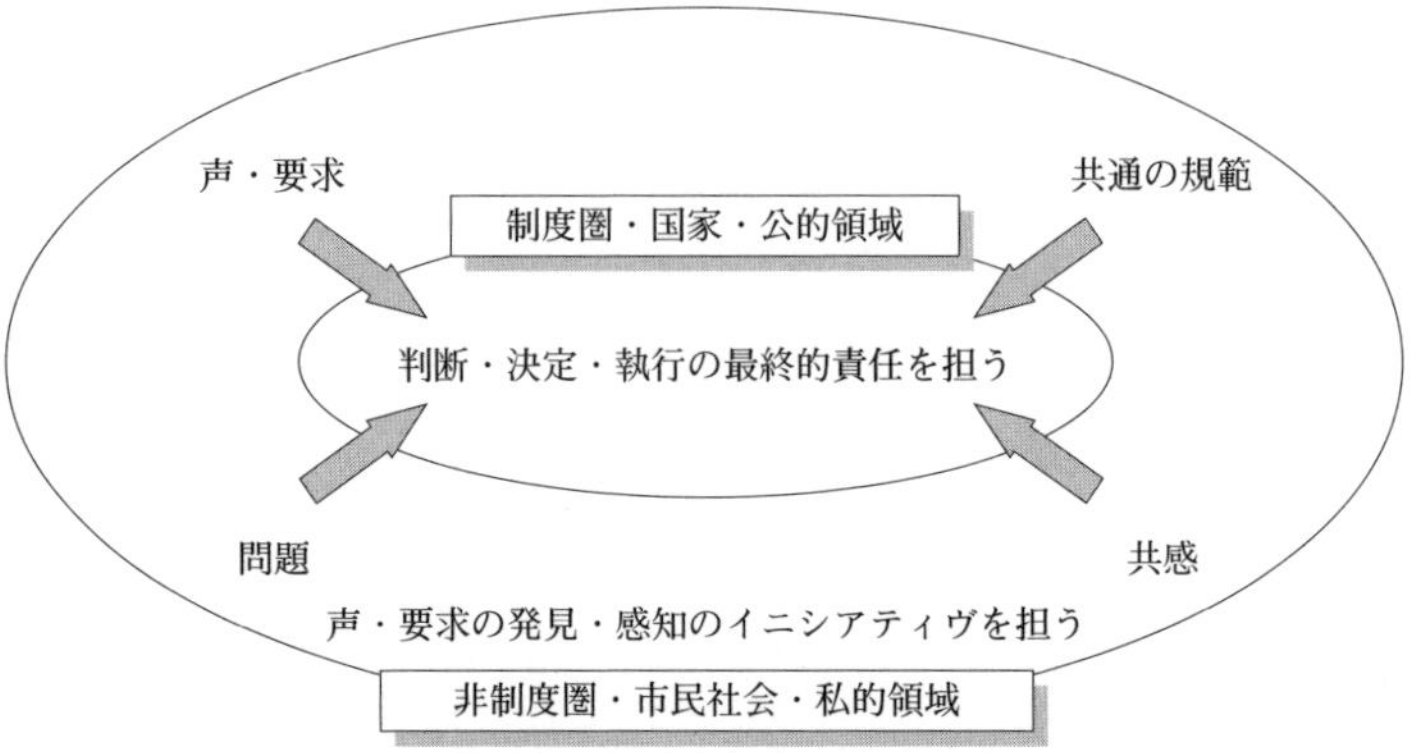

図6　媒体としての市民社会

に求められるのである。

ハーバーマスは、マイケルマンと同じように、政治的プロセスを、対話やコミュニケーションを通してあたかも一から法的枠組みを創設するかような過程——公共性の再構成プロセス——として捉えているが、マイケルマン以上にその役割を明確に示している。以下では、ハーバーマスの論述をもとに、政治的審議の性格づけを四つの点に分けて示していこう。

(1)　主題の流れを制御する

政治的審議の場で何が議論の主題となりえるかは、第二で述べたように、制度圏の側から必ずしも適切な形で決められるわけではない。もし〈中心〉あるいは〈上部〉から決めるのであれば、その主題は、最初から「余計」な要素を排除され、一定の問題解決の様式に分類され、あらかじめ制度的に馴染む形で定立されるために、もともと一般市民が要求した通りの生《ナマ》の声ではなくなってしまうからである。[98] ハーバーマスによれば、たとえば司法過程であれば紛争解決や判決の手続、行政過程であれば政策の策定や執行の手続き、あるいは立法過程であれば法案作成や予算の可決手続きその他が取られるが、これらは確立された様式にしたがって実施され、慣例化され、限られた時間的制約のなかで行われるので、潜在的な問題を十分に把握することができず、それを矮小化ないし無害化してしまう、という。[99]

したがって、公的議題の範囲や対象を決める場合、いわばトップ・ダウン式に〈上〉から押しつけることを避ける必要がある。ハーバーマスによれば、「拘束力のある決定は、正統であるためには、コミュニケーションの流れによって制御されていなければならない。この流れは、周辺部から流れ出て、議会や裁判所という入り口で、民主主義および法治国家の諸手続きという関門を通過するのである」。そしてこうした流れの制御によって、行政権力や諸々の社会的権力がコミュニケーション権力から独立して作用するのを避けることができる、というのである。[100]すなわち、政治的審議は、私的領域において生じた問題群を公的領域に流入させるという、制御の役割を果たすことにより、制度圏の健全で公正な諸機能を担保することができる。これら公私にわたる一連の流れのなかで重要なのは、公的領域と私的領域とが政治的審議によって適切に関連づけられ、コミュニケーションの条件——それぞれ私的領域に親密さを、公的領域に公開性を保証する——によって適正に規律されることである。この条件は、「私的領域と公共圏を分断するのではなく、一方の領域から他方の領域への主題の流れだけを調節するのである。なぜなら、公共圏は、生活史を反映する社会的問題状況の私的処理からの刺激によって作用するからである」。[101]

要するにハーバーマスは、制度圏の側にではなく、非制度圏の側に問題発見のイニシアティヴを担保しておくことによって、私的領域で生じる問題群が切り詰められ、あるいは飼い馴らされることを阻止し、公的領域の作用の公平性や健全さを保障する機能を政治的審議に担わせている。主題化の流れの逆流を防ぐ安全弁としての役割を、政治的審議に委ねているのである（図7）。

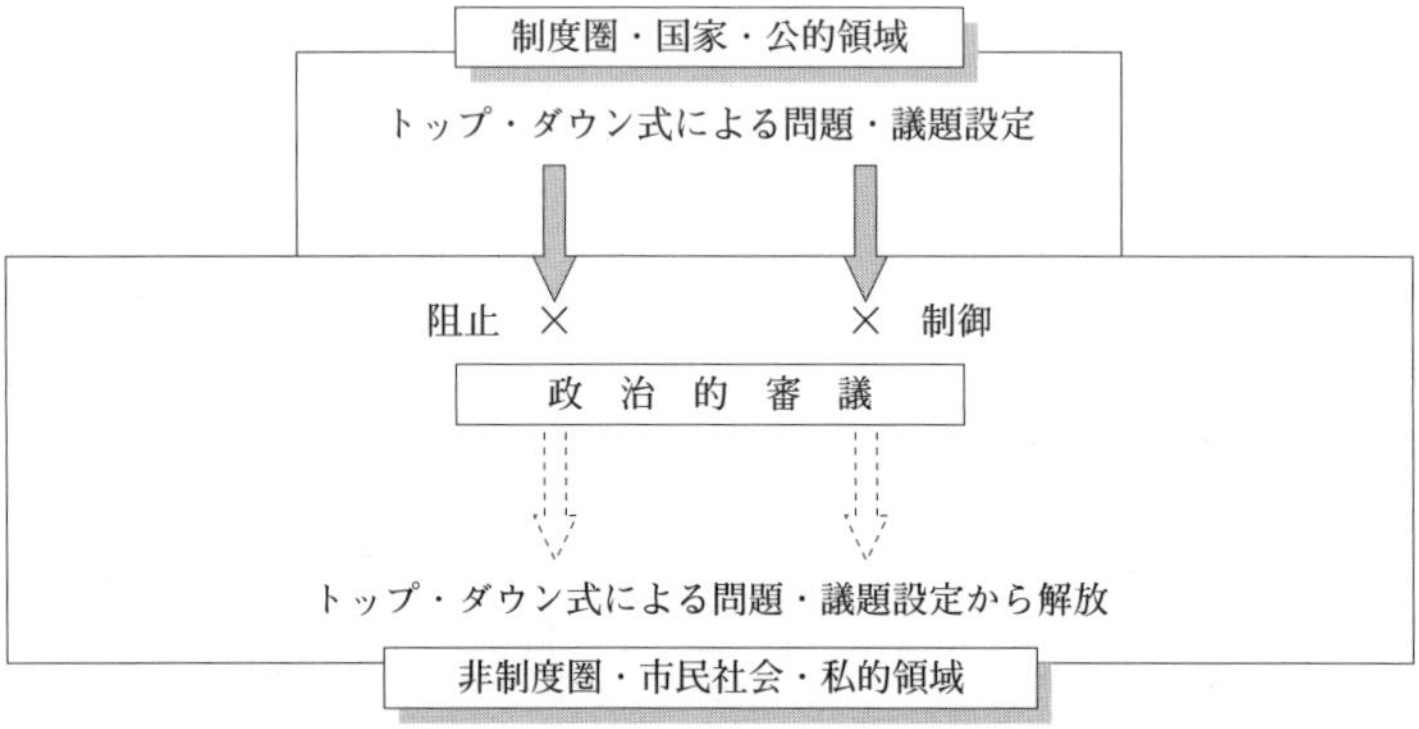

図7　安全弁としての政治的審議

（2）公的議題化の回路となる

ここであげられる役割は、いわば（1）の制御の役割と裏返しの関係にある。つまり、図式的にいえば、（1）で述べたように、政治的審議が〈中心〉から〈周縁〉に、〈公〉から〈私〉に主題化の形式を押しつけることを阻止するならば、その逆の含意として、それは〈周縁〉から〈中心〉に、〈私〉から〈公〉に主題化の流れをもたらす役割を担うことになる。ハーバーマスによれば、政治的審議は安全弁の役割をもつに加えて、市民社会で発見された声や要求を、制度圏において論じられる公的議題のなかに反映させる機能をもつ。すなわち、「市民社会は、程度に違いこそあれ自生的に成立した団体・組織・運動によって成り立っているが、こうした団体・組織・運動は、社会的問題状況について私的生活領域のなかに存在する共感を取りあげ、集約し、増幅して政治的公共圏へと流しこむ[102]」のである。

これは、第二で述べた、市民社会のもつ固有の機能や役割に相関している。市民社会は制度圏の諸制度に比べて新たな声や要求に対する発見・感知能力が高いため、生《ナマ》の声や要求をすくい取る入口としての機能を果たしうる。言い換えれば、発見された諸問題は、〈周縁〉あるいは〈底辺〉から、ボトム・アッ

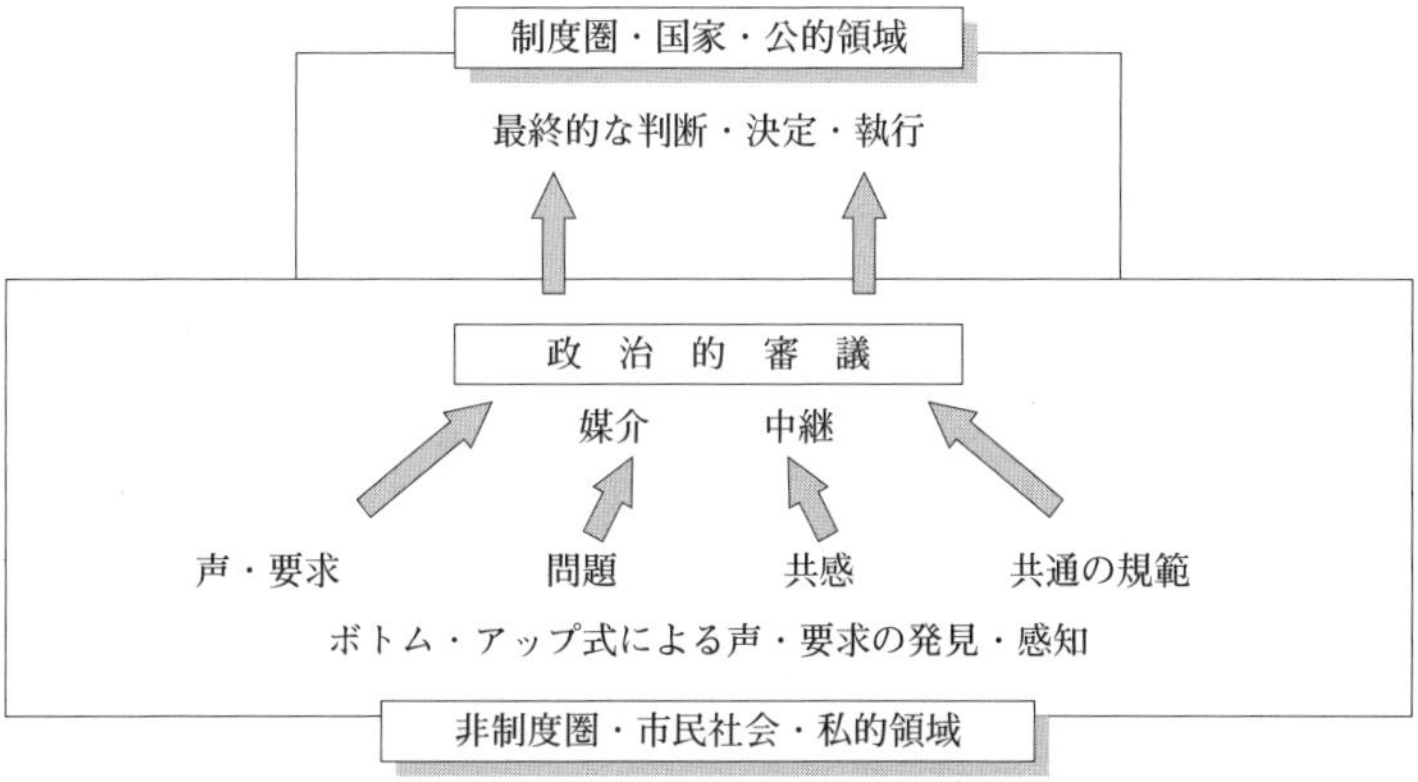

図8　回路としての政治的審議

プ式に取りいれられ、世論や運動などが高まることによって、漸次的に複数の経路を通して――たとえば、司法過程における権利救済、あるいは立法過程における政策形成などによって――公的な形で取りあげられ、決定に反映される。政治的審議は、家族や友人関係あるいは近隣関係などにおける対話やふれあいにはじまり、世論の形成、代表者の選出、これらのプロセスによる間接的な政策形成の促進、さらには議会における法案作成や裁判における判決形成にいたる非常に広範なプロセスである。政治的審議は、市民社会の入口あるいは窓口で取りこまれた問題や声を、こうしたプロセスを経て、いずれ公的決定に反映さらには実現させる、いわば回路としての役割を求められているのである（図8）。

(3)　法規範を濾過・結晶化する

しかし問題は、政治的審議がこうした回路としての役割を担うにしても、どのようにして、またどのような形で新たな声や要求を具体的に制度圏に伝え、公的決定に反映させていくか、である。マイケルマンは、これらの声や要求は制度圏に「当然ながら」伝えられると述べたが、そこに欠けていたのは、政治的審議の具体的プロセスの説明であった。もちろん「規範的言明の蓄積」なるもの、あるいはそれにもとづいて主張される私的な声や要求のすべてが、公的議題のなかに取りこまれるわけではない。「公共的」なものとして決定に反映される規範は何か、何が関連性があるもので何がないものなのか、これらを政治的審議はどのように扱うことができるのか。

この点にかんして、ハーバーマスは、次のように述べている。すなわち、審議過程や議決過程は、「理想的なかたちで『妥当《ギュルティッヒ》』な提案のみが公正な交渉および合理的討議というフィルターを通過し、議決で考慮されるように、主題と発言、情報と根拠を選別するのである」、と[103]。市民社会で新たに提起された要求や問題は、必ずしもすべて「公共的」なものとして一般市民から受けいれられるわけではない。そのかぎりで、それらは「非公共的」な性格をもつのである[104]。政治的審議は、これらの非公共的な主張や要求のうち、誰もが納得できる共通の論拠にもとづいているのか、あるいはそれが実現されたときに利害関係者にとって受けいれられるのか、これらを参加者相互の視点からチェックさせることによって、ふるい分けることができる[105]。

ハーバーマスは、この点にかんしてそれほど踏みこんだ論及をしているわけではないが、いくつかのアイデアは散見される。たとえば、「公共的意見の構造化にとっては、共通に遵守されるコミュニケーション的実践の規則が大きな重要性をもつ」のであって、参加者や行為者に同意を求められるかどうかは「適格な公共的意見の成立という形式的基準によって判断される」としている[106]。さらにこうした形式的な判別基準に加えて、「行為者が公共的コミュニケーションを通じて獲得する政治的影響力は、最終的には共鳴、つまり平等な素人からなる公衆の同意によって支持されなければならない[107]」とする。要するに、参加者の視点の交錯や一般市民の立場の互換性などの基準によって、主張や要求の「公共性」が測られている。このようにある主張や要求が、政治的審議を通して「公共的」であると認められ、規範的結晶として析出され、法的枠組みのなかに組みいれられるようになる。

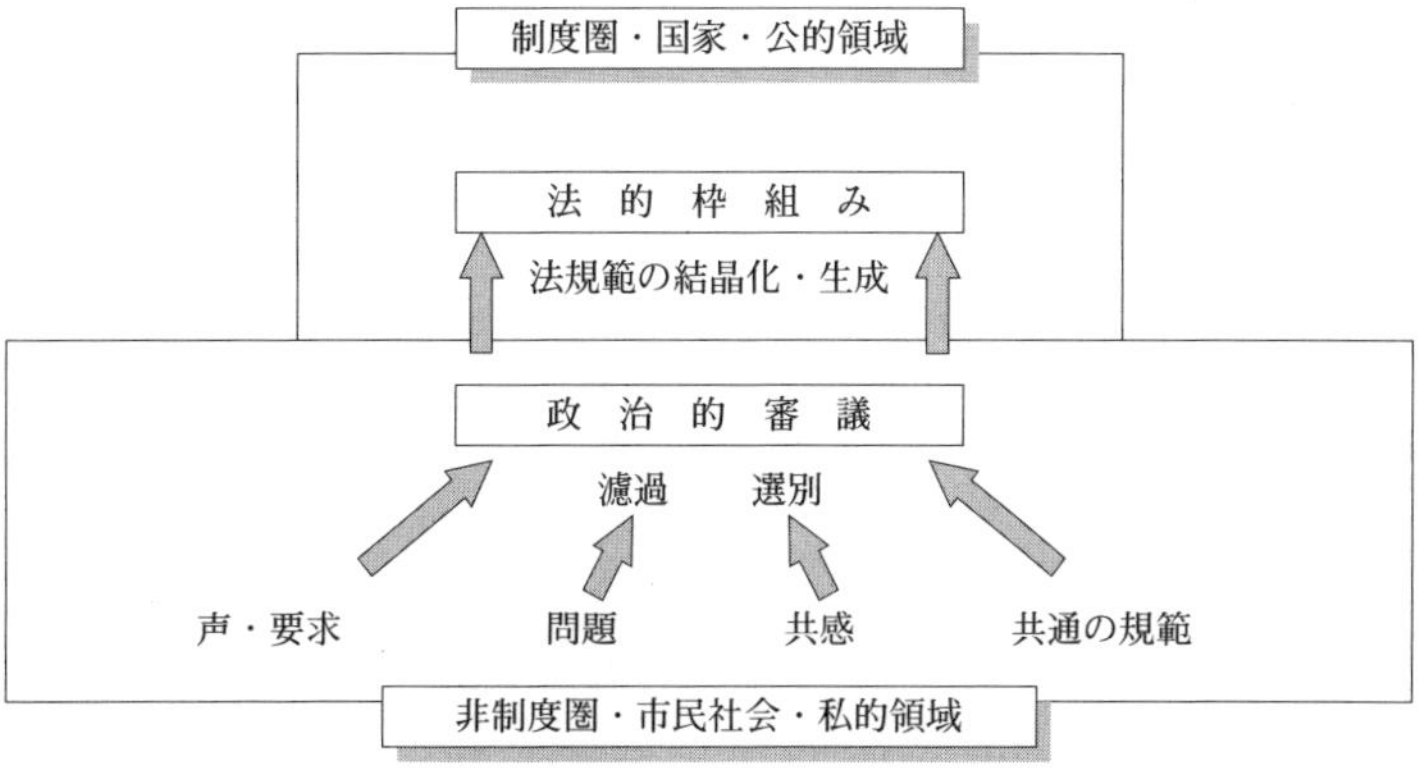

図９　濾過装置としての政治的審議

すなわち、政治的審議は、何が公共的な主張で何が公共的な主張でないかを判別する、いわば濾過装置としての役割を担わされているのである（図９）。

(4) 法の公共的正統化

本書の関心から最も重要であるように思われる点は、政治的審議が以上の機能を果たすことにより、法の公共的正統性をもたらすことにある。政治的審議は、「公共性の再構成プロセス」としての役割をもつことが期待されている。それは、現存する法的枠組みを暫定的な所与として、その公共性を括弧にくくりながら、あたかも一から法的枠組みを構築しているかのように一般市民の主張や要求を取り扱い、一般市民を「創設者の地位」に就かせることによって、一般市民の側から、今ある法的枠組みが自らの意見を反映しており、公共的に正統であることを改めて確認させる役割を担わされているのである。この政治的審議の機能は、マイケルマンの法生成的政治論において示されており、ハーバーマスによっていっそう詳細に展開されている。

ハーバーマスは、政治的論争から生みだされる公共的意見の影響力は、「民主的意見形成・意思形成の制度化された手続きのフィルターを通過し、コミュニケーション的権力へと転換し、正統的な法制定へと流れ込む場合にはじめて、事実的に一般化された公共的意見から、利害の一般化の観点のもとで吟味された確信が生まれるのであり、これこそが政治的決定を正統化するのである」[108]としている。審議的プロセスそれ自体は事実的世界に属するが、この審議プロセスのなかで参加者同士の意見の交換や視点の交錯が繰りかえされることにより、そこから得られる決定が規範的に正統性をもつことになる。参加者の主張は、たとえ最初は私益の要求にすぎないとしても、政治的審議で交わされるとき、他の参加者の立場に立っても擁護可能であるかどうか、あるいは一般化された基盤にもとづいているかどうか、というように、複数の視点や共通の根拠などから検証されることによって、正統化可能な主張であると承認されるようになる。そして、こうした審議プロセスを経て形成される決定は、一般市民の参加によって支えられ、民主的な意見形成を基礎にするかぎりで、公共的な正統性をもつものとして理解される。

このように参加者たる一般市民の視点から「公共的」に正統であるとみなされるのは、一つには、政治的審議が、社会の規範的言明や価値観の共通性を背景にしているからである。第一、第二で見たように、非制度圏にある市民社会は、制度圏の〈受給側〉に対して、さまざまな私的な声や要求を流しこむ〈供給源〉として作用している。こうした非公式的な審議の場においては、共同体の歴史や伝統によって受けつがれてきた「規範的言明」や「生活世界」のストックにもとづいて、参加者の主張や要求が繰り広げられるであろう。参加者は、誰もが認めるであろうと期待できる共通の規範や価値を根拠にすれば、自分の意見や主張を公共的に説得することが可能であると考える。こうした共通のストックにもとづいて民主的に意見が形成されるからこそ、政治的審議を通して生みだされた決定が公共的に正統であるとみなされるのである。

ハーバーマスは、民主的に組織化された意見形成・意思形成は、「非公式的な世論の活用を不可欠とする」。「公共性はそれ自身として、平等な国家市民の権利が社会的実効性をもつことを可能にしてきた社会的基礎に依拠しうるのでなければならない」(109)と述べている。こうした「社会的基礎」の内容は、それぞれの政治的共同体によって歴史的・経験的に変わりうるが、一般市民は、自らの政治的主張をする際に、他の一般市民も承認できるであろうと期待して理由や根拠を与える。こうした理由や根拠にもとづいて、主張や要求が相互に争われ、世論や集合的意思が徐々に形成され、「社会的基礎」が次第に形づくられ、そこから正統であるとみなされる公的決定が生み出される。こうして政治的審議は、公共的正統性の産出のプロセスとなるのである。

総体としての法的枠組みを公共的に正統化する

そして政治的審議は、このように個々の法や政策や決定の公共的正統性を産出することを通して、さらに法的枠組み全体の公共的正統性を、いわば遡及的に与えることができるかもしれない。

政治的審議に参加する人たちからすれば、自分が主張した政治的要求や問題提起がいったん審議の過程に取りあげられ、それが結果として公的決定に反映され、法的枠組みのなかに実現されるならば、参加者は自分の主張が一定の影響を与えたのだと理解し、自分が影響を与えた(と考える)決定だけを「公共的」なものとして受けいれるであろう。このかぎりでは、政治的審議が公共的に正統化するのは、個々の法や決定ではあっても、総体としての法的枠組みではない。

しかし政治的審議が恒常的・永続的に繰りかえされるならば、それにつれて、公共的に受けいれられる対象は、最初は個々の決定に限られるにせよ、漸次的に拡張されるようになるかもしれない。審議の参加者は、自分が影響を与えた(と確信する)決定と、自分が関知していない(とみなす)決定とを、いずれ見分けることができなくなるであろう。参加者は、ついには自分がすべての決定に関与していなくても、いずれかの審議プロセスに参加したという事実を顧みるだけで、審議がもたらすすべての決定の総体を「公共的」なものとして受けいれるようになるかもしれない。たとえ参加者たちが、政治的審議のなかで、ある特定のルールや手続きを所与としたとしても、あるいは法の制定や修正に部分的ないし間接的にしかかかわることができないとしても、審議プロセスに参加したという政治心理学的な事実が、いつかは総体としての法的枠組みを公共的に正統なものとするであろう。いわば審議の永続的反復は、総体としての法的枠組みの公共的正統性を原理的に限りなく増幅することができるのである。

これはたんに各人のアイデンティティや公民的徳性の問題ではない。各人が、審議プロセスのなかで、過去の創設者や現在の公職者たちとの連帯感を抱くようになり、自分自身が公的役割を担いうる公民的徳性を備えていると考えているのであれば、確かに法の公共的正統性も結果的にあるいは付加的に高まるかもしれない(110)。しかし政治的審議は、これらアイデンティティや公共心の育成そのものを目的にしているのではない。それは、たとえ仮に、政治共同体との一体感や連帯の意識をもたらさなかったとしても、あるいは私益や趣味に耽る「堕落した」生活をやめさせることができなかったとしても、その意味を失うわけではない。

政治的審議の目的は、むしろ参加者たちに、日常的に営まれる対話やコミュニケーションへのかかわりから、自分の行った主張や要求が、どこかで何らかの相違をもたらしたかもしれない、わずかではあっても公的決定に影響をもたらしたかもしれないという意識を芽生えさせることにある。このように政治的審議は、参加者たちに、自分が創設者や公職者と一体であるという感覚というよりも、自分自身が公的決定を産出する主体であるという感覚をもたらす。すなわち、政治的審議は、一般市民たちに一体感よりも、むしろ公共性の狙い手の感覚を生みだすのである。

この主体の感覚は、最初は微《かす》かなものかもしれない。実際のところ、一人の個人が公的決定に及ぼす影響など、大規模で多元化した現代の社会においては、たかが知れている。しかしながら、たとえ現実の影響がわずかである

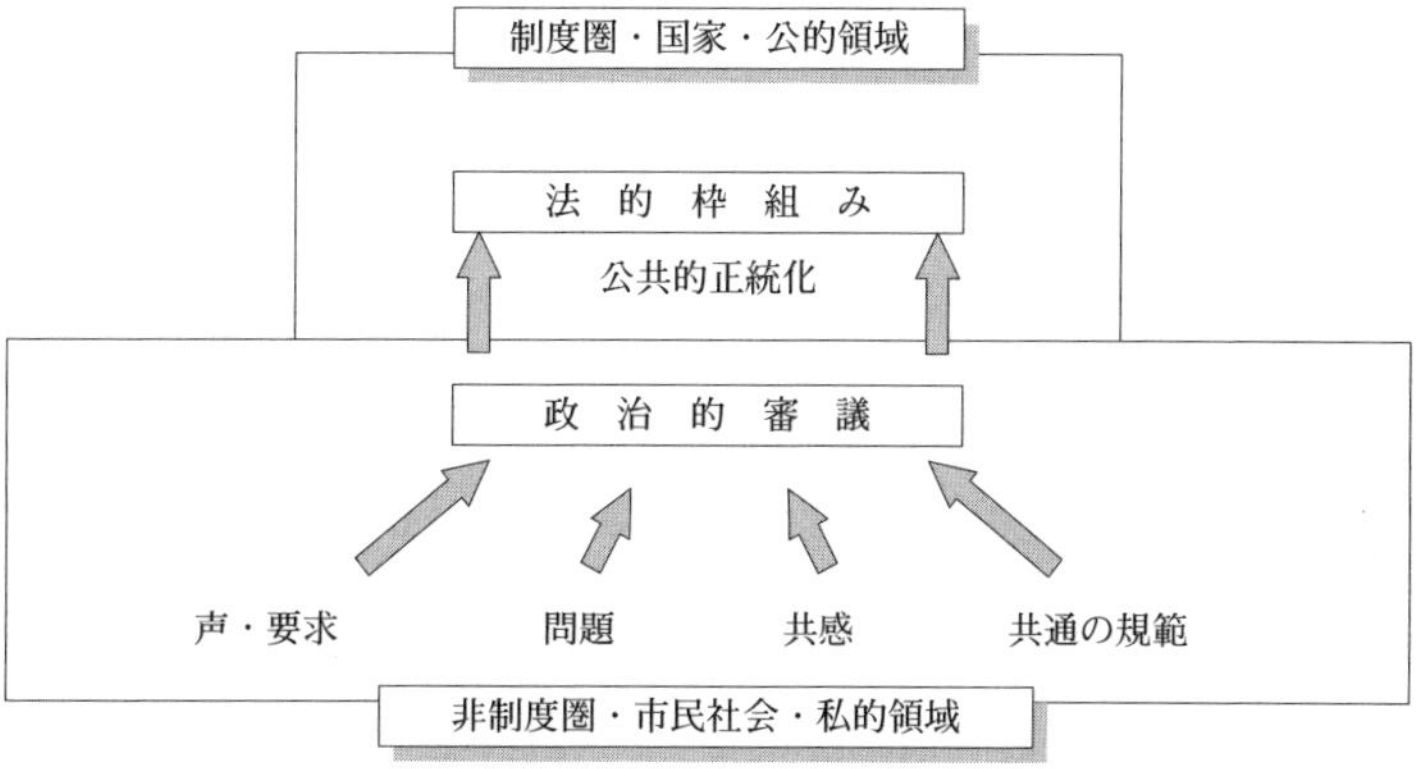

図10　法の公共的正統化

としても、政治的審議は、不断に無限に積み重ねられることによって、そしてさらに多くの一般市民たちの参加を促進することによって、参加者の主体の意識を高め、そしてそれを通して、法の公共的正統性を、徐々にではあっても、漸増させていくことになろう。[11] それは、いつかは、総体としての法的枠組みの公共的正統性をもたらすことになろう（図10）。

このように政治的審議は、不断の繰返しと反復によって、法的枠組みの公共的正統性をもたらすプロセスとして評価されている。ハーバーマスは、マイケルマンの法生成的政治を補充して、（1）主題化の流れを制御し、（2）公的議題化の回路となり、（3）法規範を濾過・結晶化し、（4）法的枠組みを公共的に正統化をする政治的審議の役割を、具体的に詳述しているのである。

法と政治の関係：権利の論理的生成

第四に、法と政治との関係について。マイケルマンにおいて、法を生成する政治は、それ自体法によって制約されると考えられていた。しかしそこでは、どのような仕方で、政治的審議が法的枠組みを産出・正統化するとともに、産出・正統化された法的枠組みが政治的審議を制約することができるのかについて具体的に語られていなかった。これは、第三で示された審議的政治の諸機能が、このような法的制約といかなる関係にあるかについて、より詳しく述べることによって説明されよう。

ハーバーマスは、この法と民主的政治との関係について、「権利の論理的生成」論を展開している。彼は、権利の論理的生成を、〈討議原理〉と〈民主主義原理〉と〈法形式〉とを結合したものとして理解している。[112]この権利の論理的生成において、「討議原理は、法の形式による制度化という方途によってはじめて民主主義原理のかたちをとるとされ、そのうえでこの民主主義原理が法制定の過程に正統性産出力を提供する」。[113]すなわち、討議原理は、法形式によって制度化されて民主主義原理に特定され、民主主義原理という形を取ることを通して法制定の過程に正統化の力を与える、というわけである。この叙述そのものは、討議原理が法形式と民主的原理に対してどのような関係にあるかを述べたにすぎないかもしれない。しかしそれは、マイケルマンの法生成的政治論を補完する議論として捉えられるならば、次のようになるであろう。すなわち、法に制約されながらも法を生成する政治のプロセスが、権利の論理的展開という形——言い換えれば、個人の基本的自由と権利を保障する法的枠組みが、政治的審議を通して展開されるということ——で捉えられる、ということである。

ハーバーマスは、この権利の論理的生成が、「討議原理を主観的行為自由の権利に適用することから出発し、最終的には政治的自律の討議による行使のための諸条件を法的に制度化することにまで行き着く」。[114]そして、政治的自律の討議による行使によって、発端として抽象的に設定された私的自律が遡及的に具体化される」過程であるとしている。この叙述は難解な印象を与えるが、[115]マイケルマンがあいまいなままに残した、法と政治との内在的関係を述べたものとして鋳直してみれば、その意味を明らかにすることができるであろう。

法-権利は審議の可能条件である

ハーバーマスの権利の論理的生成論は、まず最初に、抽象的な権利群を、論理的な導出過程をはじめるための発端として措定する。彼自身があげている抽象的権利のカタログは、以下の通りである。[116]

（1）権利をできるかぎり大きな尺度で平等な個人的自由として政治的自律的に内容形成することから導かれる基本的諸権利。

（2）法のもとでの仲間からなる自発的団体における構成員の地位を政治的自律的に内容形成することから導かれる基本的諸権利。

（3）権利の行使可能性から、そして個人の法的保護を政治的自律的に内容形成することから直接的に導かれる基本的諸権利。

（4）意見・意思形成のプロセスに参加する平等な機会に対する基本的諸権利。このプロセスを通して、市民たちは政治的自律を行使でき、正当な法を生みだすことができる。

（5）社会的・技術的・環境的に保障される生存の諸条件の提供を求める基本的諸権利。ただしそれは、市民たちが（1）から（4）で列挙された市民権を利用する平等な機会をもつならば、ある現存の状況が必要とするかぎりである。

これら最初に措定された抽象的権利群は、法的枠組みによって保障される「個人の自由」を抽象的な法形式で定式化したものとして考えてよいであろう。[117]これらは、内容的には、ロールズが正義の第一原理としてあげている内容とさほど変わらないように思われる。すなわち、それらは、公権力の介入から私的領域を確保することによって、個人の自由の範囲を最大限に認めることを意図しているものとして捉えられるであろう。言い換えれば、これらはリベラリズムの公／私分離と、それによる個人の私的領域の保障を、一つの原理として承認している。それらは、政治的審議が侵害することができない——集団的意思決定が否定することは認められない——、事前の法的制約であることを意味する。こうした抽象的諸権利の保障という形での、法的枠組みによる制約が審議プロセスの前提にされているのである。

　これらの抽象的な諸権利は、政治的審議を拘束する制約条件として位置づけられるが、このような位置づけは、あたかもリベラリズムと同じように、ある特定の公／私分離の形態を所与として扱っているかのようにみえる。もし仮に法的制約が、政治的審議の扱える対象をア・プリオリに制約するのであれば、「自己統治としての自由」を実質的に骨抜きにして、法の公共的正統性を失わせてしまうであろう。しかしこの法的制約は、政治的審議をア・プリオリに拘束する条件というよりも、次のような形で捉えられなければならない。すなわちそれは、そもそも政治的審議が、そのなかで参加者が相互に認めあう関係性のプロセスとして成立しうるための基本的な前提条件であると位置づけられなければならない。

　前提条件であるというのは、次のような意味である。もし政治的審議がこれらの基本的諸権利を前提としなければ、審議の参加者は、相互の主張を、自分と同じ自由平等な地位にいる参加者が行う有意な主張としてそもそも評価できないであろうし、したがって、それらの主張のうち、何が政治的に関連性があるか、あるいは何が公共的に承認されるべきかを相互に検討しあうこともできないであろう。権利を有する者として可視化されていない人たちの主張は、そもそも「政治的」あるいは「公共的」な意味をもつ主張として聞かれ、理解されることはないからである。[118] ここであげられている基本的諸権利は、法的枠組みによって保障され、政治的審議をはじめるための参加者の相互承認を、抽象的に、法的な形で表現したにすぎないと考えられる。そして、これらの基本的諸権利を保障する法的枠組みもまた、政治的審議をはじめるための一つの条件として作用することになる。

またハーバーマスは、これらの基本的諸権利は、きわめて抽象的な形で構想されていることに意味があるのであって、それらは政治的審議のあり方を先々まで拘束してしまうような具体的で実質的な条件ではない、ということに注意を喚起している。(119)さらに、これらの基本的諸権利は、結果として政治的審議を通して受容されるかぎり、政治的審議に時系列的あるいは論理的に先行する与件でもない。(120)これらの抽象的な諸権利は、あくまでも、政治的審議を成立せしめるための緩やかな〈条件〉であって、それなくしては審議プロセスそのものがはじまらない、あるいは意味をもちえないような、そうした条件である。もちろん、これらの抽象的な権利群は、どの自由平等な人でも合意可能な最低限の条件であると位置づけられているわけでもない。それらは、もし前提とされなければ、われわれが普段行っている対話やコミュニケーションさえ成立しなくなるような、政治的審議を可能にする条件と言うべきものである。(121)

政治は法-権利の解釈プロセスである

これらの抽象的諸権利を可能条件として、政治的審議が開始される。マイケルマンの言葉を借用すれば、これら今まで「私的」とされてきた諸権利を「はじまり」として政治的関係が結ばれ、法生成的な審議の場が成立する、ということになるであろう。審議の参加者は、これらの抽象的諸権利を前提にしながら、有意な政治的発言のできる自由平等な人として承認され、他の参加者も同様に自由平等な人として承認し、共同体の規範的言明のストックを参照しながら、自らの主張を公共的に説得していく。こうしたプロセスのなかで、審議の参加者は、自分の主張を抽象的諸権利についての一つの解釈として提起することができる。抽象的諸権利は、審議の可能条件として前提にされ、参加者全員によって共有しうる公共的基盤である以上、主張者は、自らの声や要求を、公共的に承認される抽象的権利の裏づけをもって主張することができるからである。言い換えれば、審議参加者は、自らの政治的主張をする際に、他の参加者も承認することが十分に期待される抽象的権利を、各々の形で具体的に解釈することによって、自らの主張に公共的な説得力を与えることができる。

こうして抽象的な権利群は、政治的審議において、各参加者によってしかじかの形で解釈されることによって、漸次的に内容をもち、具体性を加味されていく。それらは、政治的審議のなかで、参加者が要求・主張の根拠として援用されることを通して、より具体的な形を帯びるようになる。すなわち政治的審議は、抽象的諸権利を前提とするとともに、それらを解釈するプロセスでもある。(122) これら抽象的諸権利が公共的な基盤として前提にされているからこそ、政治的審議は、それらにもとづいて進められるとともに、それらを次第に具体化するプロセスとなるのである。

もちろん、政治的審議は、このような抽象的権利群の解釈のみを目的とするわけではない。(123) 政治的審議のなかで扱われる論点には種々の目的が含まれ、そのなかでなされた公的決定には権利解釈とは無関係なものも数多くあるに違いない。そもそも政治的審議の目的を、あらかじめ先立って限定することは、審議プロセス全体のあり方を大きく損なうことになる。政治的審議は、あらかじめ定立された政治的目的に合致していないからといって、誰かの参加を妨げたり、あるいは何かの主張を排除してはならない。政治的審議は、一人一人がまず自由に政治的見解を主張し、他の見解と競うことを通して、決定を誰からも受けいれられるようにする公共的正統化のプロセスとして位置づけられているからである。

しかしながら、政治的審議は、抽象的諸権利を前提にしている以上、つねに同時に、その具体化のプロセスである、とも言える。このことは、審議の目的や参加者の意図とは必ずしも関係ない。政治的審議に含まれる思考・言説・態度その他諸々は、参加者相互にとって受容可能な形をとって、これら基本的諸権利のある特定の形態を、あるときは暗黙の前提とし、あるときは積極的に支持し、またあるときは逆に、それに対する反対の主張をすることによって、抽象的な権利群に具体的な意味を与えていく。このことは、ある特定の権利形態に対して反対の主張をする場合にも当てはまるであろう。というのも、そのような反対の主張でさえ、抽象的な権利群が、少なくともそのような形では解釈されてはならないということを含意しているからである。[124] この場合、抽象的な基本的諸権利は、解釈の幅の限界を示されることによって、逆に意味づけされている。

このように抽象的諸権利が審議のなかで具体化される作業は、必ずしも参加者すべてが権利の解釈を目的としているわけではなくても、広範な政治プロセスの各段階——個人の内面的熟慮、身近な人たちとの話しあい、代表者たちとの意見交換、公式の議会や訴訟における弁論——で、相互に影響を与えあい、またフィードバックを繰りかえしながら、つねに行われているのである。

法は政治の産物である

政治的審議では、こうした抽象的諸権利の解釈をめぐって争われることになるが、参加者相互の視点や主張が交錯しあうなかで、これらの解釈にもとづくある主張は「公共的」であるとされ、ある主張は「非公共的」であるとされ、それらのなかから、より広く「公共性」が認められる主張や解釈が生き残ることになる。もちろんこのプロセスはけっして単線的ではなく、制度圏の代表者たちに「当然ながら」伝えられることはない。これら権利解釈のプロセスは、多数の審議の場で繰りかえされ、ある場では公共的に承認された主張や解釈が、別の場では非公共的であるとして否認される場合もあろう。これら複数の審議の場が、相互にフィードバックを繰りかえし、ネットワークを形成し、多層化していくことで、漸次的にある特定の権利形態や法解釈だけが、より広範な場において公共的に受けいれられるようになる。

このような政治的審議のプロセスを通して、ある具体的な形をとった権利群が、法的に保障される形で、公的決定として帰結する。すなわち、これらの具体化された権利群、そしてそれらを保障する法的枠組みは、政治的審議によって公共的に生成された産物である。それらは、一般市民の参加によって成立した政治的審議を経由しているからこそ、公共的に正統な結果となるのである。

こうして、最初に措定された抽象的諸権利は、ハーバーマスが言うように「政治的自律の討議による行使のための諸条件を法的に制度化することにまで行き着く」ことになるだろう。とりわけ（4）――さらには、政治的影響力の実質的平等を保障するために、（5）も含まれるであろう――であげられる権利のように、最初は抽象的にすぎない権利群――私的領域における個人の自由を法的な形で表現したもの――は、あるときはしかじかの形で拡張され、またあるときは別の形で展開されることによって、行為者、すなわち審議の参加者の視点から相互に承認されるようになる。[125]おそらく、これらの権利は最初はかなり私的な性格をもつ対話や話しあいの場で認められるにすぎないだろうが、複数の議論の場が交錯し、新たな公共の場が創出され、さらに審議のネットワークが形成されるにつれ、次第にある法-権利の解釈が広範に受けいれられるようになる。こうした権利群と、それらを保障する法的枠組みが、公私にわたる広範な政治的審議のプロセスのなかで生成してくるのである。

法は政治によって公共的に正統化される

もちろん、これらの具体的な権利解釈と法的枠組みのあり方は、おそらく絶えず論争の的になり続けるであろう。それらが、一般市民から全員一致で同意されるような完全な形になることは期待できない。権利の具体的形態について争う政治的審議は、それがどのような段階であれ、何度でも繰りかえし生じるに違いない。[126]このような継続的な審議のプロセスを通して、権利の具体的解釈と法的枠組みのあり方は、あれこれしかじかの形態を取りながら、絶えず変化し続けるであろう。つねに特定の法-権利の形態が、ある時点で完全に固定化されることはありえないであろうし、時代を経てさまざまな事情や文脈もまた絶えず変わるのであってみれば、法-権利の形態もまた、状況依存的に変わっていくことは不可避であろうし、それ以上に望ましいことでもある。

望ましいというのは、政治的審議における参加者は、こうした権利解釈の争いのなかで、そこから得られる帰結が、各々の視点から公共的であること、公共的に正統であることを何度も再確認することができるからである。もちろん、基本的な諸権利の解釈は、それぞれの参加者がもともと思い描いていた形とは異なるかもしれない。しかし、自分の要求や主張の公共的説得に失敗した参加者でさえ、それら自分の望んだ形とは異なる権利の解釈が、抽象的な権利群から派生してきたことを理解しているのであって、具体化された権利を抽象的な権利の一つの表現としてみなすことができる。もし参加者が、審議を通して得られた具体的な解釈に納得がいかないのであれば、再びそれを審議の場で問題にして、異議を申し立て、さらに議論し続けることになろう。

こうした問題提起は恒久的に続けられることになるだろうが、しかしだからといって政治的審議から帰結された決定は、いつまでたっても「公共性」をもつことはない、ということにはならない。それぞれの政治的審議の決定は、少なくとも暫定的な公共性をもつものとして、各々の参加者に受けいれられるであろう。一回かぎりの政治的審議のプロセスが、唯一の公共的正統性をもたらすわけではない。「何が公共的であるのか」、あるいは「どこまでが公共的な役割の範囲なのか」という問いは、すなわち、公共性のあり方、あるいは公/私分離の形態にかんする問いは、永続的な審議プロセスのなかで、いつまでも争われ続けるであろうからである。

このプロセスが恒常的・永続的に繰りかえされることによって、政治的審議を通して決定された個々の権利形態や法解釈が、一般市民の側から何らかの〈つながり〉があるものとして受けいれられるであろう。それらは、審議のプロセスのうち、どの段階であれ、一般市民たち自らが参加する政治の営みのなかから、創出されたものとみなされるからである。たとえ現実に一般市民のそれぞれが権利の解釈や法の制定に直接の影響を与えなかったとしても、何らかの形で寄与したかもしれないという政治心理学的な意識が、公と私との〈つながり〉の感覚をもたらすであろう。

そしてここから、一般市民たち自らが直接に関与したわけではないとしても、一般市民たちがつねにすでにそのもとにある現行の法的枠組みもまた、こうした〈つながり〉がある公的決定を含む総体として、何らかの形で、「公共的」なものとして受けいれられる契機が生じるであろう。こうした契機は、最初は微かであるかもしれないが、政治的審議が永続的・恒常的に繰りかえされることによって、次第に大きくなり、いずれは公共的正統性をもたらすことになろう[127]。いずれにせよ一般市民たちは、審議プロセスのなかで、法の名宛人であると同時に法の著者——すなわち「創設者の地位」に立つ人たち——として自己理解する。すなわち一般市民たちは、政治的審議を通して、法を創設する主体の意識をもつようになり、「自己統治としての自由」を享受することができるのである[128]。

こうした政治的審議のあり方が、まさに「公共性の再構成プロセス」の内実を表している。すなわちそれは、所与とされた公／私分離の形態——現行の法的枠組みとその権利保障のあり方——を一度括弧にくくり、公／私分離の原理——抽象的権利の保障——にまで立ち戻りながら、この分離原理の具体的形態——法-権利の解釈——を文脈や状況にそうように漸次的に適合させ、以前とは異なる新たな公／私分離の形態——公共的に正統化される法-権利の形態——を再度、あるいは何度も形成するプロセスなのである。

政治は法によって規律される：再び

しかし、公／私分離の具体的形態がいかに変化するにしても、「権利の論理的生成」で述べられている個人の自由、そしてそれを抽象的権利という形で保障する法的枠組みは、依然として、つねに政治的審議の制約条件として前提とされ続ける。参加者は、審議プロセスのなかで、その具体的表現が変わりうるにしても、抽象的諸権利に反するような解釈をすることができず、抽象的諸権利の枠内で主張することしか認められないからである。

またそれゆえに、権利解釈のプロセスは、同時に、その解釈対象たる諸権利の再承認のプロセスとなる。参加者は、自分の声や要求を権利解釈を通して主張するときに、他の参加者も共有しうる公共的基盤としての抽象的諸権利につねに依拠しなければならない。そうすれば、別の参加者もまた、他の参加者とは異なる権利解釈を提示したとしても、自分の権利解釈が、別の権利解釈と共通の抽象的諸権利に由来していることを理解することになる。すなわち各々の参加者は、抽象的諸権利の枠内でそれぞれの権利の解釈をするために、それぞれの仕方で抽象的諸権利を何度も承認していることになるのである。抽象的諸権利は、審議プロセスのいかなる段階においても、審議を制約するとともに、審議を進めるための共通の基盤ともなる。こうした意味で、抽象的諸権利は、政治的審議を成り立たしめる可能条件なのである。

こうして「最終的には、政治的自律の討議による行使によって、発端として抽象的に設定された私的自律が遡及的に具体化される」ことになるだろう。最初は、政治的審議を可能にする条件として抽象的に措定されただけの権利群は、それ自体が政治的審議のなかで解釈され、意味を付与され、具体的な形態をもたされ、それらを通して再度あるいは何度も公共的に受けいれられる。「私的」であるとされたさまざまな声や問題は、市民社会において感知され、対話やコミュニケーションのなかに取りこまれ、権利解釈のなかで「公共的」であるかどうかふるいにかけられ、制度圏の政治にいたって具体的権利として「公共的」に受けいれられ、法的枠組みによって保障されるようになる。こうして最初に措定された個人の自由とそれを保障する法的枠組みから出発しながら、最後にはそこに再び回帰するわけである。

法と政治は循環的関係にある

もちろん、こうした法的枠組みと政治的審議との往来は一度かぎりで終わるわけではない。そのプロセスは、権利解釈と法のあり方をめぐって、いついかなる段階においても、同時並行的に、そして無限に繰りかえされるであろう。

すなわち、法的枠組みと政治的審議との双方向的な相互関係とは、法が政治の前提条件となり、またそれと同時並行して、政治が法を結実しうるような循環的プロセスを構成するものとして捉えることが可能であろう。マイケルマンは、「法」や「法の統治」は政治に対して、結果と入力、産物と先行条件としての循環関係にある、と述べている。[129] 彼によれば、法や権利は、政治的審議の媒介項であると同時に可能条件であり、政治的審議の帰結は法的な性格をもち、帰結としての法は審議それ自体を制約しなければならない、とされているのである。[130]

そしてこのマイケルマンの定式を引きついで、ハーバーマスもまた、権利の論理的生成を「循環的なプロセスを意味する」ものとしている。彼によれば、この循環的なプロセスのなかで、「法様式あるいは法形式と、正統な法を作成するメカニズム――したがって民主的原理――とが、等根源的に構成される」という。[131] そして自己統治の実践は、基本権体系の長期にわたる現実化・精緻化のプロセスとしてみられるならば、人民主権の原理は「法による統治」の観念の一部として組み込まれる、とする。[132] こうした意味で、ハーバーマスは、マイケルマンが示した法-政治の内在的関係、すなわち、法によって規律されるとともに、法を公共的正統化する政治のモデルを詳述しているのである（図11）。

審議-参加型共和主義の政治モデル

以上の四点をすべて要約すれば、審議-参加型共和主義は、次のような図式で法の公共的正統性をもたらす政治

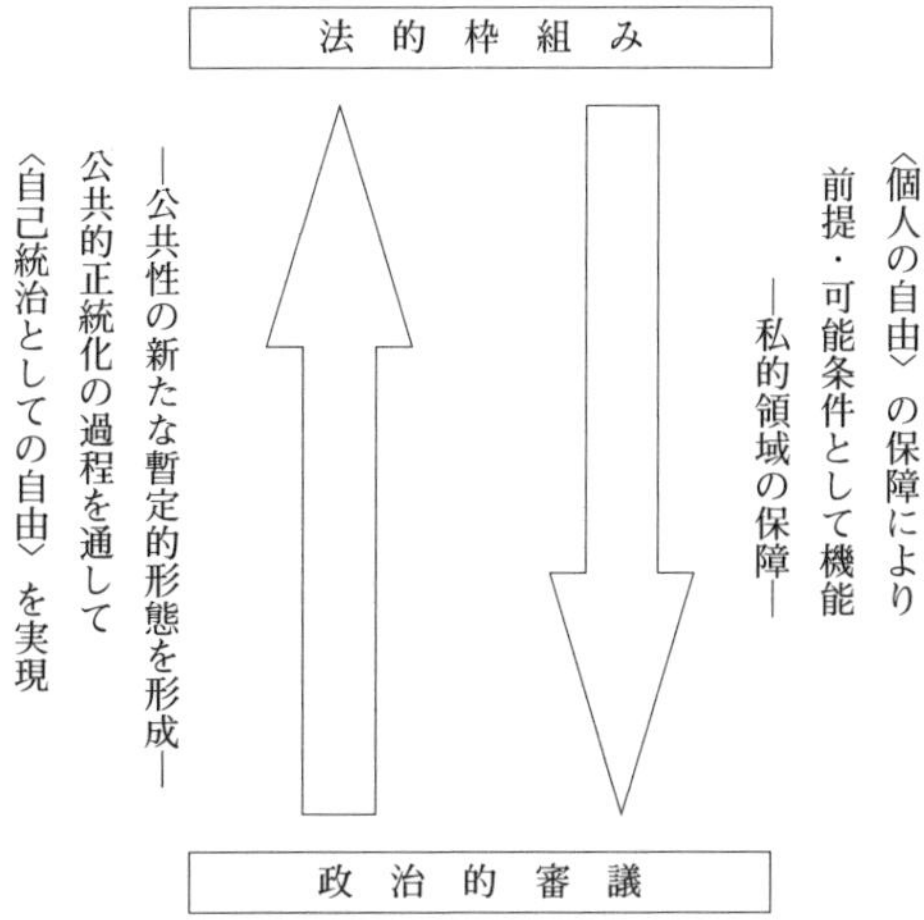

図11　法と政治の循環

モデルを提示していると考えることができるだろう（図12）。

ここまでマイケルマンとハーバーマスの理論を接合してきたが、このことから、以上のような審議-参加型共和主義の政治モデルを得ることができるであろう。審議-参加型共和主義において、政治とは、法的枠組みの公共的正統性をもたらす審議プロセスである。それは、「公共性の再構成プロセス」の性格をもつ。それは、リベラリズムのように公／私分離を所与とするのではなく、それをあくまでも原理的な前提とし、徳性-陶冶型共和主義のように公／私分離の放置・追認に陥ることなく、公私を適切な形で結合する。それは、「個人の自由」に矛盾せず、同時に「自己統治としての自由」を実現することができる。言い換えれば、それは、個人の自由を保障する法的枠組みを可能条件としながら、その法の公共的正統化のプロセスを通して自己統治としての自由をも実現する。政治は、法的枠組みと循環関係にある。すなわち、それは、法によって規律されるとともに、法を公共的に正統化する審議のプロセスである。マイケルマンとハーバーマスによって示唆されるのは、こうした審議-参加型共和主義の政治のあり方なのである。

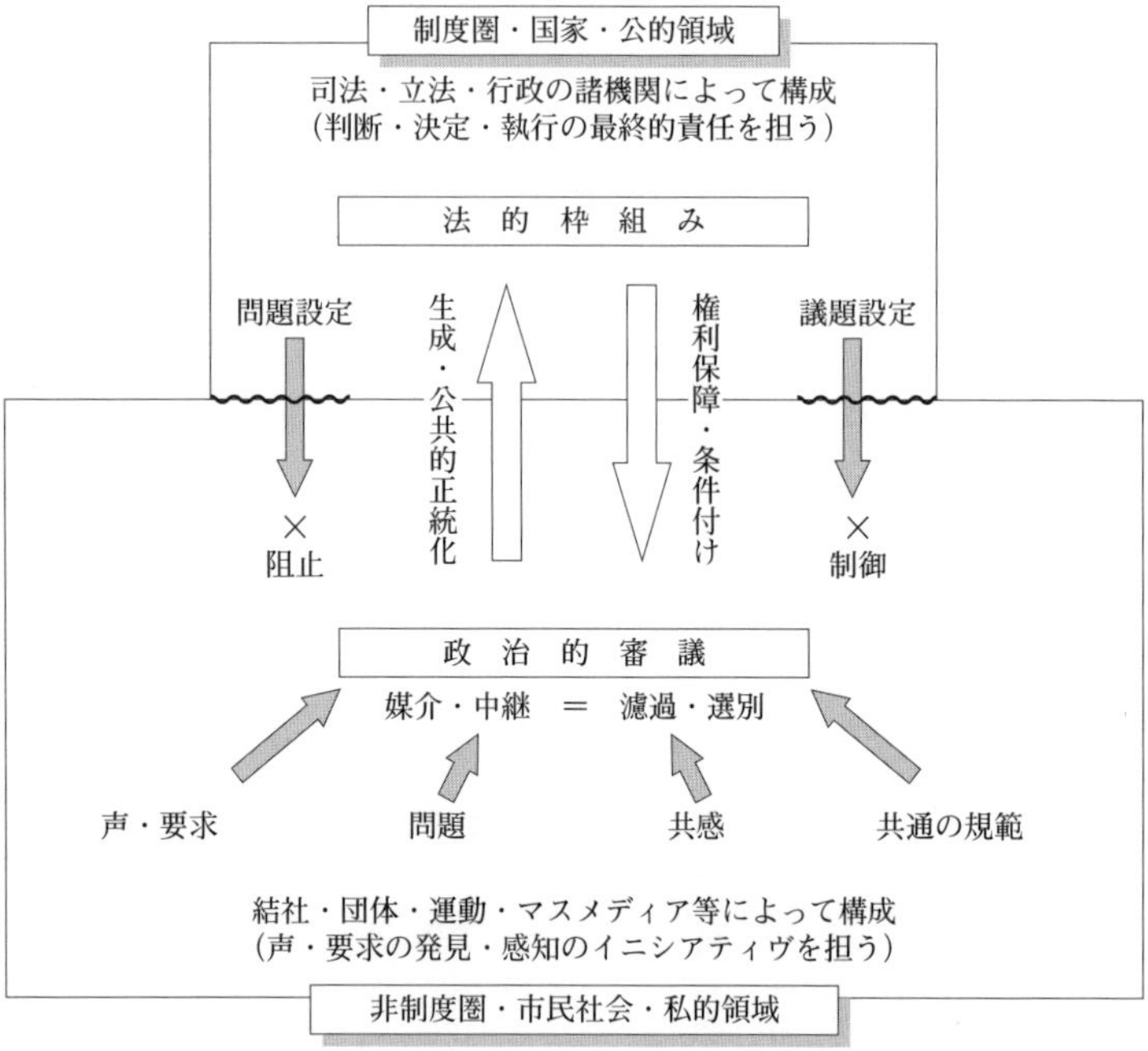

図12　審議-参加型共和主義の政治モデル

「法の公共的正統性」の問題

ここで本書の冒頭で提起した問いに戻ろう。それは、以下のような「法の公共的正統性」の問題であった。

現存する法的枠組みが一般市民の側からつねに受容可能なものとしてみなされるには、いかなる政治的な営みを通して可能となるのか。どのような一般市民の政治的なかかわりが、法的枠組みの公共的正統性を永続的・恒常的に維持・保障することができるのか。

審議-参加型共和主義は、自己統治としての自由を再興するために、われわれが対話や参加をすることを通して、「公的なもの」を取りもどそうとする。それは、審議や参加の政治の営みを通して、私的な声や要求をあげ、それらを公的な決定や制度に反映する回路を開こうとする。それは、「公共性の再構成プロセス」としての政治を通して、リベラリズムの公／私分離を損なうことなく、また徳性-陶冶型共和主義の隘路に陥ることなく、「公的なもの」と「私的なもの」とを結びつける道を見出すのである。

審議-参加型共和主義は、法的枠組みを暫定的な所与としながら、個人が私的領域で自由に各自の善き生を追求することを可能にするとともに、一般市民が自由で対等な立場で政治的審議に参加する地位を保障する。それは、一般市民が、法的枠組みや個人の自由を基礎にしながら、公共の場で、相互に主張や要求を繰り広げ、法的枠組みを次第に形成あるいは改変するイメージで政治的審議を捉えている。このような政治的審議を通して、法的枠組みが、また新たな形で「公的なもの」として形成されるであろう。このような仕方で、審議-参加型共和主義は、自己統治としての自由を実現し、法の公共的正統性をもたらすような、政治のモデルを示しているのである。

要するに審議-参加型共和主義は、公と私を適切に結びつける政治モデルを示すことにより、「法の公共的正統性」の問題に一つの手がかりを与えるのである。それは、この問題に必ずしも直接に解答を与えるわけではないかもしれないが、しかしこの問題にアプローチするための重要な視座を提供しているのである。それは、法の自己統治をめぐる、共和主義の法理論として評価されうるであろう。

結　語　法の自己統治に向けて

本書は、われわれの社会生活を規律している法的枠組みが、いかなる政治の営みによってその公共的正統性を得ることができるか、という問いから出発した。そしてこの問いにアプローチするために、従来のリベラリズムと共同体論のあいだでなされた論争を、公と私との関係をめぐる議論として捉え直そうと試みた。すなわち、リベラリズムがある特定の公／私分離の形態を所与としてしまうという問題は、共同体論が今まで受けいれてきた共和主義の類型、つまり市民の気質や性向を教育することを通して、公私乖離の感覚を埋め合わせようとする徳性-陶治型共和主義では克服されることができず、むしろ私的な声や要求を公的決定に反映させる対話の営みに活路を見出す審議-参加型共和主義によって克服されることを示した。この類型の共和主義こそが、法の公共的正統性をもたらす政治のあり方を示すことができるであろうと考えたのである。ここまでの軌跡をもう一度、辿っておこう。

まず最初に、自由民主主義の社会において、われわれは個人の自由とともに、自己統治としての自由をも実現できるはずであったのが、現代において、自己統治としての自由を十分に実現することができなかった歴史的・社会的背景を示した。従来のリベラリズムと共同体論は、しかしながら、こうした現状を直視してきたわけではなく、自我の姿や理想とされる社会をめぐって争ってきたように思われる。この論争から、次第に注目されるようになった論点は、正と善との関係、さらには公と私との関係をいかに捉えなおすかについてである。この論点を主な関心とし、これら二つの自由を同時に実現する理路を与える立場として、現代の共和主義があることを浮きぼりにした。

次に、この現代共和主義の観点から、リベラリズムの公私関係の理解が、どのような形で問題となりうるかを明らかにした。リベラリズムが問題視されるのは、公権力の介入から私的領域を保護することによって個人の自由を保障すべしとする、その公/私分離の原理が、自己統治としての自由の障害になりうるからである。ロールズにみられるように、リベラリズムの公/私分離は、政治参加を数ある善の見方の一つの善の見方として私化し、政治的審議を公共的理性の制約に服しめることによって非公共化する。こうした考えのもとでは、政治参加は個人の自由の問題とされ、政治的審議はその自己統治的な役割を喪失させられる。これによって法的枠組みは、参加や審議によって取りきめられるのではなく、正義の構想によって一義的にその文脈を確定されることになる。すなわち、リベラリズムの公/私分離は、個人の自由の領域を保障するために、公/私分離のある特定の形態を所与とすることで、結局は自己統治としての自由の実現を阻害するとともに、法の公共的正統性を根底から損なってしまう。リベラリズムは、公/私分離の原理それ自体ではなく、むしろ公/私分離の所与性こそに問題があることを明らかにした。

そして次に、このリベラリズムの問題が、共同体論が受けいれてきた共和主義の類型——徳性-陶冶型共和主義——では、克服できないことを明らかにした。徳性-陶冶型共和主義は、リベラリズムの問題を共同体から孤立した自我のせいにして、アイデンティティの育成や徳性の陶冶を行う共同体の政治——公共性の教育プロセス——に活路を見出そうとするが、この政治では、公私関係を適切に結びつけることはできない。それは、サンデルにみられるように、市民社会における小規模な共同体に依拠して、一般市民を教育する諸々の制度や施策によって、公私乖離の感覚を埋め合わせよう――個人の内面において解消しよう――とする。しかしそれは、公私を結合する現実の政治プロセスを示しえないところから、制度圏における政治／非制度圏における政治という区別を招きいれ、結局、公／私分離のある特定の形態を放置・追認することになる。こうして徳性-陶冶型共和主義は、公私の結合をめざしながら、結局は公／私分離の別の形態を再びもたらすという逆説的な隘路に陥ってしまうことを明らかにした。

最後に、この徳性-陶冶型共和主義とは異なる、もう一つの共和主義の類型――審議-参加型共和主義――が、こうした隘路に陥らない仕方で、公私関係を適切に結合することのできる可能性を示唆した。審議-参加型共和主義は、政治の営みを、法を創出・正統化する審議プロセスとして、すなわち今すでにそこにある、公／私分離の特定の形態を一度括弧に括ったうえで、新たな形態に組替える「公共性の再構成プロセス」として捉える。審議-参加型共和主義は、マイケルマンとハーバーマスにみられるように、政治的審議を、法的枠組みと循環的関係にある公共的正統化のプロセスとして理解している。すなわち、法的枠組みは、公権力の介入から私的領域を保護し、個人の基本的自由を保障することによって、政治的審議の可能条件として機能し、かつ、それが保障する個人の自由が具体的な権利の形態に解釈されることによって、政治的審議の公共的な帰結として審議参加者の側から受容される。逆に、政治的審議は、個人の自由を保障する法的枠組みを条件として可能となり、そのプロセスを通して自己統治としての自由を実現し、抽象的な基本的自由・自由を解釈することを通して、法的枠組みを公共的なものとして再-正統化する。これによって審議-参加型共和主義は、リベラリズムの公／私分離の所与性の問題を回避しながら、公／私分離を原理として損なわないでいることができると同時に、徳性-陶冶型共和主義のように公／私分離を放置・追認するという隘路に陥ることなく、公私関係を適切な形で結びつけることができる。この審議-参加型共和主義こそが、個人の自由の保障を前提としながら、自己統治としての自由を再生させ、法の公共的正統性をもたらす政治のモデルを示しうることを明らかにした。

以上の試みは、このように共和主義の政治のモデルを提示するものであるが、一つの重要な視座を示すものである。それは、政治が法と循環的関係にあるという認識である。これは、とりわけ日本社会にとって、無視できない示唆であるように思われる。というのも、日本社会は市民革命を通して憲法を獲得した経験をもつわけではなく、各々の一般市民が積極的に自由や権利の担い手になり、自分たち自身の法的枠組みを主体的に運用していくためには、法と循環的な関係にある政治にかかわることを幾度となく重ねていく他はないように思われるからである。残念ながら、現在の日本では、「押しつけられた」――と言われている――憲法をもう一度はじめからすべて起草しなおすことは、現実的にあまり有意なことではないし、米国のように「栄光に彩られた」創設期の過去の記憶や起源を想起させるだけで、憲法の妥当性を基礎づけられるような歴史的背景はない。もしそうであるならば、今すでにそこにある憲法秩序や法体系をいちおう暫定的な所与として、それを政治的審議を通して何度も何度も問いなおすことにより、われわれが「公共的」なものとして受けいれることのできる法的枠組みに再構成していくことが必要であろう。これこそが、日本の歴史的・社会的文脈にそくした政治の営みではなかろうか。

もっとも、これは日本社会に限ったことではない。法的枠組みを直接的に創設する近代革命の経験をもつのは、実は欧米諸国のような一部の国々に限られているのであり、そうした経験をもたない国の方が、世界において圧倒的に多数である。この事実を考慮に入れれば、たとえ不十分であっても、いちおう一定の形式的条件を満たす憲法秩序をもつ国や、ある程度の対話的実践を積み重ねてきた社会においては、法と循環的な関係にある政治の営みを繰りかえすことが、自己統治としての自由や法の公共的正統性を得るために必要となろう。このような循環的プロセスが重要であるという認識は、日本社会に限らず、自由民主主義の社会において、ある程度の普遍性を認められてよいのではないかと思われる。

最後に、本書は、もちろんあらゆる社会や時代に適応されうる普遍的な法理論をめざすものではなく、現段階で考えられうる共和主義の法理論の一つの試みにすぎない。本書で示した図式やモデルは、自己統治としての自由や法の公共的正統性をめぐる議論の土台を示したものである。どのような政治の経験から、法や権利がもたらされるのか。市民社会における対話やコミュニケーションは、どのような形で国家の制度圏に入っていくのか。政治のプロセスから取りこぼされる人たちは、いかにして法の生成にかかわることができるのか。これらは、共和主義法理論の今後の課題として残されている。

注

序章

（1）「法的枠組み」という言葉は、主に「社会を構成する諸個人に対して自由や権利を保障し、社会生活を送るための指針や背景を与える法の集合体」のことを意味している。基本的には、憲法を念頭においているが、憲法のみならず、憲法を中心として、各種立法や政策、司法的解釈などにまで同心円状に膨らんでいく法体系のイメージで捉えている。本書では「法的枠組み」の他、「法」「法規範」などの言葉も用いられる場合があるが、これらはこの「法的枠組み」から派生した用語であると理解してほしい。

（2）ここでは「公共性」あるいは「公共的正統性」を「一般市民の視点からの受容可能性」と理解しておく。それは「ある市民が別の市民の立場にたっても受けいれられること」を意味するが、いわゆる「立場の互換性」や「互恵性（reciprocity）」を中核とする理解と言ってもよい。この点にかんして、ロールズの「公共的理性」観念を相互性（互恵性）原理から理解し、それを「自由で平等な市民としての受容可能性」として理解する平野仁彦の議論が興味深い。平野 二〇〇四、三七五頁。

（3）本書は、二つの自由を融和させる道を模索する試みであるが、しかし二つの自由が原理的に矛盾・衝突しないと述べているのではない。本書は、ある局面でそれらのあいだに深刻な対立が生じうることを認める。しかし本書では、そうした対立が個々の場面で生じうることを認めながらも、より大局的な視点から、二つの自由がいかにして支えあい、あるいは法と政治が相互に支えあうかという、これら二つのあいだの相互作用の関係を論じることを目的としている。

（4）この問題は、伝統的に法哲学の領域で論じられてきたような諸問題、たとえば法体系の分析であるとか、法学や法実務で用いられる思考のあり方、あるいは法の前提・目的たる価値構造の解明などといったような諸問題に収まるような問題ではない。

（5）斎藤純一は、「公共性」の意味を、次の三つに区別している。「国家に関係する公的な（official）ものという意味」と、「すべての人びとに関係する共通のもの（common）という意味」と「誰に対しても開かれている（open）という意味」の三つである。斉藤 二〇〇〇、viii-xi頁。この用語法にしたがえば、本書の「法の公共的正統性」の問題とは、「第一の意味での「公的（公式的）」なもの——すでに所与とされている公共性――を、第二の意味での「公共的（共通の）」――一般市民視点から受容可能性――にいかに転換できるか」という問いとして捉えることもできるかもしれない。「公的（public）」という言葉は、混乱をもたらしやすい厄介な言葉であるが、本書では、斉藤の第一の意味を、「公的」――「公式的」という意味で――という言葉で表し、第二の意味を「公共的」――「共通の」という意味で――表す。「私的」という言葉と関係が深いのは、むしろ第三の「公開性」かもしれないが、本書ではこの意味では用いないことにする。この点に関する詳しい検討は、瀧川 二〇〇一に譲りたい。

(6) 大矢 二〇〇三、三四三頁。なお大矢吉之自身は、「熟議」という訳語を当てている。

(7) 本書の構想は、共和主義の法理論であるが、厳密に言えば、法理論であると同時に政治理論でもあると言える。すなわちそれは、政治に支えられる法についての理論であるとともに、法を支える政治についての理論でもある。それは、第四章第四節で示すことになるように、法と政治の相互的関係についての理論なのである。したがって本書の構想は、法理論か、あるいは政治理論か、いずれかに分類することは厳密にはできない。タイトルを「共和主義の法理論」にしているのは、従来の英米圏の政治哲学における議論蓄積を法理論として再利用しようとする、著者の企図に由来している。

第一章

(1) Constant 1819（一六一-九〇頁）. 前者の自由は、近代革命を経て創案された先進諸国の憲法典によって保障されはじめたものであり、後者の自由は、古典古代期のギリシャのポリスにおける民衆の直接的な統治に起源をもつ。

(2) Berlin 1969（二九五-三九〇頁）.

(3) この二つの自由の呼び方は、論者によってさまざまである。本書では、候補としては「自律／自己決定」あるいは「個人／市民」の区別を用いる手もあったが、これらの用語ではニュアンスが誤解されるか、意味が漠然としてしまうとの懸念から、結局「個人の自由／自己統治としての自由」という対概念としてはあまり格好のよろしくない語に落ち着いてしまった。

(4) ここで言う「自由民主主義」とは、近代以降、主に西欧諸国で発展してきた政治体制およびそれを支える政治的理念のことを念頭に置いている。それは、資本主義的経済体制との親近性をもつ党派ないし政治勢力、およびそのイデオロギーを指しているわけではないことに注意されたい。

(5) 本書は、自由民主主義の社会そのものを非難する見解を無視するわけではなく、この社会を擁護することを目的としているわけではない。ここでは、われわれが二つの意味で自由でありえるための立脚点として自由民主主義の社会を捉えておきたい、というだけである。

(6) Carter and Stokes 2002, p.1. なおこの点にかんして、萬田 二〇〇四、三頁を参照。

(7) 川崎修は、現代の民主主義論――とりわけラディカル・デモクラシー論――が、自由民主主義の理念によってその現実態を批判する試みであると解釈し、自由民主主義の理念と体制との相違を問題にしている。川崎 二〇〇二、七-一二頁。

(8) 本書が用いている「立憲主義」ないし「法治国家」という言葉は、高次法と通常法、あるいは高次の政治と通常の政治を区別したうえで、通常の政治を、高次法たる憲法によって抑制する考え、あるいはそれを実現する特定の機関を設けている国家体制のことを指している。

(9) デイヴィド・リースマン (David Riesman) によれば、政治的無関心とは、孤独な群集の一つの政治スタイルとして、「政治というものをかなりよく知りながらも、それを拒否するという無関心であり、あるいは政治的な情報を持っていながら、それを受けつけようとしない無関心であり、あるいは自分たちの政治的責任というものを知っていながらそれを果たさない無関心」であると述べている。Riesman 2001, p. 168 (一五五頁).

(10) 千葉 二〇〇〇、四八-五〇頁。

(11) 「国民国家」がたんなる幻想であることは、多文化主義がしばしば指摘するところである。なお「国民」概念を「想像の共同体」であると看破し、この概念が世界にいかに広まっていったかについて検討したものとして、Anderson 1991 がよく知られている。

(12) 那須 二〇〇一、一六六-七〇頁。なお「権威の非対称性」という語は、フレデリック・シャウアー (Frederick Schauer) によるものである。

(13) ここで言う「評価者」として、主に民主的に選出された代表者を念頭においているが、必ずしも民主的に選出されたわけではない裁判官などの場合、公職者と一般市民との視点の相違は顕著であろう。

(14) 時系列でみれば、民主的体制においては、過去に治者であった人が現在あるいは将来に被治者となることがありえるし、その逆もまた然りである。「同時期的」とわざわざ断っているのは、通時的にみれば治者＝被治者の同一視ができる場合もあるが、同時期的にみれば治者＝被治者の同一視は成り立たないからである。ある所与の時期において、視点のズレが生じる可能性があるならば、民主的体制は、このズレが生じる可能性をつねに含んでいるともいえる。

(15) 本書では、しばしば「制度圏」という用語を用いているが、このイメージはあいまいで空虚であるとの誹りは免れないであろう。ただ、それは「現実社会において公的機能を担ってきた、一般市民とは疎遠な諸々の政治的制度の全体」を示すもの、具体的には「司法・立法・行政の諸機関」を指す語として理解していただきたい。第四章の図表では、この語を「国家」や「公的領域」と互換的に用いている。

(16) 「公共哲学」とは、サンデルによれば、「われわれの実践に内在する政治哲学であり、われわれの公的生活を指導するシティズンシップや自由についてのさまざまな想定である」と説明される。Sandel 1996 p. 4. それは、たとえば国会の審議で述べられる議員の見解や、判決のなかに示される裁判官の意見、さらにはマスメディアで流される専門家の議論など、われわれの公共的言説のなかに表される規範的なものの見方、すなわち「何が正しいか」「何が不正であるか」などにかんする断片的なものの見方を、多少なりとも整合的に示した哲学的体系のことを指す言葉であると考えてよいだろう。

(17) このような理解は共同体論者と呼ばれている理論家に共通する認識であるといってよい。「われわれの現在の病理は、リベラリズムのもつさまざまな前提と公理の当然の帰結であるときに理解されている。」Terchek 1997, p. 15.

(18) 岡野 一九九九、七三二-八頁。なお、ここで岡野自身を共同体論者とみているわけではないことに注意されたい。

(19) ここであげている共同体論のリベラリズム批判は、Sandel 1996に依拠している。

(20) 「負荷なき自我は、われわれの道徳的経験に意味を与えない。というのも、それは、われわれが共通して承認し、賞賛しさえするある特定の道徳的・政治的義務を説明することができないからである。」Sandel 1996 p. 13.「リベラルな人間の構想は、薄すぎて、連帯の義務のような、われわれが共通して承認する道徳的・政治的義務の全範囲を説明することができない。」Sandel 1996 p. 16.

(21) 共同体論の言う「共同体（community）」とは、論者によって念頭に置かれている対象が異なることもあるだろうが、基本的には、ある共通の目的や善によって結びついた人と人との連帯関係のことを指す。たとえば「家族」、「近隣関係」、「教会」などがあげられる。共同体という観念には、「生まれながらにしてそこに帰属し、死ぬことによってしかそこから離脱できない」ことが含意され、その意味では、帰属するかどうかや離脱するかどうかの選択が構成員に認められる結社（association）——たとえば私立学校、クラブ、会社など——と概念的に区別される場合もある。なお政治共同体（political community）とは、人々が政治的に結合した共同体のことを指し、たとえば古典期では都市国家（ポリス）、近代以降では国家、現代では超国家的連邦——欧州連合に見られる——など、時代によってさまざまな形態を取りうる。政治共同体も、上記の共同体の一つとして数えあげられるが、しかしとりわけ「国家」を共同体のなかに含めるかどうかについて、上記の離脱可能性について理解に相違があり、共同体論者に共通の認識があるわけではない。

(22) 厳密に言えば、道徳的責務と政治的義務とは異なるし、自己理解とアイデンティティも微妙に意味がずれるし、公民的徳性は善の構想と必ずしも同一ではない。これの観念は何気なく混同されがちであるが、実は同じものを指しているわけではない。本来、より厳密な区別が設けられるべきであるが、本書では、自己理解とアイデンティティが道徳的責務の前提にあり、それらが総体として政治的義務を基礎づけるものとして捉える程度にとどめ、それらのあいだに厳密な区別を立てないで用いることにする。

(23) サンデルがその大著Sandel 1996の紙面の大部分を、米国の憲政史の実証的跡づけに費やしているのは、おそらくこのリベラリズムの実践的帰結を批判することを主な関心とすることに由来しているように思われる。

(24) Sandel 1996, p. 323（四二頁）.

(25) リベラリズムが批判を受けやすい形で歪められ、あるいは「ダミー化」されることに対して、リベラル側の抵抗感は強い。Rorty 1998, pp. 123-4；井上 二〇〇四、八-一二頁などを参照。

(26) サンデルは、初期の『自由主義と正義の限界』のなかで、リベラリズムの論客ロールズを批判していたが、後に『民主主義の不満』のなかで、憲政史の言説のなかで次第にリベラリズムに乗っ取られていく共和主義の残滓を実証的に跡づけている。

(27) リベラル・コミュニタリアン論争の紹介は数多くあるが、とりわけ以下にあげる文献を参照されたい。田中 一九九四、二五四-七頁、井上 一九九九、一四-六、一五〇-三頁、坂口・中野 二〇〇〇、八六-一〇四頁、菊池 二〇〇四、植木 二〇〇四、一一二-三八頁、Kymlicka 1988, pp. 181-203 ; Buchanan 1989, pp. 852-82 ; Taylor 1989, pp. 159-82 ; Mulhall and Swift 1996, pp. 157-69.

(28) 「リベラル・コミュニタリアン論争」の論点はさまざまな仕方で整理されるであろう。たとえばチャールズ・テイラーは、リベラリズムと共同体論が争った論点を、何が社会を構成する要素であるかについての「存在論上の問い（ontological question）」と、道徳的な立場やポリシーにかかわる「主張上の問題（advocacy issue）」とに分けている。Taylor 1989, pp. 159-60. また植木一幹は、共同体論のリベラリズム批判で問題とされていたのは、自我観、正の善に対する優先性、正義の普遍主義的正当化、政治社会のビジョンであるとする。植木 二〇〇四、一一五-六頁をみよ。

いちおう断っておくが、以下であげている三つの論点は、テイラーの区別と部分的にしか対応していない。テイラーの言う「存在論上の問題」は存在論的人間観（①）に、「主張上の問題」は理想的社会像（②）にほぼ対応するが、テイラーは「存在論上の問題」を人間観だけではなく社会観にもかかわる問題であると捉えているものの、両方の立場が社会について抱いている見解は、純粋に存在論上の問題ではなく、多分に規範的な要素を含んでいると思われるので、あえて理想的社会像（②）の方に含めておいた。また植木の整理にかんして言えば、本文での整理は、正義の普遍主義的正当化を除いてほぼ同じ論点を扱っている。

(29) この論争では、「実在（existence）」や「存在（being）」よりも、「自我（self）」や「個人（individual）」という言葉が用いられることが多いようである。文脈によりそれなりの意味をもつこともあるだろうが、しかし本書では存在論的人間観のなかで用いられる言葉として「自我」と「個人」とをあえて区別せず、互換的に用いることにする。「個我」という便利な訳語もあるが、あまり広く用いられていないようなので、使用を控えておく。

(30) 「負荷なき自我」、ないし「位置ある自我」は、サンデルの有名なフレーズであるが（Sandel 1998a, pp. 15-65（六五-一四五頁））、共同体論者と呼ばれる論者は、おおむね同じような指示内容をもつ語を用いている。Mulhall and Swift 1996, pp. 162-3.

(31) たとえばロールズにとって理想的な社会は、「よく秩序づけられた社会（well-ordered society）」である。それは、自由平等な個人たちがそれぞれの目的によって結合できる団体・組織を含みこむような、より大きな枠組みとしての社会――「社会連合からなる社会連合（social union of social unions）」――として例示される。Rawls 1999a, pp. 456-64（四〇八-一五頁）.

(32) Taylor 1989, pp. 159-60.

(33) Sandel 1998a, pp. 147-54（二七八-八八頁）.

(34) この点でリベラリズムは、方法論的には、各個人の判断に委ねられた「善い」ことから独立して「正しい」ことを導出するために、正義概念のある特定の解釈・構想を、哲学的ないし普遍主義的に正当化することに主な関心をもつ。たとえば、ロールズの「原初状態」という仮説的状況からの正義原理の正当化方法がその典型例である。ただしロールズは、正義構想の正当化について、脱-哲学化をはかり、次第に歴史主義的・文脈主義的正当化に向かっていた。この傾向を歓迎する論者もいれば（ローティや一時期のグレイなど）、否定的にみる論者（ハーバーマスなど）もいるのは、周知の通りである。

(35) この点にかんして、植木の整理を参照されたい。植木 二〇〇四、一一八頁。

(36) Sandel 1998a, pp. 133-74（二五五-三二二頁）; Walzer 1983, pp. 3-30（一九-六〇頁）.

(37) 植木は、サンデルが、正を善から独立して導出するというリベラリズムの困難な課題を正面から突くのではなく、むしろこうした課題設定をさかのぼって、リベラリズムの前提にある人間像を問題としていた点を鋭く指摘している。植木 二〇〇四、一一九頁。

(38) Sandel 1998a, pp. 133-174（二五五-三二二頁）, 15-65（六五-一四五頁）.

(39) もちろん共同体論は、正義と善との関係にかかわる倫理的問題を軽視していたわけではまったくない。サンデルは、ロールズを批判する際に、正義と善にかんする義務論的正義論の主張を正面から論じている。Sandel 1998a, pp. 133-174（二五五-三二二頁）. また彼はその後もリベラリズムと共同体論とのあいだの論争を取り扱った編著のなかで、再度この議論を取り上げている。Sandel 1984b, pp. 159-76. しかしこのサンデルの批判こそが、まさにリベラリズムの主体理論とのかかわりで論じられているのである。

(40) たとえばロールズは、『正義論』段階においても、「秩序ある社会」はいかにして可能であるかという問いに取り組んでいたし、『政治的リベラリズム』段階においても、多元的に分裂した社会をいかにまとめるべきかという「社会統合の問題」（第二章第二節参照）を議論の出発点にしており、これらの理想的社会像（②）にかんする問題を一貫して主な関心としてきたのである。

(41) もちろん両方の立場を代表する論者として捉えているわけではないが、ここでは共同体論者としてサンデルを、リベラリズムの論者としてロールズを念頭においている。

(42) テイラーは、この論争では、「存在論上の問い」と「主張上の問題」とが混同され、このことが論争を無用に混乱させてきたと述べている。とりわけ、サンデルのSandel 1998aが存在論上の問題を取り扱っていたにもかかわらず、それに対するリベラルの反応はおおむね規範的な主張にかかわるものであった、という。Taylor 1989, pp. 159-62. なおこの点にかんして、リベラリズムと共同体論の論争は、むしろ「収斂」する傾向にあるとする議論もある。Buchanan 1989, p. 882, 平井 一九九一、五二頁。

(43) たとえば、リベラリズムの主張する「正義」と共同体論の擁護する「共通善」が、それぞれの内容の点で、どれほどの相違があるのかは明らかでない。第二章第一節で述べるように、リベラリズムは、善の構想を追求する諸個人が、それぞれ異なる善の構想を抱きながら、他人の追求する自由と衝突することなく自分の善の構想を追及できる最小必要限度の条件・ルールとして「正義」を捉える。しかしこれが、共同体論が言う「共通善」、すなわち共同体の構成員たちが共有する善と、具体的な中身にかんして、どこまで相違があるのか、必ずしも正面から議論されたわけではない。リベラリズムと共同体論が、安易に結合し収斂していく傾向が見られるのは、この正と善をめぐる関係について、十分に議論が尽くされていなかったことに一因があるように思われる。この点にかんして、菊池 二〇〇四、二一-五頁。

(44) 確かに、サンデルのロールズ批判は、『正義論』に対しては、存在論的人間観（①）のレベルで展開されていたが、後の『政治的リベラリズム』に対しては、倫理学的問題（③）にかんする論点がクローズアップされ、批判対象の重点に相当な変化がみられる。Sandel 1998a, pp. 184-218（三三九-九三頁）．また植木も、こうしたサンデルのリベラリズム批判の重点転換について指摘している。植木 二〇〇四、一一九頁。

(45) このようなリベラリズムの理論構成は、実は、すべての善の構想に対して中立的であるわけではなく、ある一定の限定された道徳的価値にコミットしていると論じられる場合がある。ドゥオーキンに対する指摘として、Honeyball and Walter 1998, p. 117 がある。

(46) 植木は、ロールズ以降の正義論の議論の推移を次のような仕方でまとめている。七〇年代は、自由・平等・効用といった、正義の中身にかんする規範的論争があり、八〇年代から九〇年代に入るまでは、正義という主題をあらためて根本的なところから問いなおそうとする共同体論らの動きがあり、それ以後は、いっそう個別的・発展的な論点を問題とする、フェミニズム、多文化主義、審議的デモクラシーなどいくつかの支流が枝分かれしてしている状況である、という。植木 二〇〇四、一三六頁。

(47) 酒匂 一九九七、三三一-四二頁を参照。なおフェミニズムが共同体論をどのように受けついだかについて、菊池 二〇〇四、四〇-三頁。

(48) フェミニズムの公私分離批判に関して、Kymlicka 2002, pp. 386-98（三八六-四〇八頁）；Okin 1987；Okin 1989；Pateman 1987. フェミニズムの批判は、リベラリズムが家庭内の問題を正義の考慮の対象外にしていることに向けられることがある。すなわちリベラリズムは、正義の考慮を、男性家長が互いにかかわる公的領域に限定しており、自然と本能の支配する家庭という私的領域には向けていないため、家庭内における女性の不利な境遇（家事や育児や介護の負担を負わされ、社会への進出や能力の発揮を拒まれていること）を改善することができない、というのである。

(49) 他にもこのような例としては、フランス語や土着言語を話す住民に、公用語として英語の使用を強要したり、あるいは公立学校が、ブルカやキッパなどの宗教的服装の着用を禁止すること等々があげられるであろう。

(50) 多文化主義の公私分離や中立性への批判にかんして、酒匂 一九九七、三八-四二頁、Gutmann 1993, pp. 171-206；Kymlicka 1995, pp. 49-57（六九-八二頁）. 多文化主義は、リベラリズムの主張する個人の（選択の）自由が、民族的・エスニック的な文化という背景なしではありえないにもかかわらず、リベラリズムがそれを不問にふしている点を批判することがある。個人は、各自の自由を追求するに当たって「社会構成的文化」や「多様な選択肢」がなければ、道徳的に意味のある選択はできない、というのである。石山 二〇〇〇、六一八-九、九九三-一〇〇一頁、Kymlicka 1991, pp. 135-181；Kymlicka 1995, pp. 82-93（一二一-四一頁）, Raz 1994.

(51) 酒匂 一九九七、四〇頁をみよ。

(52) ウィル・キムリッカは、少なくともリベラル・コミュニタリアン論争の初期においては、多文化主義は共同体論の「自然な進化」として受けとめられていたことを指摘している。Kymlicka 2002, p. 244, pp. 336-47.

(53) リベラリズムの論者もまた、共同体論の主体理論から一定の示唆を受け、個人が善き生を選択するに際して、背景的な文化がきわめて重要な役割を果たすことを重視し、リベラリズムの中立的国家論に重要な修正を加える議論もある。たとえば、ジョセフ・ラズの「卓越主義的リベラリズム」論がその典型である。ラズについては、濱 一九九五、濱 二〇〇四に詳しい検討があるので参照されたい。

(54) この傾向は、とりわけロールズが、先述したように、正義原理の正当化方法を脱-哲学化し、歴史化・文脈化することにより、共同体論の批判を回避しようとしたことに現れている。井上 一九九九、一七-九頁。

(55) この点にかんする反証として、ドゥオーキンの「リベラルな共同体」論がある。このなかで彼は、個人の生と共同体の生が統合されていること、個人の生が成功するかどうかは共同体に依存していることを主張する立場のことを「公民的共和主義者」であると述べている。Dworkin 1989, p. 491（一二三頁）. 通常、ドゥオーキンは典型的なリベラリズムの論者として知られているが、本書ではこの点にかんして彼を共和主義者の一員として扱う。ドゥオーキンを共和主義の陣営に含める議論として、Christodoulidis 1998, pp. 59-60（八一-三頁）.

(56) 岡野 一九九九、七三二頁。

(57) 千葉は、一九八九年の東欧革命と市民社会論とのつながりを指摘している。千葉 二〇〇二、一一九-二五頁。

(58) Marneffe 1994, p. 764.

(59) Spitz 1994, p. 332.

(60) ここではとりわけアリストテレスに示唆を受けた共和主義の伝統を念頭においているが、アレントの「労働（labor）」――「人間の肉体の生物学的過程に対応する活動力」――と「活動（action）」――「人と人との間で行なわれる唯一の活動様式」――との区別が最も典型的にこの区別を示していると言えるだろう。

(61) 伝統的に共和主義は、各人が私益だけを追求して取引や交渉を行う市場経済を敵視する傾向があるが、しばしばこうした敵を「利益代表民主主義」や「多元主義的政治」として特徴づける傾向がある。その具体的イメージは、セオドア・ロウィが描いた「利益集団自由主義」(Lowi 1979)、あるいはカール・シュミットがその退廃を危惧した議会制民主主義の姿 (Schmitt 1988) によって象徴されるであろう。阪口正二郎は、こうした政治観を、政治の選好集積モデル――既存の選好を所与として、それら選好の集積をデモクラシーの役割とする――として特徴づけている。阪口 二〇〇三、一一七-八頁。

(62) 阪口は、審議的デモクラシー（阪口の訳語では討議民主政）とリベラリズムは、「合理的な多元性の事実」を受けいれたうえで正当性を考えようとする点で、整合する可能性がある、という。阪口 二〇〇三、一二一頁。本書で扱う現代共和主義もまた、これらと同じように、多元的社会を前提にしている。

(63) ドゥオーキンは、政治道徳と（批判的な）自己利益との融合こそが、公民的共和主義の真髄であると述べている。なお彼は、この発想がリベラルな社会内部でのみ意味をもつとし、リベラルな公民的共和主義の可能性を示している。Dworkin 1989, pp. 499-502（一三〇-三頁）.

(64) キャス・サンスティンは、最も古典的な共和主義が、私的利益と公的利益に厳格な境界線を引き、公的利益のために私的利益を犠牲にするよう求めているが、それは非現実主義的であるという。そして現代の共和主義は、私的利益と公的利益のあいだに明確な境界線を引かず、むしろ共通善を促進する仕方で自己利益を橋渡しするものであると述べている。Sunstein 1988, pp. 1564-65.

(65) フランク・マイケルマンは、このような位置づけは、個人的なものと政治的なものを架橋する共和主義の趣向をうまく表していると述べている。Michelman 1988, p. 1534-5.

(66) とりわけ現代の共和主義は、人民の参加を仮想化して裁判所——主に最高裁判所——に参加を代行・代表させようとする傾向がある。Michelman 1986, pp. 73-7; Ackerman 1984, p. 1050. ドゥオーキンもまた、インテグリティという規制原理にしたがう法解釈の営みをハーキュリーズ裁判官に委ねようとしている点で、基本的にはこうした傾向に符合すると考えられている。Dworkin 1986, pp. 225-75（三五二-四三〇頁）. またこれらに対する批判として Christodoulidis 1998, pp. 43-51, 59-60（五八-六六、八一-三頁）を参照。

(67) Christodoulidis 1993, p. 65.

(68) 井上 一九九九、一三〇頁。

(69) Oldfield 1990, p. 151.

(70) Oldfield 1990, p. 153.

(71) Oldfield 1990, p. 5.

(72) Oldfield 1990, p. 7.

(73) 千葉があげているシティズンシップの認識カテゴリーのうち、ここでは「共和主義的シティズンシップ」がそれにあたるかもしれない。千葉 一九九五、一二八-九頁。

(74) Christodoulidis 1993, p. 65.

(75) Spitz 1994, p. 332.

(76) Spitz 1994, p. 344（傍点は大森による）.

(77) Young 1995, pp. 204-5（一二五頁）.

(78) 千葉 一九九六、一四頁。

(79) 斎藤 一九九六、七六頁。

(80) Christodoulidis 1993, p. 65.

(81) Spitz 1994, p. 345.

(82) キムリッカは、「アリストテレス主義的」共和主義が、共同体論の一形態であると指摘している。Kymlicka 2002, p. 298. ただし彼に限らず、共和主義と共同体論をほぼ同一視する捉え方は、政治哲学の領域では比較的よくみられるように思われる。

(83) Sandel 1984a, p. 7. しかし共同体論者としばしば目されているマイケル・ウォルツァーは、むしろ共和主義に対して批判的である。Walzer 1992, pp. 91-2（一六六-七頁）.

(84) 本書は、ここで共和主義を共同体論からいったん区別しようと意図しているが、もちろんその趣旨は、これらを混同することが間違いであると指摘することにあるのではない。むしろ、本書が浮きぼりにしようとする現代共和主義の特徴を剔出することにある。共同体論もまた、現代共和主義の一つのバージョンとして位置づけられるのであって、第三章で検討する徳性‐陶冶型共和主義がそれに当たる。

(85) 従来、共同体論は、「歴史主義的」な共同体論と、「参加民主主義的」な共同体論に分けられてきたが、ここでの狭義の共同体論は前者に、共和主義とかかわりの深い共同体論は後者に分類できるであろう。井上 一九九九、一二九‐三一頁。

(86) その意味では、共同体論者にとって、共和主義は、共同体論の存在論的な前提を、現実の政治共同体に実現するために戦略的に必要とされる理論として評価されているのかもしれない。植木は、リベラリズムを批判する共同体論に方法論的な戦略がないことを看破し、ハーバーマスの(共和主義的な側面をもつ)討議理論にその方法論的基礎を見出しているが、この指摘には鋭い洞察がある。植木 一九九三、三五八‐九頁。

(87) 千葉 一九九六、一〇‐一頁。ただし千葉は、ここでラディカル・デモクラシー論内部のアプローチ上の相違として紹介している。

(88) ここでは「ラディカル・デモクラシー論」の論者としてシャンタル・ムフを念頭に置いている。なお、ラディカル・デモクラシーの紹介は数多くあるが、そのなかでも、とりわけ優れた概説として次のものがある。千葉 一九九五、三六‐四〇頁、千葉 一九九六、十四‐九頁、向山 二〇〇〇、一二六‐四三頁。

(89) ムフは自らの立場を、「自由民主主義体制の枠内で民主主義を拡大するという立場に立脚」するものとして捉えている。Mouffe 1992 (六二頁).

(90) たとえばラディカル・デモクラシーの立場は、あらゆる『差異』を認めるようなポストモダン的、極端な多元的政治は受けいれられないとする。Mouffe 1992 (七二頁). あるいは審議的デモクラシーの立場であれば、法治国家的枠組みを超えるような、極端にラディカルな政治を認めることに前向きではないだろう。差異の政治の立場にしても、いっさいの差異を除去し少数集団に不利になるような合意は、たとえそれが公正な手続と審議を通して得られるとしても、受けいれられないであろう。

(91) Mouffe 1992 (七二頁).

(92) 木村 一九九六、一四四‐六二頁、毛利 二〇〇〇、一二五‐七頁を参照。

(93) 酒匂 一九九七、参照。

(94) 先に述べたように、従来、共和主義は、ルソー型とトクヴィル型に分類されてきたが、とりわけルソー型の共和主義は、「一般意志」を重視する立場から、差異や多元性に対してあまり親和的ではなかったように思われる。

(95) キムリッカもまた、共和主義と審議的デモクラシー論との類似性を指摘している。Kymlicka 2002, p. 297.

(96) 斎藤 一九九六、七六‐七頁。

(97) この共和主義に対する批判的な評価は、本書の立場からして妥当であるように思われる。ただし、もし他のデモクラシー論が同様にある一定の「政治」あるいは「政治的なもの」の見方を提示するのであれば、それらもまた公民的共和主義に向けた批判がそのまま自らにも反射するかもしれない、という点には留意しなければならない。というのも、それらが「公民的徳性」なる語を用いていない場合でさえ、それぞれの立場が捉える「政治」の営為が人々によって支えられなければならない以上、ある一定の「市民像」をその暗黙の前提にすでにもちこんでいる可能性があるからである。これは、いかなる「デモクラシー論」も「シティズンシップ論」も必然的に抱える問題であり、公民的共和主義を批判する論者でさえ、回避できない問題であるように思われる。

(98) いちおう誤解を避けるために言っておくが、ここで理解されている共和主義は、同じ「共和主義」の旗のもとに、国家のために命を捧げる公民を「市民」と同一視する右派ナショナリストの言説とはまったく無縁である。

(99) 審議的政治の正統化作用に着目した議論として、Cohen 1997 を参照。これは審議的デモクラシーの先駆的論文である。

(100) 本書の第四章第四節での議論は、審議的デモクラシーの潮流に属する「討議倫理学」（ハーバーマス）の議論に依拠している。そこでは、この「討議倫理学」の見解もまた、審議-参加型共和主義に属する立場として捉えている。

(101) 渡辺幹雄は、ロールズの『正義論』が、その第三部を安定性問題に割りあて、カント的人格観に依拠したことが、共同体論者の反発を買い、哲学的人間学や人間存在論なる「実り少なき脱線を引き起こした」ことを指摘している。渡辺 二〇〇四、五一頁。渡辺が指摘するように、もちろんロールズの人格観にも責任はあろうが、それに過剰反応した共同体論の方にも「実り少なき脱線」の原因を求めることができよう。

(102) したがって本書が依拠しようとする共和主義の立場は、リベラリズムと共同体論との対立を超えた「第三の道」であると考えることもできる。このように共和主義を「第三の道」として位置づける試みは少なくはない。スピッツは、共和主義を、必ずしも共同体論の存在論に与しない、リベラリズムの真のオルタナティブとして位置づけている。Spitz 1995. ドゥオーキンは、「リベラリズムはこの共同体概念の最良の解釈をもたらし、また、リベラルな理論は共同体概念の重要性ということの最良の説明をもたらす」としてリベラルな公民的共和主義の立場を示している。Dworkin 1989, p. 480, 501（一一七、一三二頁）. 小林正弥もまた、リベラリズムと共同体論の対立を総合するものとして共和主義（小林の用語では「新公共主義《ネオ・リパブリカニズム》」）を位置づけている。小林 二〇〇二、一一〇-三頁。

ただし本書は、リベラリズムと共同体論との安易な接合を試みているわけではない。本書の眼目は、リベラリズムの問題性を克服するためには、共同体論——本書の用語では徳性-陶冶型共和主義——とは異なる道があり、そこに共和主義を再評価する真の意義があることを示すことにある。その意味では、共和主義を「第三の道」として評価している点に相違ないが、たんなる「共同体論的リベラリズム」ないし「リベラルな共同体論」として位置づけているわけではない。

第二章

(1) 一口に「リベラリズム」とは言っても、それは近代以降の伝統があり、さまざまな形で発展されてきた系譜であるので、それ自体一枚岩的であるとも言いがたい。ここでリベラリズムの基本原理としてあげているのは、リベラリズムの定義ではなく、現代共和主義の側からみて問題とされうるリベラリズムのある側面であることに留意されたい。リベラリズムを定義ないし再定義しようとする意欲的試みとしては、Glay 1986；Gaus 2003；Kelly 2005；井上 二〇〇四などがある。

(2) この共通の原理は、たとえばJ・S・ミルの「危害原理」がその先駆的な例であるが、ノージックの「歴史的権限」理論、ドゥオーキンの「平等な配慮」原理、ロールズの「公正としての正義」原理、あるいは「正義の政治的構想」もまたその一例である。これらの原理は、現実にすでに存在するとされる場合もあるし、あるいは暗黙に支持されているとされる場合もある。またそれらは、自由そのものに内在する自己制約原理とされる場合もあれば、もっと素朴に自然法や自然権にもとづくとされる場合もある。さらにそれらは、社会契約論的な正当化手段を通して得られると考えられる場合もあるし、背景的な文化のなかに埋め込まれたさまざまな観念から再構成されると捉えられる場合もある。

(3) ここでは自由間調整の原理として「正義」をあげているが、「正義」の内容はもちろん自由間調整だけに限定されるわけではない。「正義」の内容には、他にも「財の配分」や機会の均等をめぐるものもあるであろう。ただしこれらには、リベラリズム内部でも、それらの是非や内容をめぐって対立がある。ここではリベラリズムに共通する基本原理を明らかにするために、自由間調整の原理にのみ焦点を当てることにする。

(4) この「最低必要限度」に何が入るかをめぐって、リベラリズムはさまざまな党派に分かれる。公共性の限度を極限的に低く見積もるのが「無政府資本主義」で、国防・治安・司法などに限定するのが「リバータリアニズム」、一定の社会権の保障などを含めるのが「古典的自由主義」、さらに財の再配分や積極的差別是正措置まで求めるのが「福祉国家型リベラリズム」である。以下で検討するのは、「福祉国家型リベラリズム」の論者としてしばしば目されるロールズの議論であるが、リベラリズムのなかの一つの特殊な立場のみを対象としているわけではない。以下では、リベラリズムの内部で「公的なもの」をどのように理解するかに対立があることを認めながら、リベラリズムに共通する基本原理として、公／私分離を対象とする。

(5) たとえば「政教分離の原則」の例で考えられたい。各人は、この原則に合意することによって、確かに各自が信奉する宗教を国教化する——すべての一般市民に強制する——希望は断念せざるをえないが、しかしその原則によって各人は、「信教の自由」を保障され、国家や他の宗教を信奉する人たちの介入を気にすることなく、自由に各自の宗教を信じることができる。

(6) 阪口は、次のような形でリベラリズムの公／私分離を特徴づけている。すなわちリベラリズムは、私的領域を「諸個人がそれぞれの包括的な善の構想にコミットして自由に生きることが可能な空間」とし、公的領域を「諸個人が互いを自由で平等な存在と認めて平和的に協働する空間」とする、という。阪口 二〇〇三、一二〇頁。ポール・ケリー（Paul Kelly）もまた、平等主義寄りの立場に立ちながら、リベラリズムは、諸個人に市民的・政治的権利を保障することによって、

「国家やより広く社会による正統な強制の限界範囲を設定し、それに応じて個人の自由裁量の領域を与えている」と述べている。Kelly 2005, p. 12.

(7) 先に述べた通り、こうした共同体論による「善に対する正の優先」批判は、究極的にはリベラリズムの自我観に矛先を向けたものであった。しかし共同体論自身も、その後、リベラリズムの正と善の区別、そして公と私との分離論に次第に矛先を移してきたのである。

(8) ロールズは、『正義論』においては、正義原理を哲学的に正当化することを意図していたが、そこからいくつかの変遷を経て、後に『政治的リベラリズム』において、より（米国の）現実にそくした立憲民主制の正当化論を展開している。『正義論』段階では、正義と善との関係が主軸であったのだが、後の『政治的リベラリズム』段階では、公と私（政治的と包括的）の関係を正面から扱うようになっている。けだし、この点で、後の『政治的リベラリズム』の方が、公と私とを分離するリベラリズムの問題性を検討するためにより適した素材である。なおロールズ理論の変遷については、以下の優れた業績を参照されたい。川本 一九九七、渡辺 一九九八。

(9) Rawls 1993, p. xxiv.

(10) Rawls 1993, p. xviii.

(11) Rawls 1993, p. 36.「現代の民主社会に見出されるリーズナブルで包括的な宗教的・哲学的・道徳的ドクトリンの多様性は、すぐに過ぎ去ってしまうたんなる歴史的状況なのではない。それはデモクラシーの公共的文化の永続する特徴なのである」。しかもこの状況そのものは、悲観すべき状況なのではなく、むしろ一般市民たちが有する人間理性を行使した健全な結果であるとされる。Rawls 1993, p. xxiv.

(12) リベラリズムは一般に、存在論的人間観よりも理想的社会像に関心をもつと述べた（第一章第三節）が、ロールズもまた、この社会統合の問題にみられるように、望ましい社会のあり方を模索しているのである。

(13) Rawls 1993, p. 10.

(14) Rawls 1993, p. 38.

(15) ロールズは、諸々の包括的ドクトリンからなる合意が政治的構想を支持するかどうかは「思弁的な問題」であるとし、それぞれの包括的ドクトリンがいかにして政治的構想を支持するかについて、多少踏みこんで論及している。ロールズ自身が包括的ドクトリンの例としてあげているのは、①カントの道徳哲学、②古典的功利主義、③価値多元主義的見解であるが、彼は、それぞれが①演繹的に、②近似的に、③競合する諸価値間の考慮の末の判断にもとづいて、政治的構想を支持するであろうとしている。Rawls 1993, pp. 169-70. ロールズ自身は、この「重合的合意」が、諸々の包括的ドクトリンの「理由の総計にもとづく」ものとして理解している。Rawls 1993, pp. 170-1.

(16) この危機意識の裏面には「社会は安定しかつ統合しなければならない」というロールズ自身の規範的な主張があるが、それ自体はリベラリズムに共通するものではない。とりわけ社会の統合原理を「暫定協定」で十分であるとするタイプのリベラル——アッカーマンやチャールズ・ラーモア（Charles Larmore）など——にとっては、このロールズの主張は要求の強すぎるものである。この点にかんして、平井 一九九〇、九一-一〇五頁を参照。

（17） Rawls 1993, p. xxi.

（18） Rawls 1993, p. xix.

（19） Rawls 1993, p. 9.

（20） ここで「公共性」と「妥当性」なる語を用いているが、それらはたんなる対概念ではない。ここでの「公共性」は、おおよそ、「多元的社会において重合的合意の焦点になりうる共通の基盤」という意味で、「妥当性」とは、「それぞれの個人や集団が自ら承認することによって拘束される力」という意味であろう。これらが対立するかどうかは、どのような視点を取るかによって異なりうる。すなわち、社会統合のための共通の基盤を見出そうとするロールズの視点からは、ある特殊な包括的ドクトリンの「妥当性」を、すべての一般市民が合意できる「公共性」から区別しなければならないために、これら二つは相容れない概念にみえる。ところが、それぞれの包括的ドクトリンを真剣に信奉している一般市民の視点からは、「妥当しているからこそ、公共的であるべきである」と考えられるであろう。こうした一般市民の視点からは、「公共性」と「妥当性」は相対立せず、むしろ連接しているように映るのである。

（21） ロールズは、「政治的なもの」は、自発的（voluntary）ではないという意味で「結社的（associational）」ではなく、また愛情にもとづく（affectional）ものではないという意味で「個人的（personal）」や「家族的（familial）」ではないと述べている。Rawls 1993, p. 137. これらの形容詞は、従来、「私的なもの」に属するとみなされてきたように思われるが、ロールズは、「政治的」という語を、これらの「私的なもの」を示す語から区別して理解しているわけである。

（22） 渡辺 二〇〇一、一四七頁。

（23） 前掲注（4）で述べたように、リベラリズムは「最低必要限度」に何が入るかで立場を異にする。

（24） キムリッカは、このロールズの区別をほぼ忠実に引きつぎながら、同じ様に共和主義を、「アリストテレス主義的」解釈と「道具主義的」解釈との二つに分類している。Kymlicka 2002, p. 294. なお、この区別は、本書が先に提示した審議-参加型共和主義と徳性-陶冶型共和主義との区別とは異なる。ロールズとキムリッカの区別は、正義と善との関係における政治参加の位置づけにかんするものであるが、本書の区別は、公／私分離を克服するための理論的手法や政治の捉え方をめぐるものである。要するに、彼らの区別は、すでに公／私分離を前提としたうえでの区別であり、後に論じられるが、本書の区別は、公と私とを結合する手法の違いにかんする区別である。

（25） Rawls 1993, p. 205（括弧内はロールズ、傍点は大森による）.

（26） Machivelli 1531 ; Skinner 1981 を参照。

（27） Rawls 1993, p. 206（傍点は大森による）.

（28） 川本隆史はロールズとの「架空インタビュー」のなかで、ロールズの口を借りて、ロールズの企図と公民的ヒューマニズムとのあいだの土俵の違いについて指摘している。川本 一九九七、一四頁を参照。

（29） Rawls 1993, p. 135.

（30） ここでのアレントの理解は、Arendt 1958 ; Kateb 1984 にもとづく。

（31） Kateb 1984, p. 8.

（32） Kateb 1984, p. 1.

(33) Kateb 1984, p. 34.

(34) Arendt 1958（四四頁）.

(35) このようなロールズの批判は別に珍しいものではない。各人が自分の望む善き生の構想を追及することを認める立場からすれば、アレントのように政治参加を唯一の善き生とする、極端な共和主義の立場は一般的に受けいれられるものではない。「政治参加自体を目的とする民主主義の正当化は自己破壊的である」とする長谷部恭男もまた、このロールズの立場に与していると言えよう。長谷部 二〇〇一、一九〇三頁。

(36) ジョージ・ケイティブ（George Kateb）は、「活動がアレントの言う古代ギリシャの構想で理解されるかぎり、それは必然的に強制や暴力に結びつくだろう」ことを指摘している。Kateb 1984, p. 39.

(37) ロールズ自身の言葉を借りれば、次のようになろう。「もちろん、公正としての正義は、ある人たちが政治的生活に最も重要な善を見出そうとすることを否定しないし、それゆえ政治的生活が彼らの包括的な善にとって中心的となることも否定しない」。Rawls 1993, p. 206.

(38) ロールズ自身、別の箇所で次のようにはっきりと認めている。「政治的生活や、皆による民主主義的な自己統治への参加が、完全に自律的な市民にとって顕著な善であるからではない。逆に、政治的生活に中心的な地位を割りあてることは、さまざまな善のなかの一つの善の見方にすぎない」。Rawls 1993, p. 330.

(39) Habermas 1995, pp. 109-31.

(40) ロールズは、『政治的リベラリズム』において示した公共的理性論が、数多くの批判を受けたことから、その後この公共的理性論を微妙に訂正した。ロールズがどのように公共的理性論を展開してきたかは、彼の審議の捉え方の変遷を示しており、それ自体で非常に興味深い論点である。しかしながら、本書では、その修正箇所も公共的理性論に含まれる構成部分として考え、それが全体としてどのように「審議」を捉えているかを検討することにする。

(41) 「公共的理性の観念の重要な点は、他の者が承認するとリーズナブルに期待される価値にもとづく政治的な正義構想であると各人が考え、各人がそのように理解された政治的構想を十分信頼して擁護する準備があるものの枠内で、市民たちが根本的な討論を行うことができる、ということである」。Rawls 1993, p. 226.

(42) Rawls 1993, p. 226.

(43) Kant 1784（一五-二〇頁）を参照。

(44) Rawls 1993, p. 213.

(45) ロールズの場合、《公共的理性》による審議とは、公共の場に集まった一般市民が《裁判官》という資格で、とりわけ最高裁判所における《判決》という形で、《憲法の本質的要素や基本的な正義問題》について政治的な主張を繰り広げることを意味している。ところが、先駆者たるカントにおいては、《理性の公的使用》とは、誰もが《学者》という資格で、《著書・論文》という手段を通して自説を述べることである。このように《公共的理性》の主な担い手は、もともとは《裁判官》ではなく、より広く《知識人》あるいは《学者》であった。ロールズは、公共的理性の伝統を引きつぐときに、この観念に独自の意味をもたせているのである。

(46) Rawls 1993, pp. 212-3.

(47) Rawls 1993, p. 252（傍点は大森による）.

(48) 『政治的リベラリズム』における公共的理性の説明にはわかりにくい点が多く残されており、ロールズ自身にも多少の混乱が認められる。とりわけ《重合的合意》による正義構想の正当化戦略と、《公共的理性》の観念との関連があいまいである。政治的審議が、公共的理性に導かれ、その後に重合的合意をもたらし、正義構想を支持することになるという解釈も成り立つかもしれない。しかしロールズは、政治的審議において、一般市民は重合的合意によって支持される政治的構想に訴えかけなければならないと述べているので、審議の以前に、すでに重合的合意によって支持された政治的構想が存在していると考えられる。したがって重合的合意の戦略と公共的理性の観念はいちおうは区別され、前者が後者に先行するように思われる。

(49) ロールズ自身は、「私が関心をもつのは——最初に用いた言葉では——秩序ある立憲民主制のみであるが、それは審議的デモクラシーとしても理解される」と述べている。Rawls 1999b, p. 138. この誤解を招きかねない論述からして、彼の「公共的理性」論は、政治的リベラリズムのプロット全体のなかで特異な位置を占めており、従来の彼自身の立場やリベラリズムの考えからも微妙に逸脱しているように思われる。

(50) Rawls 1993, p. 223.

(51) Rawls 1993, pp. 224-5.

(52) ロールズは、『政治的リベラリズム』を著した当初は、公共的理性の内容は正義の政治的構想に限られるとしていたが、後にその限定を多少緩め、「われわれは、公共的推論に従事している場合、われわれの包括的ドクトリンの理由も含める」ことができるとし、これを「公共的理性の広い見方（wide view of public reason）」と呼んでいる。Rawls 1993, pp. li-ii.

(53) ロールズ自身の説明では、たとえば、南北戦争当時の奴隷制廃止論や、公民権運動を推進したマーティン・ルーサー・キング牧師の演説は、多分に宗教的ドクトリンに彩られたものであったとしても、それらがリベラルな体制の立憲的諸価値と一致していたかぎりでは、公共的理性に属していたと考えられる、という。Rawls 1993, p. lii.

(54) Rawls 1993, pp. li-ii. なお、この「適切な時期」とは、同時期なのか、あるいは事後なのかについて、依然としてあいまいなところが残されている。ロールズ自身も、これが問題となるであろうと認めている。Rawls 1993, p. lii (fottnote 26). この点については後掲注(79)を参照。

(55) Rawls 1999b, p. 152.

(56) Rawls 1993, p. 220.

(57) Rawls 1993, pp. 223-5.

(58) Rawls 1993, pp. lii-iii.

(59) Rawls 1993, p. 226. なお、この点でロールズの著書のタイトル *A Theory of Justice* の A を The と区別される不定冠詞であるという点に着目して『一つの正義の理論』と訳す川本は、この点を適切に言いあてている。川本 一九九五、九頁参照。

(60) Rawls 1993, p. xlviii.

(61) Rawls 1993, p. 227. なお、この点は以前から彼自身認めているところである。

(62) Rawls 1993, p. 226.

(63) Rawls 1999b, pp. 136-7.

(64) Rawls 1993, p. 214.

(65) 『政治的リベラリズム』の段階では十分な説明がなかったように思われるが、それ以後のロールズの説明では、こうした社会的・経済的問題は、「憲法の本質的要素」ではなく、「基本的正義の諸問題」にかかわるとされている。Rawls 1999b, p. 133 (footnote 7). したがって、社会的・経済的諸問題を副次的なものとして捉えるロールズの考えにしたがえば、公共的理性の観念が適用されるのは、彼自身の表現に反して、「憲法の本質的要素と基本的正義の諸問題」の双方ではなく、「憲法の本質的要素」のみのはずである。確かにロールズは、これ以降の展開のなかで、意識的かどうかは不明だが、議論の焦点を「憲法の本質的要素」に絞っている。ただ他方で、公正な機会の平等や、従来彼が主張してきた「格差原理」にかかわる政治的問題は、基本的正義の問題に分類され、公共的理性によって解決可能であると述べている箇所もあり (Rawls 1993, p. 229 (footnote 10))、彼自身も揺らぎがあったように思われる。

(66) Rawls 1993, pp. 227-30.

(67) Rawls 1993, p. liii (括弧内は大森による).

(68) なお、社会的・経済的不平等の問題にかんして、ロールズは「公共的理性の観念は、政治的審議のための社会の根本的基盤の構造と内容をどのように規定すればよいのかを提示している」とし、具体的に政治的審議が適正かつ公正に行われるための条件を提示している。Rawls 1993, p. lix. 彼は「公的審議への信念はリーズナブルな立憲制にとって必要不可欠であり、具体的な制度や割りあてがそれを支持し促進するために設置されなければならない」とし、「正しい理由による安定性 (stability for the right reason)」にとって必要な社会の基本構造の条件として、以下の条項を具体的に挙げている。

a 選挙の公共的財政支出と政策問題についての公共的情報の入手の保障の仕方。

b とりわけ教育や訓練におけるある一定の公正な機会均等。

c 一定水準の収入や富の分配。

d 一般の政府または地方の政府、あるいはその他の社会・経済政策を通して、最後の手段を用いるものとしての社会。

e すべての市民に保障された基本的なヘルス・ケア。

ロールズによると、「公共的理性の理想が公共的な政治的審議の形態を含むのならば、これらの制度は、最も明確には最初の三つであるが、この審議が可能になり実のあるものとなるのに必要である」。

(69) Rawls 1993, pp. 215-6.

(70) Rawls 1993, p. 231.

(71) Rawls 1993, pp. 231-40. ロールズのここでの議論は、アッカーマンの二元論的政治による司法審査正当化論にもとづいている。

(72) Rawls 1993, p. lv (傍点は大森による).

(73) Rawls 1993, p. xlvi. ロールズは、この互酬性の規準に、もう少し意味をもたせる場合もあるが、ここでは、ある一般市民の政治的主張が、他の一般市民にとって受けいれられるかどうか——すなわち、政治的主張をする一般市民が、もし仮に他の一般市民の立場にいるとしても、その政治的主張を受容できるかどうか——をテストするものとして理解しているようである。なお本書は、ロールズの公共的理性論に対しては批判的であるが、この互酬性（互恵性）の基準によって「公共性」ないし「公共的正統性」を理解する点では共通している。前掲第一章注（2）参照。

(74) ロールズは、こうした裁判所の機能を、「教育的」役割として捉えている。すなわち、裁判官が一般市民たちに公共的理性の用い方を伝授し、一般市民が裁判官から政治的審議の導き方を学習する関係にあると考えられている。そして裁判所は、この教育的役割を果たすことを通して、公共的理性に導かれる政治的審議に活気と活力を与えることができる、とされる。Rawls 1993, pp. 236-7.

(75) Rawls 1999b, p. 134.

(76) Wolgast 1994, p. 1938.

(77) Sandel 1998a, p. 217（三八六頁）.

(78) たとえば、同性愛禁止法などが正当かどうかが問題となる場合、善の見方そのものを問題視することが禁止されてしまうならば、「ゲイの権利を擁護する者は、開かれた政治的討論を通して、同性愛禁止法の背後にある実体的な道徳的判断を争うことができない」。Sandel 1998a, p. 213（三八〇頁）.

(79) 前掲注（54）で述べたように、これはロールズの言う「適切な時期」がいつに当たるのかという問題であるが、同時期かあるいは事後的かでは相当に大きな違いがあるように思われる。というのも、事後的にであれば、後で自分の主張が「政治的構想に適合していた」ことを言えれば十分であるが、同時期であれば、今現在の自分の主張が「政治的構想に適合している」ことを他の一般市民に対して証明しなければならないからである。この点で、ある種の道徳的・宗教的確信に触れていた奴隷制廃止論や、公民権運動の指導者キング牧師の主張が、事後的にみて、公共的理性に適っていたのであるから結果的によしとするロールズの議論は、多少楽観的すぎるように思われる。

(80) Hurd 1995, p. 804.

(81) Bohman 1995, p. 265.

(82) ロールズは、政治的リベラリズムが包括的ドクトリンの対立を取り除くことはできないが、緩和することができる、と述べている。Rawls 1993, p. lx. しかし政治的構想それ自体の対立については何も語っていない。

(83) Lehning 1995, p. 37.

(84) Lehning 1995, p. 34.

(85) Rawls 1993, p. 230.

(86) 公共的理性の典型を最高裁判所にみるこのロールズの議論は、司法に対して過度に信頼しすぎるきらいがある。このことは、司法に対する信頼が比較的に強い米国の特殊事情も手伝っているのかもしれない。この点で、仏国では公共的理性の担い手はもともと、エミール・ゾラやジャン＝ポール・サルトルらの「知識人」であったとするカトリーヌ・オダール（Catherine Audard）の議論が興味深い。Audard 1995, pp. 17-8. なお、公共的理性の思想的源流であるカントにおいても同様に、その担い手は「知識人」ないし「学者」であった。

(87) ロールズによれば、裁判官の仕事とは、理性にもとづく意見のなかで、最良の憲法解釈を発展・表現しようとすることであり、この憲法解釈は、憲法条項の総体に最も適合し、かつ正義の公共的構想の観点から、憲法条項の総体を正当化する解釈であるという。Rawls 1993, p. 236.

(88) Bohman 1995, p. 262.

(89) Sandel 1998a, p. 216（三八五頁）.

(90)「正と公正な憲法と基本法の観念は、つねに最もリーズナブルな正義構想によって確定されるのであって、現実の政治過程の結果によって確定されるのではない」。Rawls 1993, p. 233.

(91) Wolin 1996, p. 113.

(92) See, Rawls 1999a, pp. 171-6（一五三-七頁）.

(93) 阪口は、政治的審議に先行する価値を「正義」によって確定しようとするリベラリズムは、「正義」の内容をもできるだけ政治的審議によって決定しようとする審議的デモクラシーとは、「基本的にベクトルが逆方向を向いている」ことを明快に指摘している。阪口 二〇〇三、一二三-四頁。

(94) シェルドン・ウォーリン（Sheldon S. Wolin）によれば、このようなロールズの戦略は「政治的なもの」の理解から生じているとされる。Wolin 1996, p. 98.

(95) リベラリズムは、「正統性」よりも「正当性」に大きな関心をもっている、という言い方もできるかもしれない。「正当性（justification）」と「正統性（legitimacy）」は、概念的に区分されにくいが、前者が科学的・規範的その他の命題の真偽や内容の是非にかかわる観念として、後者は政治的・社会的支配秩序の妥当性や強制権力の権威などにかかわる概念として捉えるとするならば、リベラリズムは、法の正統性ではなく、法の正当性を主な対象としていたと言ってもよいかもしれない。すなわち、リベラリズムは、「法が一般市民の側からいかにして受けいれられるか」よりも、むしろ「法をはじめとする社会の基本構造がどれだけ正義に適っているか」に強い関心をもつ、ということである。これは重要な論点であり、細かな検討は今後の課題としたい。

(96) 本書は、しばしば「政治心理学的」という形容詞を用いているが、もちろん、これは造語ではない。「政治心理学」は、通常、政治（とりわけ投票）にかかわる人々の意識・態度・行動などを研究対象とする学問領域を指すが、ここでは、「政治心理学」という語を、それよりもやや特殊な意味で、次のように用いている。すなわち、政治的審議への参加を通して得られる心理的効果、自己統治をしていることの実感、他人や共同体とともに運命を共有しているという感覚、あるいは法的枠組みを公共的に正統なものとして受けいれる一般市民の法意識など、こうした政治参加をする人々の主観や内面にかかわることを扱う領域のことである。

(97) Bohman 1995, p. 254.

(98)「政治の本質は、諸々の問題を争う自由にだけあるのではなく、これらの問題が争われる条件を争う自由にもある」。Christodoulidis 1993, p. 80.

(99) ひょっとするとこのような難点は、ロールズだけにみられるのであって、リベラリズム一般にみられるわけではないと思われるかもしれない。しかし先述したように、ロールズの「政治的／包括的」の区別は、多元的社会を統合する公共的な正義構想を見出し、各人が自分の善き生の構想を私的領域において安全に追及することを可能とするために用いられたものである。それは、公から私を区別することによって、個人の自由を保障することを目的としているのであり、いわばリベラリズムの公／私分離を最も先鋭な形で表したものであるとさえ言える。

第三章

(1) ここで扱うサンデルの文献は、Sandel 1996 である。サンデルは、この著書のなかで、米国の憲政史の読解を通して、リベラリズムの隆盛と共和主義の残滓を実証的に跡づけることに多くの紙面を割いているが、ここではこの著書の最終部に当たる箇所を再構成して、サンデルの規範理論、あるいは共和主義の制度論として扱うことにする。なおこの著書の詳細な紹介として、駒村 一九九七がある。

(2) Sandel 1996, p. 324（四二頁）.

(3) Sandel 1996, pp. 324-8（四二-六頁）.

(4) Sandel 1998a, pp. 210-8（三七七-八七頁）.

(5) Sandel 1996, pp. 336-7（五二-三頁）.

(6) Sandel 1996, p. 328（四五-六頁）.

(7) Sandel 1996, p. 334（五二頁）.

(8) Sandel 1996, pp. 329-31（四六-八頁）.

(9) Sandel 1996, pp. 332-33（四九頁）.

(10) 極端に言えば、自己統治に必要なアイデンティティが富者と貧者に共有されさえすれば、富者と貧者のあいだにある不平等がそのまま温存されても問題ないことになる。共和主義者サンデルにとってめざすべきは、リベラルな経済的平等の実現ではなく、あくまでも自己統治の再興なのである。

(11) 「共和主義的な自由の構想は、リベラルな自由の構想とは異なり、陶冶的な政治を要求する、つまり市民たちに自己統治に必要な性格の資質を育成する政治を要求する」。Sandel 1996, p. 6.「共和主義者は、自由を、自己統治とそれを支える公民的徳性と内在的に関連しているものとみなす」。Sandel 1996, p. 25.

(12) Sandel 1996, p. 347（六二頁）.

(13) 千葉 一九九五（傍点は千葉による）、二〇四-五頁。

(14) Sandel 1996, p. 347（六一頁）.

(15) 「中央集権型モデル」の例としては、現在のアメリカやオーストリアが、「地方分権型モデル」の例としては、現代のカナダやドイツがそれぞれに当たる。興味深いのは、これらの国々では、憲法上で規定された分権方式が、歴史的発展・変遷を通して、それぞれ逆の方向に変化してきたという点である。たとえばアメリカでは、憲法起草当時は、各州にかなりの立法・行政・司法上の権限が与えられていたが、世界恐慌やニューディール期の諸政策、第二次世界大戦の経験を経て、中央集権的な連邦制を築くようになった。また逆に、カナダでは、建国当初は連邦政府に強力な権限を集中させていたにもかかわらず、ケベック州などの分離独立の要求に押されて、州に多くの権限を分散させるようになった。西 一九九七、五四-七六頁、岩崎 一九八六、四〇-五頁を参照。このような事情を踏まえれば、厳密な名称としては、それぞれ「中央集権型モデル」ではなく「中央集権志向型モデル」、「地方分権型モデル」ではなく「地方分権志向型モデル」と表記するのがより正しいであろう。

(16)「国家連合型モデル」の例としては、国連や欧州連合がそれに当たる。西によると、連邦制の分権化が進んだ形態として国家連合が考えられる、という。西 一九九七、四九頁。

(17) Sandel 1996, pp. 319-20（三九頁）. 第一章第三節で述べたように、従来共和主義はルソー型とトクヴィル型に分けられてきた。サンデル自身は、自らの共和主義がトクヴィル型であると明示的に認めている。

(18) Sandel 1996, p. 345（六〇頁）.

(19) Held 1995, pp. 20-3.

(20) Sandel 1996, p. 346（六一頁）.

(21) Sandel 1996, p. 345（六〇頁）.

(22) Sandel 1996, p. 339（五四-五頁）.

(23) Sandel 1996, p. 346（六一頁）.

(24) Tocqueville 1835（(上) 一二七-三二頁）.

(25) 駒村 一九九七、一二九頁。

(26) Sandel 1996, p. 348（六二頁）.

(27) 本書が扱っている論者たちは、この「市民社会」という語を、学校、職場、教会、広場、商店街、市民運動などを列挙することによって説明することが多い。ここで観念されている「市民社会」とは、いわゆる「ブルジョワ社会」や「経済社会」とは区別され、トクヴィルが用いていた意味で、米国の古きよき時代の素朴なタウン・シップを想起させる言葉として用いられているようである。この「市民社会」を積極的に規定することは難しいが、暫定的に今井弘道の定義「自由で独立した諸人格の間で自発的に取り結ばれる平等な関係によって編制される社会のこと」を利用させていただきたい。今井 二〇〇一、三六六頁。

(28) Sennett 1998, p. 130.

(29) 一般的に共和主義の議論は地域主義とかなり親和的である。Rosenblum 1998, p. 279.

(30) Sandel 1996, p. 314.

(31)「政府の諸制度が、どのようにして市民教育というデリケートな作業に取り組むことができるというのだろうか」。Elshtain and Beem 1998, p. 204.

(32) 親密圏と公共圏との関係について、斉藤 二〇〇〇、八九-一〇〇頁。

(33) Sandel 1996, p. 328（四六頁）.

(34) Sandel 1996, p. 328（四六頁）.

(35) Sandel 1996, pp. 336-7（五二頁）.

(36) Rousseau 1762（二七七-八頁）.

(37) 共同体の規模と一般市民の公共心の関係について、Dagger 1997, pp. 156-8を参照。

(38) マーク・タシュネット（Mark Tushnet）は、連邦制は、価値多元性と親和的であると同時に、政治意欲を鼓舞する働きがあると指摘している。Tushnet 1998, p. 308.

(39) Dagger 1997, pp. 198-200.

(40) Sandel 1996, p. 343（五八頁）.

(41) Sandel 1996, p. 347（六二頁）.

(42) Orwin 1998, p. 90.

(43) Beiner 1998, p. 4.

(44) Conkin 1997, p. 1266.

(45) キムリッカはこのような民族集団やエスニック集団による内部の構成員の抑圧を「対内的制約（internal restriction）」と呼ぶ。Kymlicka 1995, pp. 41-2（五九-六〇頁）.

(46) Shanley 1998, p. 247.

(47) ウォルツァーは、このような共同体のことを「貪欲な共同体（greedy communities）」と呼ぶ。Walzer 1998, p. 176. なお、この呼称は、社会学者のルイス・コーザー（Lewis Coser）によるという。

(48) 本書はここで、アーミッシュ共同体がウォルツァーの言う「貪欲な共同体」に当たると述べているのではないし、あるいはあらゆる宗教団体がこうした性格をもっていると決めつけているわけでもない。特殊共同体における徳性の陶冶が、必ずしも政治共同体における公民的徳性の実現につながらない一例をあげているにすぎない。日本の文脈からすれば、過剰な会社主義がその適切な例かもしれない。しばしば過剰なサービス残業や休日出勤が、サラリーマンから政治に関心を向ける余裕を失わせていると指摘されている。

(49) Walzer 1998, p. 176.

(50) 「われわれが（たとえば家族のメンバーに対する）特殊な義務や（たとえば宗教共同体との）集団的アイデンティティを真剣に捉えるほど、われわれは公民的な性格形成の公共的な方向に向かうよりも、背く傾向にあるかもしれない」。Galston 1998, p. 81（括弧内はガルストンによる）.

(51) トクヴィルは、市民社会における共同体それ自体は、習律（mores）を教化できても、それを生みだすことはできず、共通善の感覚を生みだすのは、より包括的な習律、たとえば市民宗教が必要である、と考えていたと言われている。Elshtain and Beem 1998, p. 202.

(52) 「公民的共和制における責任論の共和主義的構成が共同体による責任の分有・拡散に繋がり、無責任の体系を創り上げ、自閉した共同体のもたらす安心感が他者に対する無関心を醸成することも大いにあり得る」。駒村 一九九七、一三四頁。

(53) Elshtain and Beem 1998, pp. 204-5.

(54) なぜならば、このような階級混同制度のなかで、富者が貧者を蔑み、貧者が富者を妬むことによって、さまざまな階級に属する人たちのあいだで分裂を引き起こされ、いっそうの社会的断片化が促進されるかもしれないからである。See, Kymlicka 1998, p. 141.

(55) ウォルツァーは、国家と市民社会の相補関係について言及している。「民主的国家のみが民主的市民社会を創造できる。民主的市民社会のみが民主的国家を支えることができる」。Walzer 1992, p. 104（一八〇頁）. ただし彼は、国家が市民社会の枠組みであるとする自由主義的なモデルは、もはや通用しないと考える。

(56) 「新たな形態の公共的な国家行為が、収入・富の不均衡を是正し、個人の機会と安全を促進し、抑制されない競争の結果を規制するために必要であろう」。Galston 1998, p. 82. 「市民社会はそれ自体が任意のものであるから、根本的に不平等な力関係を一般化してしまうからである。それに対し国家権力のみが、それらの不平等に挑戦して行くことができる」。Walzer 1992, p. 104（一七九-八〇頁）.

(57) グローバル経済に対抗し、国家間の社会的・経済的不平等を是正しなければならならないならば、国際的なレベルでの政府機構が必要となる。このように国家間の分配的正義について論じたものとしてBeitz 1999, pp. 127-53, 198-214を参照されたい。

(58)「どのようにして州への分権を擁護すると同時に、法人権力に対抗し、社会的不平等に取り組む仕事に匹敵しうることを期待することができるのだろうか、これを理解することはむずかしい」。Beiner 1998, p. 4. またクリフォード・オーウィン（Clifford Orwin）は、地方にこうした能力があるかどうかは端的に言って疑わしい、と述べている。Orwin 1998, p. 88.

(59) 白川 一九九七、一八、五四-七頁。

(60) 前掲第一章注（5）の分類を再び利用すれば、サンデルは、もともと自己統治回復のためには、第一の意味での「公的（公式的）」なものを私的なものと結びつけることをめざしながら、いつの間にか、第二の意味での「公共的な（共通の）」ものにすり替えてしまった、という言い方もできるかもしれない。繰りかえすように、本書の関心は、「公式的」なものを「共通のもの」に、すり替えるのではなく、むしろ現実の政治プロセスのなかで転換していくことにある。

(61) Sandel 1998b, p. 330.

第四章

(1) 現代共和主義が、デモクラシー論とりわけ審議的デモクラシー論に出会うのは、まさにこの点においてである。すなわち審議-参加型共和主義は、審議的デモクラシーとともに、民主的政治を審議的プロセスとして捉えている。そしてそれは、審議的政治を私の側から公の側へ声や要求を届けることによって、法の公共的正統性をもたらす過程として評価しているのである。

(2) ここで観念されている「公共性」は、公権力の強制的行使にかかわる「政治的正統性」とは微妙な関係にある。「公共性」は、審議によって担保されるかもしれないが、しかし「正統性」については、審議によって絶えず何度も問われ、一般市民の側から「公共的であるがゆえに、正統である」と捉えなおされる必要がある。すなわち、政治的正統性は、審議を通して実現される公共性に基礎づけられていなければならない。本書が、「法の公共的正統性」という言葉を用いているのは、このように政治的正統性を民主的政治——公共性の再構成プロセスとしての審議——とのかかわりで理解しているからである。なお、審議と政治的正統性との関係について、Christiano 1997, pp. 244-6を参照。

(3)「公私の再結合」ということで念頭に置いているのは、現状の公共性区画を完全に維持したままで、「公」の側が予定する方法でのみ「私」の領域にかかわる仕方である。たとえば、国会・地方議員の「選挙」という形で、政党や候補者が提示する政策パッケージに投票させ、そのかぎりでのみ私的な要求に応えるという仕方である。この場合、選挙の手続や問題化の経路などを完全に固定したなかで、「公」の側が「私的」な声や要求を取りこむという形になる。ここでは、「私」の側から「公的」枠組みを形成しようとする気概や志が極端に切り詰められる。

（4）「公共性の（純粋な）構成」ということで念頭に置いているのは、公共性区画が完全に崩壊あるいは未確定のカオス的な社会状況のなかで、「公的」枠組みを一から形成する仕方である。たとえば、建国期や革命期、あるいは戦後の再建期に、市民の代表者が憲法制定会議を開いて、新たな国の枠組みをつくるような場面である。この場合、「私」の側から「公的」枠組みを形成する回路は一定の期間内では開かれているものの、いったん枠組みを形成してしまえば、また（以前とは異なる形で）公共性区画を（以前と同じように）固定することになる。ここでは、永続的あるいは恒常的に「公共的」枠組みを再形成しようとする気概や志が切り詰められる。

（5）公私領域が完全に未分離の状況は、純粋な形態では現実にはありえないか、あったとしてもきわめて限られた状況でしかない。たとえば、古典古代期のギリシャにおけるポリス形成の時期、あるいは一九八〇年代以降の東欧諸国における民主革命の時代など、公的枠組みが根本的に不在であったか、あるいはすでに崩壊していた状況であり、そこでは公的なものと私的なものとを区別することは原理的に不可能である。このようなカオス状態のもとでは、公的枠組みは一から構築されるだろうが、この状況が永続することは想像しがたい。カオス的状況から秩序を形成するためには、何らかの政治的行為が必要とされるだろうが、それは審議ではなく、むしろ決断や暴力などが介入する余地が大きいように思われる。

（6）キムリッカは、審議プロセスがもたらす諸々の効果のうちの一つとして、審議の参加者が、発言の機会を与えられることで、政治的意思決定を正統なものとしてみなすことができることをあげている。Kymlicka 2002, p. 291.

（7）この点で、審議-参加型共和主義は、リベラリズムを批判的に補完する理論として理解することが可能であろう。すなわち、それは、リベラリズムと、公／私分離の原理――公権力から私的領域と個人の自由を確保すること――を共有しながら、この原理を、一般市民の側から適切な具体的形態に解釈できる政治的回路をつねに開いておくのである。

（8）この点で、審議-参加型共和主義は、徳性-陶冶型共和主義と理論的手法を異にする現代共和主義の理論として理解することが可能であろう。すなわち、それは、徳性-陶冶型共和主義と、政治を通して公と私とを結びつけようと――それによって自己統治を再生しよう――する目的を共有しながら、政治＝教育によって公私乖離の感覚を解消するのではなく、政治＝審議によって公と私との関係を根本的に組みかえるという理論的アプローチを採用する。

（9）ハーバーマスの『事実性と妥当性』と、彼が以前に著した『コミュニケーション的行為の理論』との関連をどのように理解すべきかはむずかしい問題である。この点にかんして、永井 二〇〇一、八九-九一頁を参照。

（10）ここで主に依拠するマイケルマンの文献は、Michelman 1988 である。また主に依拠するハーバーマスの文献は、Habermas 1996; Habermas 1992 である。

（11）Habermas 1996, p. 1485.

（12）Habermas 1992, S. 361（（下）二二頁）.

(13) Habermas 1996, pp. 1485-6（傍点は大森による）.

(14) Michelman 1996b, pp. 1167-8. なおここではマイケルマンの記述を、多少整理している。

(15) 以上の二点に見られる理解は、明らかにアッカーマンの二元論的政治を想定している。アッカーマンの二元論的政治については後述するが、ハーバーマスはアッカーマンらの議論を共和主義の典型として理解しているのである。マイケルマンがアッカーマンらと袂を分っているのは後述の通りであるが、もしそうならば、ハーバーマスの批判はマイケルマンの議論に対して当てはまらないことになろう。

(16) マイケルマンによれば、ハーバーマスは次のような仕方で共和主義を理解している、とされる。すなわち共和主義は、人民の憲法制定権力が妥当な法を創設する動機をもつために、その前提条件として「実体的・倫理的コンセンサス」がなければならないと考えるが、しかし現代社会では、こうした実体的コンセンサスは存在することも、そこから具体的意味を取りだすことも期待できないから、共和主義は、実体的コンセンサスの代わりに、司法の統治を望むようになったのである、と。Michelman 1996b, p. 1168.

(17) Michelman 1988, pp. 1526-8. ここでマイケルマンは、パースペクティヴの多元性と法生成的政治が両立可能であることを示そうとしている。

(18) ここでマイケルマンは、ハーバーマスの「抽象的権利」に言及している。これは、ハーバーマスの権利の論理的生成論のなかで取りあげられるものだが、これについては第四章第四節で説明する。

(19) Michelman 1988, pp. 1494-1507.

(20) Michelman 1996b, p. 1170.

(21) ここではハーバーマスとロールズの論争に立ち入ることはできないが、これを検討したものとして、川本 一九九七、二三一-四一頁を参照。

(22) Habermas 1995, p. 128（傍点はハーバーマスによる（原文ではイタリック体））.

(23) Michelman 1996a, p. 315.

(24) Michelman 1996b, p. 1163.

(25) 「内輪喧嘩」は、マイケルマンの論文 Michelman 1996b のタイトルそのものである。

(26) ハーバーマスの立場は、共和主義ではなく、むしろリベラリズムに近いとみれなくもない。というのもハーバーマスは、理想的発話状況において、個人の平等な取り扱いを命じるリベラルな正義原理や基本的権利などの普遍主義的な要請を基本にすえているからである。Habermas 1996, p. 1486.

(27) 確かに思想史的には、リベラリズムにおいて政治は、私益の実現を求める取引・交渉の戦略的プロセスであると——少なくとも共和主義の側からは——捉えられてきたし、他方で、共和主義において政治は、市民自らが対話や議論を通して公的決定を行う審議的プロセスとして捉えられてきた。「審議」といえば、共和主義の思想的伝統を連想させることが多かったわけである。

(28) Michelman 1989b, pp. 448-50.

(29) マイケルマンによれば、権利の観点ばかりでなく、利益の観点からみても、リベラル立憲主義は審議的政治と異質ではない、個人の利益の総計がある種のリベラルな共通善であるという見方もできるからだ、という。Michelman 1989b, p. 449.

(30) マイケルマンは、実際、Carrington v. Rash 事件判決（380 U. S. 89 (1965)）において、軍務のためテキサス州に仮住まいをしている住民に選挙権を与えなかったテキサス州法を違憲とする連邦最高裁の意見の前提には、結果として州法を否定しながらも、たんに一時的に共同体にいるだけの住民がその共通の利益を見出す過程に参加することを否定しようとした州の方針そのものは評価して、さまざまな利益の相違を解消するための「リベラルな媒体」として政治的審議を捉えている発想があった、と分析している。Michelman 1989b, pp. 470-1.

(31) Michelman 1989b, p. 450.

(32) Habermas 1992, S. 359（(下) 二〇頁).

(33) リベラリズムの国家に対する態度は、実際のところ、ハーバーマスがここで特徴づけている以上にねじれているように思われる。国家からの自由を国家によって保障しようとする二律背反的な側面がリベラリズムにあることは、つとに指摘されていたところである。

(34) Habermas 1992, S. 360-1（(下) 二二頁).

(35) Habermas 1992, S. 359（(下) 二〇頁).

(36) Habermas 1992, S. 361-4（(下) 二二-四頁).

(37) これもまた、「公的自律」と「私的自律」の等根源性を説明しようとするハーバーマスの基本的関心に由来していると思われる。

(38) 両者の立場は、とりわけ特殊具体的な共同体における倫理的コンセンサスに依拠するか、あるいは超越的・普遍的な正義や権利に依拠するかで、重大な相違がある。

(39) マイケルマンの膨大な著作は、ときに一貫性に欠けるような印象を与えないわけでもない。岩本一郎は、マイケルマンの書評のなかで、公表時期の異なる論文を載せたマイケルマンの著書（Michelman 1999）において、二つの章のあいだに明らかな断絶——「共和主義基底的なデモクラシー観」から「政治的リベラリズム基底的なデモクラシー観」への転向——があることを鋭く指摘している。岩本 二〇〇〇、二九四頁。

(40) ハーバーマスの叙述は、『ギュウ詰め』とか『錯綜した叙述』とかいった嘆きの声がしばしばあがるのも無理はない」と指摘されている。阿部 二〇〇一、八五頁。

(41) 民主制の下であっても、同時期的には視点の相違が生じることについては前掲第一章注（14）参照。

(42) Michelman 1986, p. 51. なおこの説明は、Pitkin 1972, pp. 174-80に由来するという。

(43) マイケルマンは彼らを「ねじれ」た仮想的代表の支持者として位置づけている。「ねじれ」ているというのは、彼らが現実的代表を支持していると言いながら、実際には仮想的代表を主張しているからである。Michelman 1986, p. 60.

(44) アッカーマンの二元論的政治については、いくつか紹介がある。木下 一九八六、阪口 二〇〇一、七一-一二九頁を参照。

(45) Michelman 1986, p. 61.

(46) Dworkin 1986, pp. 177-275（二八〇-四三〇頁）を参照。

(47) Dworkin 1986, pp. 238-40（三二七-四頁). 言うまでもなく、

「ハーキュリーズ」とは、ギリシャ悲劇の英雄ヘラクレスの英語上での発音である。

(48) ドゥオーキンによれば、これはカントとルソーの自由、すなわち「自己立法」を通して実現される自由のことを指す。Dworkin 1986, p. 189（二九九頁）.

(49) Michelman 1986, pp. 68-9.

(50) Michelman 1986, p. 63.

(51) Michelman 1986, p. 65.

(52) Michelman 1986, p. 65.

(53) Michelman 1986, p. 69（傍点はマイケルマンによる（原文ではイタリック体））.

(54) インテグリティとしての法が、擬人化された政治共同体における法の物語を客観的に統合する作業であるならば、解釈の主体は共同体内部にいる構成員であるかぎり、裁判官だろうが一般市民だろうが、違いはないはずである。あるいは外部の人々でさえ――法的その他の決定が共同体の歴史と内的に結びついていることが距離を置いた視点から述べられる限りで――解釈は可能であるとも言える。なぜ解釈主体が裁判官に限定されるかは、もちろん法制度的な権限・管轄の問題がある他、裁判官に固有の専門的な技術や能力などにも関係するかもしれないが、この点にかんしてドゥオーキンは、裁判官の特権性を素朴に前提にしているだけで、あまり深く論及していないように思われる。

(55) Michelman 1986, p. 73.

(56) Michelman 1986, p. 52.

(57) 実はマイケルマンが現実的代表を支持するかどうかについては、少なくともMichelman 1986やMichelman 1989aを読むかぎりでは、疑いがないわけではない。しかしMichelman 1988以降の諸論文では、仮想的代表の議論から袂を分ってきているように思われる。彼は、ロバート・ポスト（Robert Post）の自分への批判が、自己統治を司法的解釈者の判断と同一視している程度を「過度に高く見積もっている」として、自分の立場が仮想的代表を支持するものではない、と後に述べている。Michelman 1998b, pp. 477-8.

(58) Michelman 1988, p. 1525.

(59) マイケルマンは、この公衆による激しいチェックのことを「種々の意見の激しい非難（full blast of sundry opinions）」と呼んでいる。Michelman 1998a, p. 423.

(60) マイケルマンは、ブレナン裁判官が、NAACP v. Button事件判決（371 U.S. 416（1963））のなかで、憲法訴訟そのものが、合衆国憲法修正第一条で保障される政治的言論と結社の自由によって保護される政治的活動であるとの意見を提示したことから、これを法廷を政治的審議の場として位置づける言明であると考えている。Michelman 1999, pp. 74-5.

(61) Michelman 1986, pp. 76-7.

(62) Michelman 1986, p. 53-4.

(63) Michelman 1988, p. 1531.

(64) たとえば家庭のなかで児童をどのように扱うか、あるいは少数民族の言語を用いるかどうかなどの問題は、それ自体として「私的」なのではなく、幼児虐待や少数民族の抑圧などの社会問題として十分に公衆の関心を引くにいたらない限りで、家庭内における親権の行使や、民族集団内における独自の言語の使用という「私的」な関心とされるにすぎない。これらの問題は、救済や承認を求める要求が高まれば、いついかなるときでも政治的議論の対象となり、その限りで「公的」な関心となりうるのである。

(65) リチャード・エプスティン (Richard Epstein) は、マイケルマンにとって、すべてが公的であると指摘している。Epstein 1988, p. 1649.

(66) ここでのマイケルマンのプライヴァシーの理解は、彼がBowers v. Hardwick 事件判決 (478 U.S. 186) に反論する文脈で表されているので、直接的には同性愛者の性生活を含む私的生活全般を指しているようである。

(67) Michelman 1988, p. 1533 (傍点は大森による).

(68) Michelman 1988, pp. 1513-7.

(69) Michelman 1988, pp. 1522-3.

(70) Michelman 1988, p. 1502.

(71) この語は、彼の造語ではなく、ロバート・カヴァー (Robert Cover) からの引用である。Cover 1983.

(72) マイケルマン自身の説明では、創設者の地位は、「安全保障としての自由」――支配、堕落など内外の敵による崩壊から人民の生命や社会を守ること――を意味し、「活動の自由」としてのシティズンシップと弁証法的な関係を結んで、合法性原理と自己統治との相互作用を形成する、という。Michelman 1988, p. 1518. ただし、このマイケルマンの説明は無用に錯綜しており、「創設者の地位」という語がもつ政治心理学的側面を適切に言いあてたものではないように思われる。なお、マイケルマンのこの法生成的政治が、「憲法」と「我々」との「感覚的一致」、あるいは「プラトニックな知的感覚」(傍点は大森による) をもたらす概念であると鋭く指摘したものとして、山本二〇〇四、二七二-三頁を参照。

(73) Michelman 1998c, p. 1733.

(74) Michelman 2000b, p. 75.

(75) Michelman 1988, p. 1532.

(76) ここでの「司法審査」への訴えは、裁判所を特権視している点で、仮想的代表の発想と表面的には共通しているように見える。しかしマイケルマンはここで、司法審査を裁判官による仮想的代表の重要な手段として位置づけているのではなく、むしろ法生成的政治の不可欠の制約条件として位置づけている。

(77) Michelman 1998c, p. 1733.

(78) Michelman 1998b, p. 471.

(79) マイケルマンが、審議プロセスに関与することができる「市民」の資格 (citizenship) を限定しているかどうかは定かではない。しかし、マイケルマンの理論的メリットは、どのような人でも参入できるような、非常に裾野の広い審議のプロセスとして政治を捉えているところにあるように思われる。

(80) 「規範的言明の蓄積」に訴えることの一つの含意は、ある共同体のなかで歴史的・伝統的に継承されてきた価値的・規範的な諸観念が、その構成員たちによって相互に主張ないし受容されることができるという意味で、公共的な基盤となりうることにある。

(81) もちろん、これらの制度圏における反映や救済は、現実において不十分であることはしばしば指摘されてきたし、だからこそ市民社会に新たな政治の活路を見出そうとする理論的試みが近年盛んになされているのである。

(82) 不用意にも「当然ながら」と口を滑らせたことは、マイケルマンにとって致命的なミスである。というのもそのために、法が政治的プロセスを通してどのように形成されるかが不明瞭になり、法生成的政治の中身があいまいになってしまうからである。

(83) Sullivan 1988, p. 1718.

(84) Powell 1988, p. 1710.

(85) Epstein 1988, p. 1648.

(86) Christodoulidis 1998, pp. 50-1（六五‐六頁）.

(87) Michelman 1998b, p. 410（傍点はマイケルマンによる（原文ではイタリック体））.

(88) Sullivan 1988, p. 445. 実は、この点については、マイケルマン自身に態度の揺らぎがみられるのだが、カスリーン・サリヴァンは、マイケルマンの議論が、憲法の枠内以上の自己統治をめざすものであることを、マイケルマン自身が認める以上に鋭く指摘している。

(89) Habermas 1992, S. 429-30（（下）八四頁）. ここでハーバーマスは、ベルンハルト・ペータース（Bernhard Peters）のモデルを用いながら、政治的権力循環について論じている。

(90) Habermas 1992, S. 366（（下）二六頁。なお訳を一部変えてある）.

(91) ハーバーマスの理解によれば、「生活世界」は、コミュニケーション的行為の地平と背景をなしている。行為者は、対世界関係の行為類型として、客観的世界に対して、社会的世界のなかのあるものに対して、あるいは主観的世界に対して語用論的な関係を取りうるが、いずれにしても話す側の行為者も聞く側の行為者も、これら三つの世界を解釈枠組みとして用いており、この解釈枠組みのなかで行為状況における共通の定義を得ることができる、という。Habermas 1981,（（下）一七‐八頁）.

(92) Habermas 1992, S. 366（（下）八八頁、傍点はハーバーマスによる（原文ではイタリック体）、なお訳を一部変えてある）.

(93) たとえば、司法的救済になじむように権利義務の用語で表現されない場合や、十分に社会問題化しなかったために選挙等で争点にならない場合など、通常の制度や体制が予定している手段では新たな声や要求がすくい取れないことがあるだろう。

(94) リベラリズムの公／私分離は、このような感知できない問題を公的議題から放逐し、「私的なもの」の範疇に分類することにより、私的領域において不正がまかり通っている現状を維持ないし温存してしまうと指摘されることがある。たとえばフェミニズムによれば、リベラリズムは、正義の対象を国家や法などの公的な権力や制度に限定するために、家庭や性にかんする問題を正義の考察範囲から外すことになり、家庭内暴力や幼児虐待などを「私的」な問題として放置してしまうとされる。

(95) Habermas 1992, S. 460（（下）一一三頁）.

(96) ジョシュア・コーヘン（Joshua Cohen）は、このように市民社会の媒介的役割に着目するハーバーマスの議論に対して、次のように批判している。すなわちハーバーマスの議論は、すでに確立された現代政治体の制度的ルーチンとは異なるデモクラシーを生みだすだけであり、そのデモクラシーによって市民がどれだけ国家を動かすことができるかは疑問である、と。コーヘンによれば、ラディカル・デモクラシーの（ハーバーマスとは異なる）もう一つの形態は、インフォーマルな市民討論を活性化するのではなく、立法や行政などの支援のもとで、市民による直接的な問題解決を制度化することにあるという。Cohen 1999, pp. 409 - 14. コーヘンは、チャールズ・サベル（Charles Sabel）とともに、このような「直接審議的ポリアーキー」の構想を打ち出している。See, Cohen and Sabel 1997. けだし、以上のコーヘンの批判にもかかわらず、コーヘンもハーバーマスも、立法や行政など国家の公的諸機関と、市民社会におけるさまざまな組織や団体との審議的連関を重視している点では共通しており、ハーバーマスは、審議のイニシアティヴがあくまで市民社会の側に担保されるべきであることを強調する点で、ややコーヘンと異なるにすぎないように思われる。

(97) ハーバーマスのここでの言明は、直接的にはコーヘンに向けられたものである。Habermas 1992, S. 372-3（(下) 三一 - 二頁。傍点はハーバーマスによる（原文ではイタリック体））.

(98) これは、前掲注（3）で述べたように、「公私の再結合」の方法である。それは、公の側が予定した措置や手続きによってのみ、私の側の声や要求を取りこむ仕方である。ここでは、もともとの問題の形式が切り詰められ、馴い慣らされる他、こうした問題を提起しようとする意欲もまた萎えさせられることになる。

(99) Habermas 1992, S. 429-35（(下) 八四 - 九頁）.

(100) Habermas 1992, S. 432（(下) 八六頁、傍点は大森による）.

(101) Habermas 1992, S. 442-3（(下) 九六頁）.

(102) Habermas 1992, S. 443（(下) 九七頁）.

(103) Habermas 1992, S. 414（(下) 六九頁、傍点は大森による）. なおここでハーバーマスは、ジョン・エルスター（Jon Elster）の「交渉」と「論証」による合理的選好の修正あるいは政治的意思の形成の条件を、エルスターのように「個人的次元」で行為者の動機に求めることに止まらず、より「社会的次元」で制度的な手続きに求めるべきであるとしている。

(104) たとえば、他人の身体や財産に危害を加えるような要求、ある集団を誹謗・抽象するような言動、あるいは人種差別的な発言や女性蔑視的な主張などは、他の一般市民からは受けいれられないであろう。ある要求が「公共的」であるためには、一般市民のあいだに互酬性や互換可能性が成立していなければならず、こうした条件を満たしていない主張は「非公共的」な主張である。なお「公共性」ないし「公共的正統性」を、「一般市民の視点からの受容可能性」と定義し、これを相互性の観点からも理解できるということは、前掲序章注（2）で述べた通りである。

(105) 第二章第三節で論じたロールズの「公共的理性」も同じ発想であると言えるかもしれない。しかしロールズにおいては、公／私分離の所与性はあくまで堅持されており、正義の政治的構想の観点からのみ、公共的／非公共的のふるい分けがなされている。ここでの「公共性」基準は、前掲注（104）で示した通り、「一般市民の視点からの受容可能性」になろう。この基準による審議では、正義の政治的構想それ自体の「公共性」もテストされるであろうが、しかしロールズはこの点は認めないであろう。

(106) Habermas 1992, S. 438（(下) 九二-三頁、傍点はハーバーマスによる（原文ではイタリック体)）.

(107) Habermas 1992, S. 440（(下) 九四頁、傍点はハーバーマスによる（原文ではイタリック体)）.

(108) Habermas 1992, S. 449（(下) 一〇二頁).

(109) Habermas 1992, S. 374（(下) 三二-三頁).

(110) 徳性-陶冶型共和主義は、アイデンティティの育成や徳性の陶冶を通して、結果的に法の公共的正統性をもたらそうとしているとは言えるであろうが、しかし法の公共的正統性をもたらすということを直接的な目的としているかどうかは、はっきりわからないところがある。

(111) 以上の説明が、直接的にハーバーマスの議論から導かれるかどうか、あるいは彼自身の意図に沿うかどうかは、不明なところもなくはない。しかしここでの説明は、マイケルマンの基本構想に沿いながら、ハーバーマスの含意を最大限にまで拡張するものである。

(112) Habermas 1992, S. 154（(上) 一五一頁).

(113) Habermas 1992, S. 154（(上) 一五一頁). ここで言う「討議原理」とは、「すべてのありうべき関与者が合理的討議への参加者として合意しうるであろう行為規範こそは、妥当《ギュルティッヒ》である」とする原理を意味する。Habermas 1992 S. 138（(上) 一三六頁). ここでは、彼自身の哲学的基礎である討議原理が前提にされているが、法（形式）と政治（民主的原理）との関係もまた示されている。

(114) Habermas 1992, S. 154-5（(上) 一五一頁). なおこの場合の「主観的行為自由」とは、コミュニケーション的自由と異なり、同一の共同の根拠ではなく、個人的な根拠にのみもとづく行為のことである。この二つの自由の相違について、S. 152（(上) 一四九頁）参照。

(115) さらに難解に拍車をかけているのは、ハーバーマスが別の箇所で、この「権利の論理的生成」を、ロールズの「原初状態」ばりの社会契約論的な理論構成によって説明していることにある。ハーバーマスによれば、このプロセスは、ロールズの場合と同じように内省的な思考実験だが、これに加えて「権利の論理的生成」を実現するもう一つの現実レベルの段階が必要である、と説明される。Habermas 2001, pp. 776-8. これを正当化方法にかんする従来の見解の変更・転換とみるか、理論的な展開・発展とみるかは、本書では評価することはできない。

(116) Habermas 1992, S. 155-7（(上) 一五二-三頁。傍点はハーバーマスによる（原文ではイタリック体)）.

(117) とりわけ、ハーバーマスの（1）の諸権利についての叙述は、ロールズの正義の第一原理「各人は、他人の同様な諸自由の体系と両立する形で、平等な基本的諸自由の最も広範な体系に対する平等な権利をもつべきである」と、ほぼ等しい内容をもつものとみてよいと思われる。Rawls 1999a, p. 53（四七頁).

(118) このような見方から政治を「感性的なものの分割共有の再配置」の営みとして捉える議論がある。See, Rancière 1995. なおランシエールについては、澤里 二〇〇三、一一三-四〇頁を参照。

(119) 「そうした自由権は政治的自律の行使を可能にする条件として、

立法者の任意の処理が不可能なものであるにもかかわらず、立法者の主権を制限することはできない」。Habermas 1992, S. 162（(上) 一五八頁).

(120) ハーバーマスの意図からすれば、これら抽象的諸権利は、「論理的」自己展開であると捉えられているかぎりで、少なくとも「論理的」先行要件として位置づけられるのかもしれない。しかしいずれにせよ、彼自身もこれらが政治的審議の制約となることはないと考えている。

(121) 諸々の人権という「これらの条件は、もはや人民主権の行使のための制約ではなく、可能条件なのである」。Habermas 1994, pp. 12-3（括弧内は大森による).

(122) 「これらの基本的諸権利は状況に応じて政治的立法者により解釈されることで具体化されねばならない」。Habermas 1992, S. 159（(上) 一五六頁).

(123) たとえば、議会においては、政策や法案や予算などについてさまざまな審議や可決が行われているし、裁判においても、可罰の是非、量刑の考慮、差止の決定などが行われているし、日常的な対話やふれあいにいたっては、瑣末な雑事や世間話などが話題になるだけで、審議のプロセスがすべて権利解釈を目的とすることはないのは明らかである。

(124) ただし、ある権利の解釈に対して反対の主張をする人が、その解釈の意味づけの過程にかかわったとしても、その結果が本人の意思にそぐわない場合、それを「公共的」な決定として受けいれるかどうかは本人の意識の問題であり、この点はむずかしいところではある。しかし本書は、「公共的」決定が多数決によるもの——すなわち、賛成者の多数の意思が公共性を支える——として理解しているわけではなく、たとえ結果的に少数の側にまわる人々にとっても、審議プロセスに参加したという政治心理学的な事実が、決定の公共的正統性をもたらす可能性に期待している。いずれにせよ、この難点は、「公共性」をどのように理解するかの問いと密接な関係にある。

(125) ハーバーマスはまた、（4）の段階で理論家視点から市民自身（行為者）へのパースペクティヴの転換が起こる、という。Habermas 1992, S. 160（(上) 一五六-七頁).

(126) ここまで言うと、正当性の根拠を合意に求めるハーバーマスの意図から外れることになるかもしれない。しかし、法の公共的正統性をもたらすために、政治的審議のプロセス以上に、合意の結果まで必要とすることはなかろう。もし合意が見出せれば、それはそれで幸運であるかもしれないが、法の公共的正統性をもたらすために必要な条件ではない。結果（合意）ではなく、そこまでの過程（審議）が重要なのである。一般的に現代共和主義は、議論における結果ではなく、むしろ過程そのものを重視する傾向がある。キムリッカも、近年の審議的デモクラシーにとって、合意はせいぜい幸運な、しかし偶然の審議の副産物——前提でも目的でもない——であるとしている。Kymlicka 2002 p. 292.

(127) もちろん、これがどこまで成功するかは経験の問題であり、あらかじめ予測することはできない。ただ、もし政治的審議が一度のみならず何度も繰りかえされることになるならば、この受容のチャンスが原理的には無限に広がることになるであろう、ということだけは言ってよいであろう。

(128) ハーバーマスは、「権利の論理的生成」の（4）以降の段階で、市民は、法の名宛人であると同時に「法秩序の作成者」の役割を得ることができると述べている。Habermas 1992, S. 156（(上) 一五三頁、傍点はハーバーマスによる（原文ではイタリック体））.

(129) Michelman 1988, p. 1501.

(130) Michelman 1986, pp. 42-3.

(131) Habermas 1992, S. 155（(上) 一五一頁、傍点はハーバーマスによる（原文ではイタリック体））.

(132) Habermas 2001, p. 778.

あとがき

本書は、京都大学法学研究科により学位認定された博士論文「現代共和主義における法的枠組みの公共的正統化論」に実質的な加筆・修正を加えてまとめたものです。本書は、同論文のもとになり、またそれ以降に公表したいくつかの論考をもとにしていますが、ここでそれらの初出を示しておきます。

「現代における《政治参加》の射程に関する一考察—公民的共和主義に対するジョン・ロールズの制約をめぐって—」法学論叢（一）一四四巻一号（一九九八年十月）、（二・完）一四五巻六号（一九九九年九月）

「グローバル社会における自己統治について—マイケル・サンデルの陶冶プロジェクトをてがかりに—」、法学論叢（一）一四七巻六号（二〇〇〇年九月）、（二・完）一四九巻五号（二〇〇一年八月）

「法を支える政治、政治を律する法―マイケルマン＝ハーバーマス法理論をもとに―」岡山大学法学会雑誌第五四巻第一号（二〇〇四年九月）

これらの論考は、当初一冊の著書としてまとめることを予定されておらず、それぞれ異なる問題関心から書かれたものです。しかし改めて振り返ってみると、これらの論考がある一つの問いに貫かれていることを次第に強く意識するようになったのです。

それは「法の公共的正統性」をめぐる問いです。私たちは今すでに法のもとにいます。私たちは、必ずしも自ら作り出したわけでもないのに、法に従うことを余儀なくされています。私たちは、すでに与えられた法のもとにいながら、どのようにして自由に生きることができるのか。どのようにしてこの法を「公共的」なものとして、そして「正統」なものとして受けいれることができるのか。これは、今まであまり正面から問われてこなかった法哲学的な問いであるように思われます。この問いのもとに、今まで取り組んできた論考を新たに照らし出せるのではないだろうか。こんな考えからまとめてみたもの、それが本書なのです。

本書には、他にもいくつかの思考の軌跡が絡み合っています。リベラリズムと共同体論のあいだの論争を今までと違う視角から見ることはできないだろうか。リベラリズムと共和主義を公と私の関係という軸で見直すことはできないだろうか。いささか評判の悪い共和主義の思想を新たな形で救い出すことはできないだろうか。共和主義の政治というものを、「徳」などという大仰な言葉を持ち出さずに示すことはできないだろうか。共和主義の政治を、法との関係で定義づけることはできないだろうか。これらの関心は雑多すぎて、本書のなかで十分に消化しきれていないかもしれません。しかし本書は、著者なりに、これらの試みを一つの法理論として何とかまとめあげようとした格闘の痕跡であるのです。

本書は、博士論文をもとにしているため、もともとはやや抽象的で難解な表現で書かれていました。ですが、出版に際して「専門外の人や学生にも読めるものを」という要望があったこともあり、できるかぎりわかりやすい構成や表現で書き直されています。著者自身が読み返してみると、やや厳密さに欠け、飛躍があるかなというところもないわけではありません。しかしそのおかげで、著者もウソ・ゴマカシなく自分の見解を率直に論じることができ、また読者に少しでも多くのことを伝えることができたならば、それでよかったなと思います。読者が何かハッとするようなことを本書のなかに見つけてくれたのであれば、著者には望外の幸せです。

タイトルの「共和主義の法理論――公私分離から審議的デモクラシーへ」にかんしていえば、これは著者の希望というよりも、かなり出版上の都合で決められた経緯があります。この看板だといささか「キャッチー」すぎて、本書の内容にそぐわないのではないかと正直恥ずかしくはあります。しかし、これもまた「広く一般に読まれるように」との配慮からでしょうが、それで多くの人たちの目に留まるならば、著者が意図するところに合致します。本書がこのたいそうなタイトルにふさわしいかどうかは読者の判断にお任せしますが、いずれにせよ本書にある数多くの欠陥はすべて著者に帰せられます。

本書を出版するまでに、多くの人たちにお世話になりました。本書は、平成十八年度の文部科学省科学研究費補助金と岡山大学法学会出版助成のおかげで出版されることができました。心より感謝申し上げます。長い期間にわたり著者に研究指導をしていただきました田中成明先生、本書のもとになった論考に対し多くの貴重な助言をいただきました亀本洋先生、また公私にわたり著者の研究生活を支援してくださった服部高宏先生には、特別の感謝の意をお伝えしなければいけません。とくに田中先生には、大学院在学時代から、ロールズら大家の哲学体系に無謀にも突撃していった著者を暖かく見守っていただきましたこと、改めて深謝いたします。また勁草書房の徳田慎一郎、上原正信両氏には、出版までさまざまな形で御尽力いただきました。この場を借りて厚く御礼申し上げます。

最後に、出産、育児など多忙な私生活のなかで、かなりの時間と労力を研究に割いた著者のわがままに我慢してくれた、わが家族のみんなにも感謝の気持ちを伝えます。これまで本当にありがとう。これでやっとパパの本ができたよ。

二〇〇五年三月

事項索引

ア　行

カ　行

サ　行

タ　行

ハ　行

マ　行

ラ　行

人名索引

マ 行

ヤ 行

ラ 行

参考文献

Ackerman 1984——Bruce Ackerman, The Storrs Lectures : Discovering the Constitution in 93 *The Yale Law Journal*

Anderson 1991——Benedict Anderson, *Imagined Communities : Reflections on the Origin and Spread of Nationalism* (*Revised ed.*) Verso（白石さや・白石隆訳『想像の共同体』(NTT 出版, 一九九七))

Arendt 1958——Hannah Arendt, *The Human Condition*（志水速雄訳『人間の条件』(筑摩書房, 一九九四))

Audard 1995——Catherine Audard, The Idea of "Free Public Reason" in 8 *Ratio Juris*

Beiner 1998——Ronald S. Beiner, The Quest for a Post-Liberal Public Philosophy in Anita L. Allen and Milton C. Regan, Jr. (eds.), *Debating Democracy's Discontent : Essays on American Politics, Law, and Public Philosophy* (Oxford University Press)

Beitz 1999——Charles Beitz, *Political Theory and International Relations with a new afterword by the author* (Princeton University Press)

Berlin 1969——Isaiah Berlin, *Four Essays on Liberty* (Oxford University Press)（小川晃一・小池銈・福田歓一・生松敬三訳『自由論』(みすず書房, 一九七一))

Bohman 1995——James Bohman, Public Reason and Cultural Pluralism : Political Liberalism and the Problem of Moral Conflict, in 23 *Political Theory*

Buchanan 1989——Allen E. Buchanan, Assessing Communitarian Critique of Liberalism, in 99 *Ethics*

Carter and Stokes 2002——April Carter and Geoffrey Stokes, *Democratic Theory Today : Challenges for the 21st Century* (Polity Press)

Christiano 1997——Thomas Christiano, The Significance of Public Deliberation, in James Bohman and William Rehg (eds.), *Deliberative Democracy : Essays on Reason and Politics* (The MIT Press)

Cristodoulidis 1993——Emilios A. Christodoulidis, Self-defeating Civic Republicanism, in 6 *Ratio Juris*

Christodoulidis 1998——Emilios A. Christodoulidis, *Law and Reflexive Politics* (Kluwer Academic Publishers)（角田猛之・石前禎幸編訳『共和主義法理論の陥穽——システム理論左派からの応答』(晃洋書房, 二〇〇二))

Cohen 1997——Joshua Cohen, Deliberation and Democratic Legitimation' in James Bohman and William Rehg (eds.), *Deliberative Democracy : Essays on*

Reason and Politics (The MIT Press)

Cohen and Sabel 1997――Joshua Cohen and Charles Sabel, Directly-Deliberative Polyarchy in 3 *European Law Journal*

Conkin 1997――Paul Conkin, Book Review in 102 *American Historical Review*

Constant 1819――Benjamin Constant, *De la liberté des anciens comparée à celle des modernes, Discours prononcé à l'Athénée royal de Paris en 1819 en Ecrits politiques* (大石明夫訳「近代人の自由と比較された古代人の自由について――一八一九年，パリ王立アテネ学院における講演」中京法学第三三巻三・四合併号（一九九九))

Cover 1983――Robert Cover, The Supreme Court, 1982 Term—Foreword : Nomos and Narrative in 97 *Harvard Law Review*

Dagger 1997――Richard Dagger, *Civic Virtues : Rights, Citizenship, and Republican Liberalism* (Oxford University Press)

Dworkin 1986――Ronald Dworkin, *Law's Empire* (Harvard University Press) (小林公訳『法の帝国』(未来社，一九九五))

Dworkin 1989――Ronald Dworkin, Liberal Community in 77 *California Law Review* (山田正行訳「リベラルな共同体」現代思想二二号五巻（一九九四))

Elshtain and Beem 1998――Jean Elshtain and Christopher Beem, Can This Republic Be Saved?, in *Debating Democracy's Discontent : Essays on American Politics, Law, and Public Philosophy* (Oxford University Press)

Epstein 1988――Richard Epstein, Modern Republicanism—Or The Flight From Substance in 97 *The Yale Law Journal*

Galston 1998 ―― William Galston, Political Economy and the Politics of Virtue : US Public Philosophy at Century's End, in Anita L. Allen and Milton C. Regan, Jr. (eds.), *Debating Democracy's Discontent : Essays on American Politics, Law, and Public Philosophy* (Oxford University Press)

Glay 1986――John Gray, *Liberalism* (University of Minnesota Press) (藤原保信・輪島達郎訳『自由主義』(昭和堂，一九九一))

Gaus 2003――Gerald F. Gaus, *Contemporary Theories of Liberalism* (Sage Publications)

Gutmann 1993――Amy Gutmann, The Challenge of Multiculturalism in Political Ethics in 22 *Philosophy and Public Affairs*

Habermas 1981――Jürgen Habermas, *Theorie des kommunikativen Handelns*, Bde. 1-2 (Suhrkamp Verlag) ((上) 河上倫逸・M・フーブリヒト・平井俊彦訳，(中) 藤沢賢一郎・岩倉正博・徳永恂・平野嘉彦・山口節郎訳，(下) 丸山高司・丸山徳次・厚東洋輔・森田数実・馬場孚嵯江・脇圭平訳『コミュニケイション的行為の理論』(未来社，(上) 一九八五，(中) 一九八六，(下) 一九八七)

Habermas 1992――Jürgen Habermas, *Faktizität und Geltung : Beitrage zur Diskurstheorie des Rechts und des democratischen Rechtsstaat* (Suhrkamp

Verlag)（河上倫逸・耳野健一訳『事実性と妥当性――法と民主的法治国家の討議理論にかんする研究』（未来社，（上）二〇〇二，（下）二〇〇三）

Habermas 1994――Jürgen Habermas, Human Rights and Popular Sovereignty : The Liberal and Republican Versions in 7 *Ratio Juris*

Habermas 1995――Jürgen Habermas, Reconciliation through the Public Use of Reason : Remarks on John Rawls's Political Liberalism in XCII *The Journal of Philosophy*

Habermas 1996――Jürgen Habermas, Reply to Symposium Participants, Benjamin N. Cardozo School of Law in 17 *Cardozo Law Review*

Habermas 1999a――Jürgen Habermas, Introduction in 12 *Ratio Juris*

Habermas 1999b――Jürgen Habermas, Short Reply in 12 *Ratio Juris*

Habermas 2001――Jürgen Habermas, Constitutional Democracy : A Paradoxical Union of Contradictory Principles? in 29 *Political Theory*

Habermas 2003――Jürgen Habermas, The Law and Disagreement. Some Comments on "Interpretative Pluralism" in 16 *Ratio Juris*

Held 1995――David Held, *Democracy and the Global Order : From the Modern State to Cosmopolitan Governance* (Polity Press)

Honeyball and Walter 1998―― Simon Honeyball and James Walter, *Integrity, Community and Interpretation : A Critical Analysis of Ronald Dworkin's Theory of Law* (Ashgate, Dartmouth)

Hurd 1995――Heidi M. Hurd, The Levitation of Liberalism, in 105 *Yale Law Journal*

Kant 1784――Immanuel Kant, *Was ist Aufklärung?*（篠田英雄訳『啓蒙とは何か』（岩波書店，一九五〇））

Kateb 1984――George Kateb, *Hannah Arendt : Politics, Conscience, Evil* (Rowman and Allanheld)

Kelly 2005――Paul Kelly, *Liberalism* (Polity Press)

Kymlicka 1988――Will Kymlicka, Liberalism and Communitarianism, in 18 *Canadian Journal of Philosophy*

Kymlicka 1991――Will Kymlicka, *Liberalism, Community, and Culture* (Oxford University Press)

Kymlicka 1995――Will Kymlicka, *Multicultural Citizenship : A Liberal Theory of Minority Rights* (Oxford University Press)（角田猛之・石山文彦・山崎康仕監訳『多文化時代の市民権――マイノリティの権利と自由主義』（晃洋書房，一九九八））

Kymlicka 1998――Will Kymlicka, Liberal Egalitarianism and Civic Republicanism : Friends or Enemies? in Anita L. Allen and Milton C. Regan, Jr. (eds.), *Debating Democracy's Discontent : Essays on American Politics, Law, and Public Philosophy* (Oxford University Press)

Kymlicka 2002──Will Kymlicka, *Contemporary Political Philosophy : An Introduction* (*2nd ed.*) (Oxford University Press) (初版翻訳, 岡崎晴輝・木村光太郎・坂本洋一・施光恒・関口雄一・田中拓道・千葉眞訳『現代政治理論』(日本経済評論社, 二〇〇二))

Lehning 1995──Percy B. Lehning, The Idea of Public Reason : Can It fulfill Its Task? A Reply to Catherine Audard, in 8 *Ratio Juris*

Lowi 1979──Theodore Lowi, *The End of Liberalism : The Second Republic of the United States* (*2nd ed.*) (W. W. Norton & Company) (村松岐夫訳『自由主義の終焉　現代政府の問題性』(木鐸社, 一九八一))

Machivelli 1531──Niccolò Machivelli, *Discorsi Sopra La Prima Deca Di Tito Livio* (永井三明訳『政略論』(『マキャヴェッリ』(中央公論社, 一九九七)))

Marneffe 1994──Peter de Marneffe, Contractualism, Liberty, and Democracy, in 104 *Ethics*

Michelman 1986──Frank Michelman, Foreword : Traces of Self-Government in 100 *Harvard Law Review*

Michelman 1988──Frank Michelman, Law's Republic, in 97 *The Yale Law Journal*

Michelman 1989a──Frank Michelman, Conceptions of Democracy in American Constitutional Argument : The Case of Pornography Regulation in 56 *Tennessee Law Review*

Michelman 1989b──Frank Michelman, Conceptions of Democracy in American Constitutional Argument : Voting Rights in 41 *Florida Law Review*

Michelman 1996a──Frank Michelman, Book Reviews (*on Between Facts and Norms*) in XCIII *Journal of Philosophy*

Michelman 1996b──Frank Michelman, Family Quarrel in 17 *Cardozo Law Review*

Michelman 1998a──Frank Michelman, Brennan and Democracy : The 1996-97 Brennan Center Symposium Lecture in 86 *California Law Review*

Michelman 1998b──Frank Michelman, Rejoinders, in 86 *California Law Review*

Michelman 1998c──Frank Michelman, "Protecting People from Themselves" or How Direct Can Democracy Be? in 45 *UCLA Law Review*

Michelman 1999──Frank Michelman, *Brennan and Democracy* (Princeton University Press)

Michelman 2000a──Frank Michelman, Guest Editor's Preface in 13 *Ratio Juris*

Michelman 2000b──Frank Michelman, Human Rights and Limits of Constitutional Theory in 13 *Ratio Juris*

Mouffe 1992──Chantal Mouffe, Introduction in Mouffe (ed.) *Dimensions of*

Radical Democracy : Pluralism, Citizenship, Community (Verso) (岡崎晴輝訳「民主政治の現在」思想八六七号（岩波書店，一九九六))

Mulhall and Swift 1996——Stephen Mulhall and Adam Swift, *Liberals and Communitarians* (*2nd ed.*) (Blackwell)

Oldfield 1990——Adrian Oldfield, *Citizenship and Community : Civic Republicanism and the Modern World* (Routledge)

Okin 1987——Susan Okin, Justice and Gender in 16 *Philosophy and Public Affairs*

Okin 1989——Susan Okin, *Justice, Gender, and the Family* (Basic Books)

Orwin 1998——Clifford Orwin, The Encumbered American Self in Anita L. Allen and Milton C. Regan, Jr. (eds.), *Debating Democracy's Discontent : Essays on American Politics, Law, and Public Philosophy* (Oxford University Press)

Pateman 1987——Carole Pateman, Feminist Critiques of the Public/Private Dichotomy in A. Phillips (ed.), *Feminism and Equality* (Blackwell)

Pitkin 1972——Hanna F. Pitkin, *The Concept of Representation* (University of California Press)

Powell 1988——Jefferson Powell, Reviving Republicanism in 97 *The Yale Law Journal*

Rancière 1995——Jacques Rancière, *La Mésentente ——Politique et Philosophie* (Galilée, 1995) (松葉祥一・大森秀臣・藤江成夫訳『不和あるいは了解なき了解 政治の哲学は可能か』(インスクリプト，二〇〇五))

Raz 1994——Joseph Raz, Multiculturalism : A Liberal Perspective, in *Ethics in the Public Domain : Essays in the Morality of Law and Politics* (*Revised ed.*) (Clarendon Press)

Rawls 1993——John Rawls, *Political Liberalism* (Cambridge University Press)

Rawls 1999a——John Rawls, *A Theory of Justice* (*Revised ed.*) (Harvard University Press) (矢島鈞次（初版修正版）監訳『正義論』(紀ノ國屋書店，一九七九))

Rawls 1999b——John Rawls, *The Law of Peoples With "The Idea of Public Reason Revisited"* (Havard University Press)

Riesman 2001——David Riesman, *The Lonely Crowd : A Study of the Changing American Character* (Yale University Press) (加藤秀俊訳『孤独な群衆』(みすず書房，一九六二))

Rorty 1998——Richard Rorty, A Defense of Minimalist Liberalism, in Anita L. Allen and Milton C. Regan, Jr. (eds.), *Debating Democracy's Discontent : Essays on American Politics, Law, and Public Philosophy* (Oxford University Press)

Rosenblum 1998——Nancy L. Rosenblum, Fusion Republicanism, in Anita L.

Allen and Milton C. Regan, Jr. (eds.), *Debating Democracy's Discontent : Essays on American Politics, Law, and Public Philosophy* (Oxford University Press)

Rousseau 1762——Jean Jacques Rousseau, *du contrat social, ou principes du droit politique* (井上幸治訳『社会契約論』(平岡昇編『ルソー』(中央公論社，一九七八)))

Sandel 1984a——Michael J. Sandel, Introduction in Sandel (ed.), *Liberalism and Its Critics* (New York University Press)

Sandel 1984b——Michael J. Sandel, Justice and the Good in Sandel (ed.), *Liberalism and Its Critics* (New York University Press)

Sandel 1996——Michael J. Sandel, *Democracy's Discontent : America in Search of a Public Philosophy* (Harvard University Press) (中野剛充 (抄) 訳「公共哲学を求めて——満たされざる民主主義」思想九〇四号 (岩波書店，一九九九))

Sandel 1998a——Michael J. Sandel, *Liberalism and the Limits of Justice* (*2nd ed.*) (Cambridge University Press) (菊地理夫訳『自由主義と正義の限界〈第二版〉』(三嶺書房，一九九九)

Sandel 1998b——Michael J. Sandel, Reply to Critics in Anita L. Allen and Milton C. Regan, Jr. (eds.), *Debating Democracy's Discontent : Essays on American Politics, Law, and Public Philosophy* (Oxford University Press)

Schmitt 1988——Carl Schmitt, *The Crisis of Parliamentary Democracy* (The MIT Press) (稲葉素之訳『現代議会主義の精神史的地位』(みすず書房，一九七二))

Sennett 1998——Richard Sennett, Michael Sandel and Richard Rorty : Two Models of the Republic, in Anita L. Allen and Milton C. Regan, Jr. (eds.), *Debating Democracy's Discontent : Essays on American Politics, Law, and Public Philosophy* (Oxford University Press)

Shanley 1998——Mary Lyndon Shanley, Unencumbered Individuals and Embedded Selves : Reasons to Resist Dichotomous Thinking in Family Law, in Anita L. Allen and Milton C. Regan, Jr. (eds.), *Debating Democracy's Discontent : Essays on American Politics, Law, and Public Philosophy* (Oxford University Press)

Skinner 1981——Quentin Skinner, *Machivelli* (Hill and Wang) (塚田富治訳『マキャヴェッリ——自由の哲学者』(未来社，一九九一))

Spitz 1994——Jean-Fabien Spitz, The Concept of Liberty in Theory of Justice and Its Republican Version, in 7 *Ratio Juris*

Spitz 1995——Jean-Fabien Spitz, Le republicanisme, une troisième voie entre libéralisme et communautarisme? in 7 *le banquet*

Sullivan 1988——Kathleen Sullivan, Epistemic Democracy and Minority Rights in 97 *The Yale Law Journal*

Sunstein 1988――Cass R. Sunstein, Beyond the Republican Revival in 97 *The Yale Law Journal*

Taylor 1989――Charles Taylor, Cross-Purposes : The Liberal Communitarian Debate, in Rosenblum (ed.), *Liberalism and the Moral Life* (Harvard University Press)

Terchek 1997――Ronald J. Terchek, *Republican Paradoxes and Liberal Anxieties : Retrieving Neglected Fragments of Political Theory* (Rowman & Littlefield Publishers, Inc.)

Tocqueville 1835――Alexis de Tocqueville, *Democracy in America vol.1,2* (井伊玄太郎訳『アメリカの民主政治（上）（中）』(講談社，一九八七))

Tocqueville 1840――Alexis de Tocqueville, *Democracy in America vol.3* (井伊玄太郎訳『アメリカの民主政治（下）』(講談社，一九八七))

Tushnet 1998――Mark Tushnet, Federalism as a Cure for Democracy's Discontent?, in *Debating Democracy's Discontent : Essays on American Politics, Law, and Public Philosophy* (Oxford University Press)

Walzer 1983――Michael Walzer, *Spheres of Justice : A Defense of Pluralism and Equality* (Basic Books)（山口晃訳『正義の領分――多元性と平等の擁護』(而立書房，一九九九))

Walzer 1992――Michael Walzer, The Civil Society Argument, in Chantal Mouffe (ed.), *Dimensions of Radical Democracy : Pluralism, Citizenship, Community* (Verso)（高橋康浩訳「市民社会論」思想八六七号（岩波書店，一九九六))

Walzer 1998――Michael Walzer, Michael Sandel's America, in Anita L. Allen and Milton C. Regan, Jr. (eds.), *Debating Democracy's Discontent : Essays on American Politics, Law, and Public Philosophy* (Oxford University Press)

Wolgast 1994――Elizabeth H. Wolgast, The Demands of Public Reason, in 94 *Columbia Law Review*

Wolin 1996――Sheldon Wolin, The Liberal/Democratic Divide : On Rawls's Political Liberalism, in 24 *Political Theory*

Young 1995――Iris Young, Polity and Group Difference : A Critique of the Ideal of Universal Citizenship, in Ronald Beiner (ed.), *Theorizing Citizenship* (State University of New York Press)（施光恒訳「政治体と集団の差異――普遍的シティズンシップの理念に対する批判」思想八六七号（岩波書店，一九九六))

阿部 二〇〇一――阿部信行「ハーバーマスの「現代市民社会（Zivilgesellschaft）本位の法理論」――『コミュニケーション的行為の理論』から『事実性と妥当性』へのユルゲン・ハーバーマスの歩み」今井弘道編『新・市民社会論』(風行社)

石山 二〇〇〇――石山文彦「多文化主義理論の法哲学意義に関する一考察――ウィ

ル・キムリッカを中心にして」国家学会雑誌（一）第一一三巻第一・二号，（二）第七・八号，（三）第一一・一二号，（四）第一一四巻第三・四号，（五）第九・一〇号
井上 一九九九――井上達夫『他者への自由――公共性の哲学としてのリベラリズム』（創文社）
井上 二〇〇四――井上達夫「リベラリズムの再定義」思想九六五号（岩波書店）
今井 二〇〇一――今井弘道「『市民社会』と現代法哲学・社会哲学の課題――第一次〈市民社会〉派の批判的継承のために」今井弘道編『新・市民社会論』（風行社）
岩崎 一九八六――岩崎美紀子「連邦制の理論と実践――連邦国家5ヶ国の比較研究」一橋研究第十一巻
岩本 二〇〇〇――岩本一郎「アメリカ立憲民主政とブレナンの遺産 Frank I. Michelman, *Brennan and Democracy*」アメリカ法二〇〇〇年二号
植木 一九九三――植木一幹「伝承と個人――討議倫理の一解釈」山下正男編『法的思考の研究』（京都大学人文科学研究所）
植木 二〇〇四――植木一幹「共同体論の挑戦――個人と共同体」平井亮輔編『正義――現代社会の公共哲学を求めて』（嵯峨野書院）
大矢 二〇〇三――大矢吉之「熟議民主主義論とその政策理念」足立幸男・森脇俊雄編『公共政策学』（ミネルヴァ書房）
岡野 一九九九――岡野八代「シティズンシップ論の再考――「国民」の批判的理解にむけて」大阪市立大学法学雑誌第四五巻（一）第二，（二）三・四号
川崎 二〇〇二――川崎修「「自由民主主義」――理念と体制の間」日本政治学会編『三つのデモクラシー――自由民主主義・社会民主主義・キリスト教民主主義』（年報政治学　二〇〇一）（岩波書店）
川本 一九九五――川本隆史『現代倫理学の冒険』（創文社）
川本 一九九七――川本隆史『ロールズ　正義の原理』（講談社）
菊池 二〇〇四――菊池理夫『現代のコミュニタリアニズムと「第三の道」』（風行社）
木下 一九八六――木下毅「Bruce Ackerman, *The Storrs Lectures: Discovering the Constitution*」アメリカ法一九八六年二号
木村 一九九六――木村光太郎「討議的民主主義――ユルゲン・ハーバーマスの民主主義理論について」思想八六七号（岩波書店）
小林 二〇〇二――小林正弥「新公共主義 の基本的展望――戦後日本政治理論の観点から」佐々木毅・金泰昌編『公共哲学10　21世紀公共哲学の地平』（東京大学出版会）
駒村 一九九七――駒村圭吾「公民的共和制と価値衝突――マイケル・サンデルを超えて」白鴎法学第九号
斎藤 一九九六――斎藤純一「民主主義と複数性」思想八六七号（岩波書店）
斉藤 二〇〇〇――斎藤純一『公共性』（岩波書店）
阪口 二〇〇一――阪口正二郎『立憲主義と民主主義』（日本評論社）
阪口 二〇〇三――阪口正二郎「リベラリズムと討議民主政」公法研究第六五巻

坂口・中野 二〇〇〇――坂口緑・中野剛充「現代コミュニタリアニズム」有賀誠・伊藤恭彦・松井暁編『ポスト・リベラリズム――社会的規範理論への招待』(ナカニシヤ出版)
向山 二〇〇〇――向山恭一「ラディカル・デモクラシー――『政治的なもの』の倫理化に向けて」有賀誠・伊藤恭彦・松井暁編『ポスト・リベラリズム　社会的規範理論への招待』(ナカニシヤ出版)
澤里 二〇〇三――澤里岳史「もう一つの民主主義――J.ランシエールの政治哲学」仲正昌樹編『脱構築のポリティックス』(御茶の水書房)
永井 二〇〇一――永井彰「法と権利の討議倫理的再構成――ハーバーマス法理論の基礎概念」東北大学文学研究科研究年報第五一号
西 一九九七――西修「連邦制国家の諸形態」駒澤大学法学部法学論集第五四号
酒匂 一九九七――酒匂一郎「『差異の政治』とリベラリズム」法の理論一六(成文堂)
白川 一九九七――白川真澄『脱国家の政治学　市民的公共性と自治連邦制の構想』(社会評論社)
瀧川 二〇〇一――瀧川裕英「公開性としての公共性――情報公開と説明責任の理論的意義」日本法哲学会編『〈公私〉の再構成』(法哲学年報二〇〇〇)(有斐閣)
田中 一九九四――田中成明『法理学講義』(有斐閣)
千葉 一九九五――千葉眞『ラディカル・デモクラシーの地平　自由・差異・共通善』(新評社)
千葉 一九九六――千葉眞「デモクラシーと政治の概念――ラディカル・デモクラシーにむけて」思想八六七号(岩波書店)
千葉 二〇〇〇――千葉眞『デモクラシー』(岩波書店)
千葉 二〇〇二――千葉眞「市民社会・市民・公共性」佐々木毅・金泰昌編『国家と人間と公共性』(東京大学出版会)
那須 二〇〇一――那須耕介「制度のなかで生きるとはどのような経験か――「公共的正当化論」の再考に向けて」日本法哲学会編『〈公私〉の再構成』(法哲学年報二〇〇〇)(有斐閣)
長谷部 二〇〇一――長谷部恭男「討議民主主義とその敵対者たち」法学協会雑誌第一一八巻第一二号
濱 一九九五――濱真一郎「ジョセフ・ラズにおけるリベラリズムの哲学的基礎づけ」同志社法学第四七巻第二号
濱 二〇〇四――濱真一郎「卓越主義のリベラル化とリベラリズムの卓越主義化」思想九六五号(岩波書店)
平井 一九九〇――平井亮輔「リベラリズム・中立性・対話――中立的対話としてのリベラリズム」思想七九五号(岩波書店)
平井 一九九一――平井亮輔「正義・対話・デモクラシー(一)――ハーバマスと正議論の可能性」法学論叢第一三〇巻第二号
平野 二〇〇四――平野仁彦「法の形成と『公共的理性』」田中成明編『現代法の展

望』（有斐閣）
萬田 二〇〇四――萬田悦生「リベラル・デモクラシーの理念と問題点」萬田悦生編『リベラル・デモクラシーの政治文化　政治社会の理念と現実』（ナカニシヤ出版）
毛利 二〇〇〇――毛利康俊「不確実な社会における『政治的なもの』の構想――審議的デモクラシーとリスク社会論」日本法哲学会編『〈公私〉の再構成』（法哲学年報二〇〇〇）（有斐閣）
山本 二〇〇四――山本龍彦「憲法の「変遷」と討議民主主義――「法生成」に関するF. マイクルマンの議論を素材に」法学政治学論究第六一号
渡辺 一九九八――渡辺幹雄『ロールズ正義論の行方――その全体系の批判的考察』（春秋社）
渡辺 二〇〇一――渡辺幹雄「『政治的リベラリズム』における公／私の再構成――J. ロールズとR. ローティについて」日本法哲学会編『〈公私〉の再構成（法哲学年報二〇〇〇）』（有斐閣）
渡辺 二〇〇四――渡辺幹雄「リベラルな哲学に対するリベラルな生の優位」思想九六五号（岩波書店）

著者略歴

1971年　東京都に生まれる
2003年　京都大学大学院法学研究科博士課程修了
現　在　岡山大学法学部助教授，法学博士
論　文　「現代における《政治参加》の射程に関する一考察――公民的共和主義に対するジョン・ロールズの制約をめぐって」法学論叢（一）144巻1号（1998），（二・完）145巻6号（1999）；「グローバル社会における自己統治について――マイケル・サンデルの陶冶プロジェクトをてがかりに」法学論叢（一）147巻6号（2000），（二・完）149巻5号（2001）；「法の支配と自己統治――ドゥオーキンとマイケルマンのアプローチを手掛かりにして」『法の理論』21号（成文堂，2001）；「法的枠組みの公共的正統性をめぐって――共和主義的立憲主義の可能性と限界」日本法哲学会編『宗教と法――聖と俗の比較法文化』（2002年度法哲学年報）（有斐閣，2003）；「法を支える政治，政治を律する法――マイケルマン＝ハーバーマス法理論をもとに」岡山大学法学会雑誌第54巻第1号（2004）ほか.
翻　訳　［共訳］ジャック・ランシエール『不和あるいは了解なき了解――政治の哲学は可能か』（インスクリプト，2005）

共和主義の法理論

公私分離から審議的デモクラシーへ

2006年6月20日　第1版第1刷発行

著　者　大《おお》森《もり》秀《ひで》臣《とみ》

発行者　井　村　寿　人

発行所　株式会社　勁《けい》草《そう》書　房

112-0005 東京都文京区水道2-1-1　振替　00150-2-175253
（編集）電話 03-3815-5277／FAX 03-3814-6968
（営業）電話 03-3814-6861／FAX 03-3814-6854
大日本法令印刷・牧製本

© ÔMORI Hidetomi　2006

ISBN 4-326-10161-X　Printed in Japan

JCLS ＜㈱日本著作出版権管理システム委託出版物＞
本書の無断複写は著作権法上での例外を除き禁じられています。
複写される場合は、そのつど事前に㈱日本著作出版権管理システム
（電話 03-3817-5670、FAX 03-3815-8199）の許諾を得てください。

＊落丁本・乱丁本はお取替いたします。

http：//www.keisoshobo.co.jp

北田暁大　責任と正義　リベラリズムの居場所　A5判　五一四五円　60160-4

中金聡　政治の生理学　必要悪のアートと論理　四六判　三四六五円　35120-9

小泉良幸　リベラルな共同体　ドゥオーキンの政治・道徳理論　A5判　三六七五円　10140-7

関良徳　フーコーの権力論と自由論　その政治哲学的構成　四六判　三四六五円　35123-3

瀧川裕英　責任の意味と制度　負担から応答へ　A5判　三三七五円　10150-4

勁草書房刊

*表示価格は二〇〇六年六月現在、消費税が含まれております。